相談対応

相続Q&A

―法律・税金・保険・ライフプランニング―

編著　伊藤　崇（弁護士）
　　　渡邊竜行（弁護士）

新日本法規

は し が き

　本書の元となる「くらしの相続Ｑ＆Ａ－もめない相続のために－」の初版が平成24年５月に発行され、税制改正や法改正を踏まえて平成27年９月に改訂をさせていただきました。

　それから４年、税制の他に民法の相続に関する規定が約40年ぶりに大きく改正されました。具体的には、配偶者居住権や配偶者短期居住権の創設、自筆証書遺言の要件の緩和、遺産分割前の預貯金払戻し制度の創設、被相続人の介護や看病に貢献した親族が金銭請求を可能にする制度の創設、特別受益における持戻免除の意思表示の推定規定の創設などです。

　これを機会に本書全体の内容を見直し、体裁も改め新たな書籍として発行することとなりました。

　新しい本とはなりましたが、これまでと同様に、わかりやすい解説に努めたことは変わっておりません。なお、この本の内容現在は、令和元年10月までに公布・施行された法令・通達等の改正のほか、まだ施行されていない配偶者居住権及び配偶者短期居住権も反映させております。

　相続法が改正されたとはいえ、実際に遺産分割を行う際にその改正がどのように影響を与えるのかは、これからの実務の推移を見守るしかなく、しばらくは混乱が続くのではないかと思います。ただ、そうはいっても相続は発生してしまいます。相続法改正でどのように制度が変わって、どのような相続対策を立てればよいのか、不安に思われるかもしれませんが、そのような皆様に本書が役立つことを願っております。

　最後になりましたが、執筆してくださった先生方、及び出版に際し、様々な助言をいただきました、新日本法規出版株式会社の岡本大樹様には厚く御礼申し上げます。

　令和元年11月

編著者

伊藤　　崇

渡邊　竜行

編集者・執筆者一覧

《編集者・執筆者》

伊藤　崇（弁護士・ファイナンシャル・プランナー（CFP®））

渡邊　竜行（弁護士・ファイナンシャル・プランナー（AFP））

《執筆者》（五十音順）

尾久　陽子（行政書士・社会福祉士・ファイナンシャル・プランナー（AFP））

小野里秀研（税理士・ファイナンシャル・プランナー（CFP®））

小林　直人（税理士・中小企業診断士・ファイナンシャル・プランナー（CFP®））

小屋　洋一（ファイナンシャル・プランナー（CFP®）・宅地建物取引士・（公社）日本証券アナリスト協会検定会員）

三島芳史子（ファイナンシャル・プランナー（AFP）・トータルライフコンサルタント（生保協会認定FP））

若松　達也（ファイナンシャル・プランナー（CFP®）・トータルライフコンサルタント（生保協会認定FP））

目　次

第1編　相続の基本

第1章　相続とは何か　　　　ページ
　1　死亡以外の場合でも相続が発生することがあるのか……………………3
　2　どうやって相続財産を分けることになるのか……………………………5
　3　相続開始から相続税申告・納税までのスケジュールは…………………9
　4　相続に困ったときの相談先は………………………………………………13
　5　相続について平成31年（令和元年）から何が変わるのか………………16

第2章　相続人とは
　6　誰がどれだけ相続できるのか………………………………………………20
　7　養子は実子と同じように相続できるのか…………………………………24
　8　嫡出子と嫡出でない子とで相続分が異なるのか…………………………26
　9　未成年の子も相続人になるのか……………………………………………29
　10　相続人以外でも相続できるのか……………………………………………31
　11　内縁の配偶者は相続人になるのか…………………………………………34
　12　相続人の中に行方不明の者がいる場合は…………………………………36
　13　相続人の中に認知症や精神障害で判断能力を欠く者がいる場合は………38
　　　コラム「保佐・補助とは」
　14　相続人でも相続させないことはできるのか………………………………41
　15　相続人が誰か分からないときの調査方法は………………………………43

第3章　相続財産とは
　16　相続財産とは何か……………………………………………………………46
　17　土地建物はどのように扱われるのか………………………………………49
　　　コラム「「大相続時代」の到来」
　18　土地や建物を借りる権利はどのように扱われるのか……………………53
　19　農地はどのように扱われるのか……………………………………………57
　20　生命保険金は相続財産になるのか…………………………………………59
　　　コラム「ファイナンシャル・プランニングとは」

2 目　次

21 死亡退職金はどのように扱われるのか……………………………… 61

22 有価証券はどのように扱われるのか……………………………… 63

23 親の会社の株式はどのように扱われるのか……………………… 65

24 海外にある資産はどのように扱われるのか……………………… 67

25 被相続人が相続人名義で預金していた場合の預金はどのように扱われるのか…………………………………………………………………… 69

26 相続開始後に発生した銀行の利子や不動産賃料はどのように扱われるのか…………………………………………………………………… 71

27 香典や弔慰金はどのように扱われるのか………………………… 72

28 被相続人が残した借金や保証債務はどのように扱われるのか… 74

29 どんな相続財産があるか分からないときの調査方法は………… 76

第2編　相続開始後の相続人の対応

第1章　相続開始後早めに行う手続

30 必ず行わなければならない手続は………………………………… 81

31 被相続人が確定申告をしていた場合の注意点は………………… 83

32 遺族年金の請求の仕方は…………………………………………… 86

33 相続を開始したら預貯金は全く引き出せないのか……………… 91

34 葬祭料・埋葬費・葬祭費の請求の仕方は………………………… 93

35 最後の老齢年金の受取りは………………………………………… 95

　　コラム 「「おひとりさま」のライフプラン」

36 最後の水道光熱費・病院代などの支払は………………………… 98

37 葬式費用の支払は…………………………………………………… 100

第2章　遺産分割協議

38 遺産分割協議における検討事項は………………………………… 102

39 配偶者は居所を確保するために不動産を相続しなければならないのか…… 105

40 被相続人が海外にいた場合に何か特殊なことはあるのか……… 111

41 相続人が海外にいる場合はどうするのか………………………… 114

42 相続したくない相続人はどうするのか…………………………… 116

43 借金も財産もあり相続放棄した方がよいのかすぐに判断できない場合は………………………………………………………………………… 118

目　次　　3

44　被相続人が亡くなった後、相続人は遺言書をどうすればよいのか…………120

　　コラム「遺言書は遺言書らしく」

45　相続人や受遺者は遺言書の内容に必ず従わなければならないのか…………122

46　財産を多く相続できる寄与分とは………………………………………………124

　　コラム「未分割でも相続税の優遇措置を受けたい場合」

47　特別受益が認められる場合は、どのような場合か……………………………128

　　コラム「相続時に不動産を売る場合には」

48　相続財産が建物だけで分けられない場合はどうするのか……………………136

第3章　遺産分割後に行う手続

49　不動産の名義変更の仕方は………………………………………………………138

50　預金の引出しの仕方は……………………………………………………………141

51　株式等の名義変更の仕方は………………………………………………………143

第4章　相続税とは

第1　相続税の申告・納税の仕方

52　相続税の計算の仕方は……………………………………………………………145

53　相続税は誰が申告するのか………………………………………………………149

54　相続税はいつまでに申告するのか………………………………………………151

55　相続税はいつまでに納めればよいのか…………………………………………154

56　相続税は分割払もできるのか……………………………………………………156

57　相続税は現金以外でも支払えるのか……………………………………………159

第2　遺産分割の方法と相続税額の変動

58　配偶者が相続すると相続税の負担が軽くなるのか……………………………162

59　未成年者が相続すると相続税の負担が軽くなるのか…………………………164

60　障害者が相続すると相続税の負担が軽くなるのか……………………………166

61　土地を誰が相続するかによって相続税の負担が軽くなることがあるの
　　か………………………………………………………………………………………168

　　コラム「特殊な土地評価の実務」

62　土地の分割の仕方によって相続税の負担が軽くなることがあるのか………176

63　相続人が財産を寄附した場合にはどのように扱われるのか…………………178

第3編　相続開始前の被相続人の準備

第1章　相続争いの防止
第1　遺言の活用
64　どのような場合に遺言をしておくとよいのか……………………………… 183

65　遺言執行者とは何か……………………………………………………… 187

66　遺言の方法にはどのような種類があるのか…………………………… 189

67　自筆証書遺言の作り方は………………………………………………… 191

68　どのような場合に自筆証書遺言が無効となってしまうのか………… 193

69　公正証書遺言の作り方は………………………………………………… 195

70　どんな場合に公正証書遺言が無効となってしまうのか……………… 197

71　公正証書遺言と自筆証書遺言それぞれの長所・短所は……………… 199

72　前に書いた遺言書を変更したい場合はどうするのか………………… 201

73　前に書いた遺言書をなくしてしまった場合はどうなるのか………… 203

　　コラム「遺言を書いたことは知らせておいた方がよいか」

74　相続財産の分け方を決めて遺言書を作る時に何か決まりはあるのか……… 205

75　遺言書で孫などの相続人でない者に財産を渡すこともできるのか……… 208

76　妻の老後の面倒をみなければならないという遺言書は有効か……… 210

77　息子が先に亡くなってしまう場合も考えて遺言書を作れるのか……… 212

78　遺言信託という言葉を聞くけれど何のことか………………………… 214

　　コラム「保険加入と健康状態」

79　相続対策として信託をどう利用すればよいのか……………………… 216

80　後見信託とは……………………………………………………………… 218

81　遺言による寄附をした場合、どうなるのか…………………………… 220

第2　配偶者保護とは
82　配偶者保護の制度として、どのようなものがあるか………………… 222

83　持戻免除の意思表示とは………………………………………………… 224

84　配偶者短期居住権や配偶者居住権、居住建物の持戻免除の意思表示の
　　推定が認められるためには、どのような準備をしたらよいのか……… 226

第3　生前贈与の活用
85　どのような場合に生前贈与をしておくとよいのか…………………… 228

目　次　　5

86　贈与税を気にせず生前贈与をすることはできないのか………………………230

87　生前贈与を受けた相続人と受けない相続人間の利益調整はどうなるのか………………………………………………………………………………232

第4　生命保険の活用

88　遺産分割対策としてどんな場合に生命保険を活用できるのか……………235

89　いつでも誰でも生命保険に入れるのか…………………………………………237

第5　先に亡くなった者の遺産分割

90　被相続人の遺産分割を済ませておかないとどうなるのか…………………239

第2章　相続税対策

第1　相続税対策とは

91　そもそも相続税対策とは何か……………………………………………………242

コラム「契約者の権利と受取人の権利」

92　税制改正リスクとは何か……………………………………………………………245

第2　生前贈与の活用

93　生前贈与でかかる贈与税と相続でかかる相続税はどちらが高いのか………247

94　毎年少しずつ贈与しておくと贈与税の負担が軽くなるのか…………………250

95　一度に大きな金額を贈与しても贈与税の負担が軽くなる場合があるのか………………………………………………………………………………253

96　子や孫の住宅購入を援助することで贈与税や相続税の負担が軽くなるのか………………………………………………………………………………256

97　子や孫の教育資金を援助することで贈与税の負担が軽くなるのか…………261

98　子や孫の結婚・子育て資金を援助することで贈与税の負担が軽くなるのか………………………………………………………………………………265

99　配偶者に贈与する場合には贈与税の負担が軽くなるのか……………………268

コラム「配偶者居住権（令和2年4月1日施行）」

第3　相続財産の評価額縮減

100　土地や建物を買うと相続税の負担が軽くなるのか……………………………271

101　家を修繕すると相続税の負担が軽くなるのか…………………………………273

102　土地や建物を貸すと相続税の負担が軽くなるのか……………………………275

103 自宅を買うか親と同居するかで将来の相続税に影響があるのか・・・・・・・・・・・277

104 墓地や仏壇を購入しておくと相続税の負担が軽くなるのか・・・・・・・・・・・・・・・・280

第4 養子縁組の活用
105 養子を増やすと相続税の負担が軽くなるのか・・・・・・・・・・・・・・・・・・・・・・・・・・・・・282

第5 法人の利用
106 法人を設立することで相続税の負担が軽くなるのか・・・・・・・・・・・・・・・・・・・・284

第6 納税資金の確保
107 納税資金対策として考えるべきことは・・・・・・・・・・・・・・・・・・・・・・・・・・・・・・・・・287

108 農地を相続した場合に納税を待ってもらえることがあるのか・・・・・・・・・・・289

第7 生命保険の活用
109 相続税対策としてどのような場合に生命保険を活用できるのか・・・・・・・・・・292

110 誰を生命保険の契約者・受取人とするかによって税金が変わってくるのか・・・295

コラム 「契約者≠保険料負担者の場合の課税関係」

第4編 相続に関するトラブルの解決方法

第1章 相続争いの解決方法
第1 相続争いとその解決方法の基本
111 いつまでも遺産分割ができないとどうなるのか・・・・・・・・・・・・・・・・・・・・・・・・・303

112 調停にはどれくらいの時間がかかるのか・・・・・・・・・・・・・・・・・・・・・・・・・・・・・・・305

113 調停委員・家事審判官とは・・307

114 調停手続の当日は、どのようなことが行われるのか・・・・・・・・・・・・・・・・・・・・309

第2 調停を申し立てる方法
115 調停はどこに申し立てればよいのか・・・・・・・・・・・・・・・・・・・・・・・・・・・・・・・・・・・311

116 調停申立て前にはどのようなことを準備すればよいのか・・・・・・・・・・・・・・・・313

117 調停委員が言い分を聞いてくれないがどうすればよいのか・・・・・・・・・・・・・・315

第3 調停を申し立てられたときの対応方法

118 突然調停期日のお知らせが届いたが、どうすればよいのか……………317

119 裁判所が遠くて行けないが、どうすればよいのか………………………319

120 自分は何も主張することがない場合、調停に行く必要があるのか………321

121 調停委員の説得には必ず従わないといけないのか………………………323

第2章 国税庁の税務調査への対応方法

122 税務調査とは何か………………………………………………………………325

コラム 「税務調査までの間に新たな財産が見つかった場合」

123 相続税の税務調査は財産の多い者のところにしか来ないのか…………328

124 調査されるのは被相続人名義の財産だけなのか………………………330

125 税務調査で指摘されやすいポイントは………………………………………332

126 税務署からの指摘には必ず従わないといけないのか…………………334

127 税務署の指摘を受け修正申告を行った場合、税金はどうなるのか………336

第5編　中小企業経営者の相続

128 中小企業経営者の相続は一般人の相続と何が違うのか……………………341

129 許認可事業を継ぐ長男のためにあらかじめ準備すべきことは………………345

130 会社を継ぐ長男に自社株式を贈与する場合の注意点は………………347

131 自社株式の評価額を低くして相続税額を低くすることはできるのか………351

132 死亡退職金の規程を設けて相続税額を低くすることはできるのか………355

133 納税資金確保のために会社を利用することはできるのか………………357

134 自社株式を持ち続ける場合に納税を待ってもらえることがあるのか………360

コラム 「自社への多額の貸付金に悩まれている経営者の方へ」

第6編　大天災が相続手続に与える影響

135 大天災が起こった場合の災害時の遺産分割手続にはどのような問題が
生じるのか………………………………………………………………………369

136 大天災が起こった場合の相続税や贈与税の申告・納付にはどのような
問題が生じるのか………………………………………………………………372

137 大天災が起こった場合の相続税額や贈与税額の計算にはどのような問題が生じるのか……………………………………………………375

索　引

○事項索引…………………………………………………………………381

第　１　編
相続の基本

2

第1章　相続とは何か

1　死亡以外の場合でも相続が発生することがあるのか

相続とは、どういうときに始まるのでしょうか。身内で長らく行方不明の者がおり、残された家族はその者の財産の処分ができずに困っています。

相続は死亡によって開始することが原則ですが、死亡が不明な場合でも、失踪宣告や認定死亡により相続が開始することがあります。

解　説

◆相続の開始原因

相続は、死亡によって開始します（民法882条）。これは、自然死亡だけではなく、①失踪宣告や②認定死亡によって法的に死亡したとみなされる場合も含みます。

◆失踪宣告とは

失踪とは、不在者の生死不明の状態が継続することをいいます。失踪には普通失踪と特別失踪の2種類があり、相続が開始する時期が異なります。

(1)　普通失踪

不在者の生死が7年間明らかでないときは、家庭裁判所は、利害関係人の請求により、失踪の宣告をすることができます（民法30条1項）。この場合、失踪期間の満了時（最後の音信から7年後）に死亡したものとみなされ、相続が開始します（民法31条）。

(2)　特別失踪（危難失踪）

戦争・船舶の沈没・震災等の危難に遭遇して生死不明となり、危難が去った後1年間生死が明らかでないときも、家庭裁判所は、利害関係人の請求により、失踪の宣告をすることができます（民法30条2項）。この場合、危難が去った時に死亡したものとみなされ、相続が開始します（民法31条）。

◆失踪宣告の申立て

(1)　申立方法

失踪宣告の申立てをするには、下記の期間が経過する必要があります。

普通失踪の場合	音信不通となった時から7年間生死が不明
特別失踪の場合	危難が去った時から1年間生死が不明

　申立てができるのは、利害関係人（不在者の配偶者、相続人に当たる者、財産管理人、受遺者など失踪宣告を求めるについての法律上の利害関係を有する者）です。不在者の従来の住所地または居所地を管轄する家庭裁判所に申立てを行います。

(2)　調査と公示

　失踪宣告の申立て後は、家庭裁判所調査官が申立人や不在者の親族などに対し調査を行った後、官報や裁判所の掲示板に、不在者は生存の届出を、不在者の生存を知っている者もその届出をするよう公告を行い（公示催告）、その期間内に届出などがない場合に、失踪宣告の審判がなされます。公示催告の期間は、裁判所が3か月以上（特別失踪の場合は1か月以上）の期間を定めます（家事事件手続法148条3項）。

(3)　失踪宣告後の手続

　失踪宣告の審判が確定した場合、申立人は審判確定の日から10日以内に本人の本籍地または届出人の住所地の市区町村役場に失踪の届出をします（戸籍法94条・63条1項）。これにより、戸籍に失踪の記載がなされ、相続が開始します。

◆認定死亡とは

　通常、死亡届は、届出義務者が医師の死亡診断書または死体検案書を添付の上、死亡の事実を知った日から7日以内に市町村長に提出しますが、これでは死体が発見できない場合に困ります。そのため、災害等の事変によって死亡が確実である場合には、死体が発見されない場合であっても、取調べをした官公署が死亡地の市町村長に死亡報告をすることによって、戸籍に死亡の記載がなされる扱いがとられます（戸籍法89条）。これを認定死亡といい、この場合、戸籍に記載された日時に死亡したものと推定され、相続が開始します。

第1編　相続の基本

2　どうやって相続財産を分けることになるのか

母が亡くなり、母の遺産分割について話合いをすることになりました。遺産分割の全体的な流れについて、教えてください。

まず、相続人と相続財産の調査をして、相続人と遺産の範囲を確定させます。そして、亡くなった者が遺言書を残していれば、それに従って遺産分割を行います。

もし遺言書がなければ、相続人が遺産分割協議をして、協議がまとまれば、遺産分割協議書を作成します。しかし、もし協議がまとまらなければ、裁判所を通じて調停、もし調停でまとまらなければ審判をして誰がどの遺産を相続するのかを決めることになります。

解　説

◆遺産分割の流れ

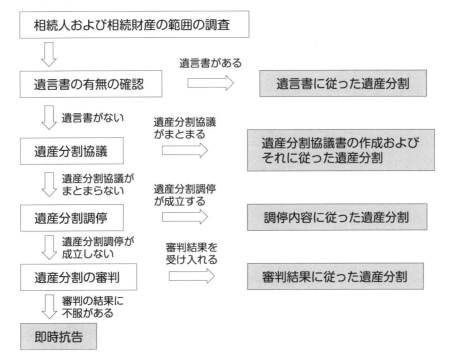

◆遺産分割協議をする前に行うこと

(1) 相続人の範囲の調査

まず、遺産分割協議に参加させなければならない相続の関係者を確定する必要があります。

調査をする方法は、その被相続人が生まれてから亡くなるまでの全ての戸籍謄本を入手し、被相続人の親、兄弟、子の関係を全て家系図に書き出します。

そして、法定相続人の範囲に当たる者全てが、相続権のある者ですから、「相続の関係者」として、遺産分割協議に参加させなければなりません。その協議には、たとえ疎遠になった関係者がいても、参加させなければなりません。もし、法定相続人のうち誰か1人でも協議に参加していなかったとすれば、その遺産分割協議が無効とされてしまい、また協議をやり直さなければならなくなります。

また、「遺産の何分の1（ないし全部）を与える」というように、遺産の全部またはその割合を指定するのみで、目的物を特定しない遺言による包括遺贈者がいる場合には、その者も遺産分割協議に加える必要があります。

(2) 相続財産の範囲の調査

相続人の範囲と同時に、相続財産の範囲も確定させなければなりません。もし遺産分割協議後に新たに相続財産が見つかった場合には、その見つかった財産をどのように分けるのか、再度遺産分割を協議しなければならないことになります。

◆遺言書の有無の確認

被相続人は、遺言書で相続人の誰に、どの財産を相続させるのかを指定することができますし、遺産分割の方法を第三者に任せることも、また、相続開始時から5年を超えない期間を定めて遺産分割を禁ずることもできます（民法908条）。遺言書で遺産分割の方法を定めている場合、その指定のとおりに遺産を分割します（民法902条1項）。

ですから、遺産分割協議に際して、被相続人が遺言書を残しているのかを調査してください。

◆遺産分割協議

以上のようにして、相続人と相続財産の範囲を確定し、遺言書もない場合、相続人全員で遺産分割協議を行います。

具体的には、誰がどの遺産を相続するのかということを相続人同士で話し合います。法律上は「遺産の分割は、遺産に属する物又は権利の種類及び性質、各相続人の年齢、職業、心身の状態及び生活の状況その他一切の事情を考慮してこれをする」とされて

います（民法906条）。もちろん、誰か1人が全ての遺産を相続し、その他の相続人は相続を放棄するという話合いをすることも可能です。

　話合いの方法ですが、なにも相続人全員が同じ場所に集まって会議をしなければならないということはありません。電話、メール、ファックスを利用して協議を進めても構いません。誰か1人が提案をして、他の相続人がそれぞれ合意をすれば足ります。

　遺産分割協議の合意ができればよいのですが、そのためには、全ての相続人が感情的にならず、争うことなく話合いができることが必要です。相続人の誰か1人が感情的になってしまえば、それだけで険悪な状況になってしまいます。相続人の誰か1人が遺産分割協議に合意しなければ、遺産分割協議は成立しません。

　もし、遺産分割協議が成立した場合、それを証明するための「遺産分割協議書」を作成します。この書面は、法律上作成が義務づけられているわけではありませんが、不動産や銀行預金などの名義変更を行う際に必要となります。この書面には、被相続人の氏名、本籍地、最後の住所、生年月日などを記載し、相続財産についても不動産については登記簿謄本のとおりに記載するなど、特定ができるように詳細に記載します。そして、相続を放棄した相続人も含め相続人全員を表示し、本人が署名し実印を押印します。

◆遺産分割協議が成立しない場合

　前掲した相続人同士の遺産分割協議が成立しない場合、つまり相続人の誰か1人でも遺産分割協議の結果に合意しない場合、そのままでは遺産分割ができません。そこで、裁判所を通して遺産分割の方法を決めることになります。

(1)　遺産分割調停の申立て

　まず、家庭裁判所の遺産分割調停の申立てをすることになります（家事事件手続法49条1項）。これは、裁判所に相続人を呼び、裁判所の裁判官（旧家事審判官）1名と調停委員2名を通じて、対立する相続人それぞれから事情を聞いて、お互いの妥協点を探るという方法です。

　遺産分割協議が成立しないのだから、裁判所で話合いをしても無駄ではないかと思われる者もいると思います。しかし、裁判官（旧家事審判官）や調停委員といった第三者が、冷静な立場で無理な主張をする当事者を説得することができるため、調停で解決できることが多いのも事実です。

　もし遺産分割調停で協議が整えば、「調停調書」という裁判所作成の公文書に、その合意された内容が記載されます。この調停調書には、確定判決と同じ効力があり（家事事件手続法268条1項）、遺産分割協議書の代わりになります。

(2)　遺産分割の審判

　遺産分割調停で協議が整わない場合、調停は不成立となります。その場合には、家庭裁判所の審判手続に進みます（家事事件手続法272条4項）。この手続では、裁判官が、相続人の意思に関係なく、提出された資料等から誰にどの遺産を相続させるのかを決定します。

　この審判の結果は、「審判書」という裁判所作成の公文書に記載されます。これが遺産分割協議書の代わりになります。

(3)　遺産分割審判に不服がある場合

　遺産分割の審判では、裁判官が、相続人の意思に関係なく、遺産分割の方法を決めてしまいます。ですから、相続人の中には、その審判の結果に不満を持つ者もいると思います。

　そのような相続人は、審判内容に不服があるとして、審判結果の告知を受けてから2週間以内に高等裁判所に即時抗告をすることができます（家事事件手続法85条1項・86条1項）。即時抗告すると、家庭裁判所での審判は確定せず、今度は高等裁判所で、誰がどの遺産を相続するのかが審理されることになります。

3 相続開始から相続税申告・納税までのスケジュールは

　この度、父が亡くなり相続が発生しました。相続税の申告や納税までの流れや手続がわからないので教えてください。

　相続税の申告および納付は、相続の開始を知った日から10か月以内に行う必要があります。また相続開始から3か月以内に相続するかどうかの意思決定、4か月以内に所得税の準確定申告の手続を行う必要があります。10か月以内には、相続財産の把握や遺産分割協議など、行うべきことは盛りだくさんです。

解　説

◆相続税の申告期限と納付期限

　相続税の納付と申告が必要になる場合には、「その相続の開始があったことを知った日の翌日から10月以内」までに申告と納付の手続を行わなければなりません。難しい書き方をしていますが、通常は被相続人の死亡日から10か月以内にこれらの手続を行う必要があります（相続税法27条・33条）。

　相続税の申告までにしなければならないことは多岐にわたります。確認すべきことや行うべき作業がよく理解できていないと、10か月はあっという間に過ぎてしまいます。

　相続の開始から相続税の申告・納付までの大まかなスケジュールは次のとおりです。各事柄の詳細は別途詳しく触れますので、ここでは「何をいつまでにしなければならないか」という大枠を把握してください。

◆相続開始〜3か月　―相続人・相続財産の把握と相続放棄の有無―
(1)　相続開始から3か月間は主に次の確認を行うことになります。
　①　相続人の確定作業
　②　相続財産・債務の把握
　③　相続放棄・限定承認の検討
(2)①　「相続人の確定作業」では、被相続人の財産を相続する権利のある者、つまりこれから話合いを行うべき相続人が誰であるかを確定させます。確定作業のため

に被相続人の出生から死亡までが記された戸籍謄本などを役所から取り寄せる必要があります。

② 「相続財産・債務の把握」では、相続税の対象となるべき財産および相続税の計算上マイナスできる債務について把握します。預貯金については通帳や残高証明書、土地などの不動産については固定資産税の課税明細書や名寄帳などを用意します。またゴルフ会員権や借地権など、思わぬものが相続財産に該当したりすることもあります。この作業を行うことで相続税がかかるのかどうか、つまり相続税の申告を行う必要があるのかどうかの大体のイメージをつけることができます。

③ 「相続放棄」（民法938条以下）は家庭裁判所に出向いて自らの相続権を放棄する手続であり、「限定承認」（民法922条以下）は引き継ぐ債務が相続財産よりも多い場合に、相続財産に見合う債務のみ相続し、相続財産を超える債務は承継しないとする手続です。これらの手続を希望する場合には、原則として相続開始から3か月以内に行う必要があります。

◆相続開始〜4か月 ―所得税の準確定申告書の提出および納付―

被相続人が、死亡年の1月1日から死亡日までの間について確定申告を行う必要がある場合、または死亡年以前について確定申告を行わないまま死亡した場合には、相続人は被相続人に代わってその確定申告を行う必要があります。これを準確定申告といいます（所得税法124条・125条）。

準確定申告書の提出期限および所得税の納付期限は、相続開始日から4か月以内となります。また、被相続人が青色申告の対象となる事業を行っていた場合、その事業を引き継ぐ相続人は「青色申告の承認申請書」を併せて提出する必要があります。この申請書の提出期限は相続発生日によって異なるので注意が必要です（Q31参照）。

◆相続開始3か月〜10か月 ―相続税の具体的計算および遺産分割協議―

(1) 相続人や相続財産などの把握が終わると、申告に向けて具体的な手続に入っていきます。行うことは主に下記のとおりです。

【計算面】

① 相続財産・債務の評価

② 概算相続税の計算

③ 各種特例の適用有無の検討

④ 納税資金計画の検討

【分割面】

① 遺産分割協議

② 遺産分割協議書の作成

③ （各種特例の適用有無の検討）

④ （納税資金計画の検討）

(2) 計算面では、把握した相続財産・債務について具体的に財産評価を行い相続税の概算を計算します。その際に、配偶者の税額軽減や小規模宅地等の特例などの各種特例が適用できるかどうかについても併せて検討します。相続税の計算をした後は当該相続税を無事に納付できるかどうかについても吟味し、納付が困難と思われる場合には分割案の変更や延納の検討などの納税資金計画についても話し合います。

　分割面では、相続財産・債務についてどのように遺産分割するのかを相続人間で話し合います。話合いに際しては、誰が特例の適用を受けるのかということや、相続人全員が無事に納税できるような分割案にするということにも配慮する必要があります。相続人間で分割協議がまとまれば、分割案をまとめた遺産分割協議書を作成し、相続人全員が協議書に署名（記名）・実印を押印します。

　以上の手続が完了すれば、最終的な相続税額を確定させ期限内に相続税の申告と納付を行うという流れになります。

◆分割協議がまとまらなかった場合

　もし仮に遺産分割協議が整わない等の理由で10か月以内に遺産分割が確定しなかった場合でも、相続税の申告・納付は待ってくれません。この場合は未分割の財産として、各相続人が法定相続分を取得したものとみなして相続税の申告・納付を行います（相続税法55条）。この場合、配偶者の税額軽減や小規模宅地等の特例などの各種特例のほとんどが利用できないため、一時的に多額の相続税を払わなければならないことが想定されます。

　未分割財産として申告・納付を済ませた後に遺産分割が確定した場合には、確定した内容に基づいて修正申告や更正の請求を行うことによって、当初支払った相続税額との調整を行うことができます（相続税法31条・32条）。

◆遺言書が作成されていた場合

　以上は、遺言書がなく相続人間で遺産分割協議を行わなければならない場合の手続についてです。仮に被相続人が生前に遺言書を作成して全遺産の分割方法を定めていた場合には、遺産分割協議については省略することができ、遺言書の内容に従って申

告および納付の手続が行われることになります。

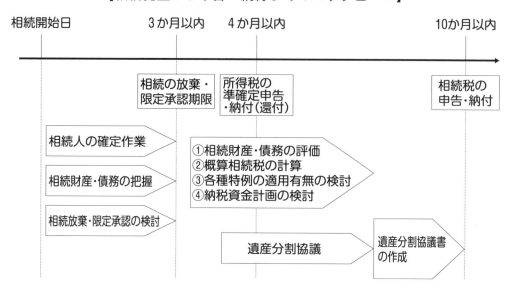

4 相続に困ったときの相談先は

 相続について教えてほしいことがあるのですが、インターネットで検索すると、いろいろなところがあり、どこに相談してよいかわかりません。

 相談内容によって、対応する専門家も異なります。代表的な相談窓口をご紹介しますが、最寄りの相談先については、市区町村役場や、各地の弁護士会や税理士会に尋ねてみましょう。

解説

◆まずはどこに相談していいかわからないとき

法テラス（日本司法支援センター）
https://www.houterasu.or.jp/
法テラス・サポートダイヤル（相談機関情報提供電話） 電話番号：0570-078374（ＩＰ電話からは03-6745-5600） 　利用無料（通話料のみ） 受付日時：平日9:00～21:00、土曜日9:00～17:00
法テラス（日本司法支援センター）は、総合法律支援法に基づき、総合法律支援に関する事業を行う法務省所管の法人です。 問合せの内容に合わせて、解決に役立つ法制度や地方公共団体、弁護士会、司法書士会、消費者団体などの関係機関の相談窓口を無料で紹介しています。 また、ホームページの「どんなお悩みですか？」には、相続に関するさまざまな法的手続についても説明されています。

◆相続人間の紛争や法律問題について相談したいとき

日本弁護士連合会（日弁連）
https://www.nichibenren.or.jp/
日弁連には、日本全国全ての弁護士と弁護士法人が登録しています。 ホームページでは、日本各地の法律相談窓口や、法律相談のポイントが紹介されています。また、専門分野などから弁護士を検索するシステムもあります。

◆調停の手続方法について調べたいとき

裁判所
http://www.courts.go.jp/
ホームページでは、各地の裁判所とその管轄や連絡先、裁判手続のQ＆Aのほか、家事調停で申立てをする書類の記載例などをダウンロードすることができます。

◆相続税などの税金について相談したいとき

日本税理士会連合会（日税連）
http://www.nichizeiren.or.jp/
日税連には、日本全国全ての税理士と税理士法人が登録しています。 ホームページでは、税務相談窓口や、税金についてのガイドが紹介されています。主要取扱業種などから税理士を検索するシステムもあります。

国税庁
https://www.nta.go.jp/
ホームページでは、税金について調べることができるタックスアンサーや、各地の税についての相談窓口の連絡先などの情報を調べることができます。

◆登記や相続について相談したいとき

日本司法書士会連合会（日司連）
https://www.shiho-shoshi.or.jp/
日司連には、日本全国全ての司法書士と司法書士法人が登録しています。 ホームページでは、日本各地の相談窓口が紹介されています。事務所所在地などから司法書士を検索するシステムもあります。

◆登記事項証明書の請求方法や登記申請書類の書き方について調べたいとき

法務局
http://houmukyoku.moj.go.jp/homu/static/index.html
法務局は、法務省の地方支分部局として、登記、戸籍・国籍、供託等の民事行政事務と訴訟事務、人権擁護事務を行っています。ホームページでは、登記事項証明書等の請求方法の案内のほか、不動産登記（土地・建物）、商業・法人登記（会社・法人）の申請書様式や記載方法をダウンロードすることができます。

◆相続手続や許認可について相談したいとき

日本行政書士会連合会（日行連）
https://www.gyosei.or.jp/
日行連には、日本全国全ての行政書士と行政書士法人が登録しています。 ホームページでは、専門分野や所在地などから行政書士を検索するシステムもあります。

◆遺言など公正証書の作成について相談したいとき

日本公証人連合会
http://www.koshonin.gr.jp/
日本公証人連合会は、全国の公証人会および公証人をもって組織された団体です。 ホームページでは、遺言や任意後見契約など公証事務についての詳しい説明があります。 また、全国の公証役場を調べることができます。

◆相続対策など自分のライフプランに合わせたマネープランを相談したいとき

日本ＦＰ協会
https://www.jafp.or.jp/
ファイナンシャル・プランナーとは、資産設計などファイナンシャル・プランニングを作成する専門家です。ホームページでは、身近な「くらしとお金」の情報や、ＦＰ相談事例集、ＦＰ無料体験相談窓口のほか、"信頼・安心できるファイナンシャル・プランナー"であるＣＦＰ®認定者を検索するシステムもあります。

5 相続について平成31年（令和元年）から何が変わるのか

　相続法が大きく改正されたとのことですが、何がどう変わったのでしょうか。

　配偶者の居住の権利を保護するための方策を盛り込んだほか、自筆証書遺言の方式の緩和、遺産分割前の預貯金の払戻し制度の創設、遺留分制度の見直し、相続の効力等に関する見直しなどがされました。

解説

◆相続法の改正

平成30年7月6日、民法及び家事事件手続法の一部を改正する法律（平成30年法律第72号）が成立しました（同年7月13日公布）。

民法のうち相続法の分野については、昭和55年以来、実質的に大きな見直しはされてきませんでしたが、その間にも、社会の高齢化が更に進展し、相続開始時における配偶者の年齢も相対的に高齢化しているため、その保護の必要性が高まっていました。また、一方で、嫡出子と非嫡出子との相続分が同じとされるようになり、法律婚をしている者を保護する必要があるという声もありました。

今回の相続法の見直しは、このような社会経済情勢の変化に対応するものであり、残された配偶者の生活に配慮する等の観点から、配偶者の居住の権利を保護するための方策等が盛り込まれています。この他にも、遺言の利用を促進し、相続をめぐる紛争を防止する等の観点から、自筆証書遺言の方式を緩和するなど、多岐にわたる改正項目を盛り込んでおります。

◆改正相続法の施行時期

自筆証書遺言の方式を緩和する方策は、平成31年1月13日から施行されており、配偶者居住権および配偶者短期居住権の新設等については、令和2年4月1日に施行されます。それ以外については令和元年7月1日に施行されます。

第1編　相続の基本　　17

◆主要な改正事項

　主要な改正事項は、次のとおりです。なお、それぞれの詳細な説明は、本書の該当する設問を参照してください。

(1)　配偶者の居住権を保護するための方策について

　配偶者の居住権保護のための方策は、大別すると、遺産分割が終了するまでの間といった比較的短期間に限りこれを保護する方策と、配偶者がある程度長期間その居住建物を使用することができるようにするための方策とに分かれています。

　ア　配偶者短期居住権（民法1037条1項）

　居住建物について配偶者を含む共同相続人間で遺産の分割をすべき場合の規律として、配偶者は、相続開始の時に被相続人所有の建物に無償で居住していた場合には、遺産分割によりその建物の帰属が確定するまでの間または相続開始の時から6か月を経過する日のいずれか遅い日までの間、引き続き無償でその建物を使用することができます。

　遺贈などにより配偶者以外の第三者が居住建物の所有権を取得した場合や、配偶者が相続放棄をしたなどの場合として、配偶者は、相続開始の時に被相続人所有の建物に無償で居住していた場合には、居住建物の所有権を取得した者は、いつでも配偶者に対し配偶者短期居住権の消滅の申入れをすることができますが、配偶者はその申入れを受けた日から6か月を経過するまでの間、引き続き無償でその建物を使用することができるとされました。

　イ　配偶者居住権（民法1028条1項）

　配偶者が相続開始時に居住していた被相続人の所有建物を対象として、終身または一定期間、配偶者にその使用または収益を認めることを内容とする法定の権利を新設し、遺産分割における選択肢の1つとして、配偶者に配偶者居住権を取得させることができることとするほか、被相続人が遺贈等によって配偶者に配偶者居住権を取得させることができることになりました。

(2)　遺産分割に関する見直し等

　ア　配偶者保護のための方策（持戻免除の意思表示の推定規定（民法903条4項））

　婚姻期間が20年以上である夫婦の一方配偶者が、他方配偶者に対し、その居住用建物またはその敷地（居住用不動産）を遺贈または贈与した場合については、民法903条3項の持戻しの免除の意思表示があったものと推定し、遺産分割においては、原則として当該居住用不動産の持戻し計算を不要としました（当該居住用不動産の価額を特別受益として扱わずに計算をすることができます。）。

イ　遺産分割前の払戻し制度の創設等

遺産分割前の払戻し制度の創設等については、大別すると、家庭裁判所の判断を経ないで預貯金の払戻しを認める方策と、家事事件手続法の保全処分の要件を緩和する方策とに分かれます。

　a　家庭裁判所の判断を経ないで、預貯金の払戻しを認める方策

各共同相続人は、遺産に属する預貯金債権のうち、各口座ごとに次の計算式で求められる額（ただし、同一の金融機関に対する権利行使は、法務省令で定める額（150万円）を限度とします。）までについては、他の共同相続人の同意がなくても単独で払戻しをすることができます（民法909条の2、民法第909条の2に規定する法務省令で定める額を定める省令）。

＜算式＞

| 単独で払戻しをすることができる額 | ＝ | 相続開始時の預貯金債権の額 | × | 1／3 | × | 当該払戻しを求める共同相続人の法定相続分 |

　b　家事事件手続法の保全処分の要件を緩和する方策

預貯金債権の仮分割の仮処分については、家事事件手続法200条2項の要件（事件の関係人の急迫の危険の防止の必要があること）を緩和することとし、家庭裁判所は、遺産の分割の審判または調停の申立てがあった場合において、相続財産に属する債務の弁済、相続人の生活費の支弁その他の事情により遺産に属する預貯金債権を行使する必要があると認めるときは、他の共同相続人の利益を害しない限り、申立てにより、遺産に属する特定の預貯金債権の全部または一部を仮に取得させることができることになりました（家事事件手続法200条3項）。

(3)　遺産の分割前に遺産に属する財産が処分された場合の遺産の範囲（民法906条の2）

遺産の分割前に遺産に属する財産が処分された場合であっても、共同相続人全員の同意により、当該処分された財産を遺産分割の対象に含めることができるようになりました。

共同相続人の1人または数人が遺産の分割前に遺産に属する財産の処分をした場合には、当該処分をした共同相続人については、この同意を得ることを要しないとされています。

(4)　遺言制度に関する見直し

ア　自筆証書遺言の方式緩和（民法968条2項）

全文の自書を要求していた改正前の自筆証書遺言の方式を緩和し、自筆証書遺言に添付する財産目録については自書でなくてもよいものとされています。ただし、財産目録の各頁に署名押印することを要します。

イ　遺言執行者の権限の明確化等

遺言執行者の一般的な権限として、遺言執行者がその権限内において遺言執行者であることを示してした行為は相続人に対し直接にその効力を生ずることを明文化（民法1015条）されました。

特定遺贈または特定財産承継遺言（いわゆる相続させる旨の遺言のうち、遺産分割方法の指定として特定の財産の承継が定められたもの）がされた場合における遺言執行者の権限等も明確化（民法1014条）されました。

(5)　遺留分制度に関する見直し

ア　遺留分減殺請求権の行使によって当然に物権的効果が生ずるとされていた改正前民法の規律を見直し、遺留分に関する権利の行使によって遺留分侵害額に相当する金銭債権が生ずることになりました（民法1046条1項）。

イ　遺留分権利者から金銭請求を受けた受遺者または受贈者が、金銭を直ちには準備できない場合には、受遺者等は、裁判所に対し、金銭債務の全部または一部の支払につき期限の許与を求めることができるようになります（民法1047条5項）。

(6)　相続の効力等に関する見直し

特定財産承継遺言等により承継された財産については、登記等の対抗要件なくして第三者に対抗することができるとされていた改正前民法の規律を見直し、法定相続分を超える部分の承継については、登記等の対抗要件を備えなければ第三者に対抗することができないことになりました（民法899条の2第1項）。

(7)　相続人以外の者の貢献を考慮するための方策

相続人以外の被相続人の親族が、無償で被相続人の療養看護等を行った場合には、一定の要件の下で、相続人に対して金銭請求をすることができるようになりました（特別の寄与（民法1050条））。

第2章 相続人とは

6 誰がどれだけ相続できるのか

　家族が亡くなり、相続が発生しました。どのような人が、どれだけ相続できるのか教えてください。

　相続をすることができる者は、民法で定められており、法定相続人といいます。あわせて、法定相続人がどのような割合で相続できるかも定められており、これを法定相続分といいます。

解説

◆法定相続人とは

人が死亡して相続が発生する場合、亡くなった者を被相続人、法律上相続する権利のある者を相続人といいます。相続人となる者は、民法によって次のように定められています。

【相続人の決定方法】

配偶者は常に相続人

第1順位（子→子が先に亡くなっているときは孫以下、下の代）

↓ 死亡または相続放棄によって誰もいないとき

第2順位（直系尊属→親が先に亡くなっているときは、さらに上の代）

※第1順位の者がいたら、第2順位の者は相続人になりません。

↓ 死亡または相続放棄によって誰もいないとき

第3順位（兄弟姉妹→兄弟姉妹が先に亡くなっているときは、兄弟姉妹の子まで）

※第1順位、第2順位の人がいたら相続人になりません。

(1) 配偶者（亡くなった者の妻または夫）

被相続人の配偶者は、常に相続人となります（民法890条）。婚姻届を出している法律上の配偶者に限り、内縁の配偶者は含まれません。

(2) 子（第1順位の相続人）

被相続人の子は第1順位の相続人です（民法887条1項）。被相続人が亡くなった時にはまだ生まれていないお腹の中にいる胎児も含まれ、母胎から生きて生まれたときに、

相続人たる資格が与えられます（民法886条）。

　ア　嫡出子と嫡出でない子

　法律上の婚姻関係にある夫婦の間に生まれた子を嫡出子といい、そうでない男女から生まれた子を嫡出でない子といいますが、いずれも相続人たる子です。なお、嫡出でない子の父子関係については、認知がなされていないと認められません。

　イ　実子と養子

　血のつながった子を実子、法律上養子縁組した子を養子といいますが、いずれも相続人たる子です（民法809条）。

　ウ　継親子関係

　先妻の子と後妻との関係のように、子が夫婦の一方と実親子関係にない継親子関係のときは、その子は継親の実子ではないので、養子縁組をしていなければ、継親の相続人にはなりません。

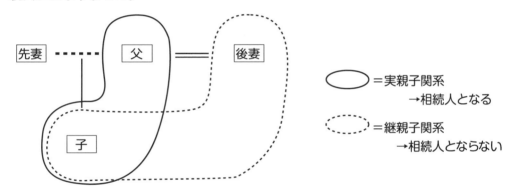

　エ　親権、国籍

　親子間で国籍が違っても、親権や監護権がなくとも、親に対する子の相続人たる地位は変わりません。

　オ　子が相続の開始前に亡くなっている場合（代襲相続）

　子が相続の開始前に亡くなっている場合、または欠格や廃除によって相続権を失ったが、その孫がいるときは、孫が子に代わって相続します。これを代襲相続といいます（民法887条2項）。ただし、養子については、養親の相続資格が発生するのは養子縁組の時からであることとの関係上（民法809条）、養子縁組前に既に生まれていた養子の子は、養子を代襲して養親を相続することはできません。

(3)　直系尊属（第2順位の相続人）

　直系尊属とは、被相続人の父母のほか、祖父母などそれより上の世代の親をいいます。

　子や孫、曾孫などで相続人になる者が1人もいないときに相続人になります。親等の異なる者の間では、その近い者が相続人になります（民法889条1項1号）。すなわち、

両親がいれば両親が、父親が死亡し母親が生きているならば、母親が相続人になります。両親が2人とも亡くなっているが、祖父母が生きていれば、祖父母が相続人になります。

　ア　実親と養親

　親は、実親でも養子縁組をした養親でも相続人です（ただし、特別養子の場合は除きます。Q7参照）。

　イ　配偶者の親

　被相続人の配偶者の父母は直系尊属ではないので、相続人に含まれません。

(4)　兄弟姉妹（第3順位の相続人）

　第1順位、第2順位に該当する相続人が全くいない場合には、被相続人の兄弟姉妹が相続人になります（民法889条1項2号）。

　兄弟姉妹が相続の開始前に死亡し、または相続権を失った場合に、兄弟姉妹に子がいるときはその子が代襲して相続します（民法889条2項）。ただし、子についての代襲相続との違いとして、兄弟姉妹の場合には、その子までが代襲相続できる相続人で、孫以下は相続人になれません。

◆法定相続分

　同順位の相続人が数人あるときの相続分は、民法で定められており（民法900条）、これを法定相続分といいます。相続のパターンは次の①〜⑦となりますが、それぞれの場合の相続分は次のようになります。

	相続人	配偶者	直系卑属	直系尊属	兄弟姉妹
	①配偶者だけ	全部			
第1順位	②子（直系卑属）と配偶者	2分の1	2分の1		
	③子（直系卑属）だけ		全部		
第2順位	④直系尊属と配偶者	3分の2		3分の1	
	⑤直系尊属だけ			全部	
第3順位	⑥兄弟姉妹と配偶者	4分の3			4分の1
	⑦兄弟姉妹だけ				全部

子、直系尊属または兄弟姉妹が数人あるときは、各自の相続分は、等しいものとされます（民法900条）。例えば、②のパターンで子2人と配偶者が相続人となるときは、配偶者の法定相続分が2分の1、子2人は残りの相続分2分の1を半分ずつ取得（＝子1人当たりの法定相続分は4分の1）することになります。

従前は嫡出でない子の相続分は、嫡出子の2分の1とされていましたが、平成25年12月5日に民法の一部を改正する法律が成立し、相続分が同等になりました（同月11日公布・施行）。

相続分が同等である規定が適用されるのは、平成25年9月5日以後に開始した相続からです。もっとも、最高裁判所の違憲決定により、遅くとも平成13年7月1日以後に開始した相続についても、嫡出子と嫡出でない子の相続分は同等のものとして扱われることが考えられます。ただし、既に遺産の分割の審判その他の裁判、遺産の分割の協議その他の合意等により確定的なものとなった法律関係に当たる場合は、その効力は覆りません（最決平25・9・4判例時報2197号10頁）（Q8参照）。

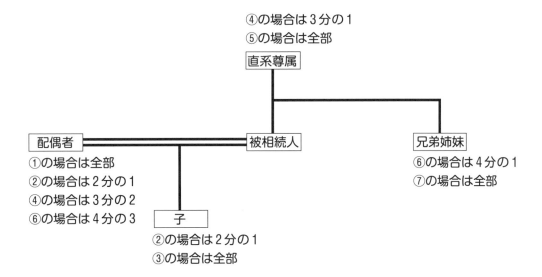

7 養子は実子と同じように相続できるのか

　私は養子として家に入りましたが、実子である兄弟もいます。養子の私は、実子と同じように相続できるのでしょうか。また、私の実の親との相続関係はどうなりますか。

　養子縁組をした養子は、法律上は血族と同様に扱われますので、実子と同じ相続分があります。普通養子縁組によって養親の戸籍に入った養子は、実親との血族関係は失われていないため、実親が死亡した場合にも、実子としての相続分があります。

解　説

◆養子縁組について

　養子は、養子縁組の日から養親の嫡出子たる身分を取得します（民法809条）。つまり、養子縁組をすると、養子は、実子とまったく変わらない立場になります。

　養子縁組の制度には、普通養子縁組と特別養子縁組の2種類があり、そのいずれであるかによって、養子縁組後の実親との関係が異なります。

(1)　普通養子縁組

　いわゆる一般的な養子縁組を普通養子縁組といい、養親と養子の間に新たな親子関係が生じますが、実親との親子関係も消滅しません。そのため、養子は養親が死亡した時に法定相続人になるだけでなく、実親が死亡した時にも法定相続人になります。

　また、養子になった子が先に亡くなり親が法定相続人となる場合は、養親、実親ともに法定相続人になります。実親と養親の法定相続分の割合は変わりません。

(2)　特別養子縁組（民法817条の2以下）

　特別養子縁組は、子の利益のため特に必要があるときに、養親の請求に対し家庭裁判所の決定により成立します。特別養子縁組すると子とその実親との法律上の親族関係は消滅します。そのため、法律上は実親との関係は他人同然となり、互いに相続人にはなりません。

◆養子の法定相続分

　第1順位の「子」の地位で相続人となったときの法定相続分は、実子と同じ割合に

なります。

　第3順位の「兄弟」の地位で相続人となったときの法定相続分も、実の兄弟姉妹と同じ割合になります。

　ただし、夫婦の一方だけの養子と当該夫婦の実子が兄弟姉妹の地位で共同相続人となる場合には、養子の相続分は実子の相続分の2分の1になります（昭32・6・27民事甲1119号民事局長回答）。

◆養子が養親よりも先に死亡した場合の相続は（代襲相続）

　代襲相続とは、亡くなった親よりも先に相続人となる子が亡くなっている場合、その子（つまり亡くなった親にとっての孫）が代わって相続することです。それでは、養親よりも先に養子が亡くなっている場合は、どのように相続するでしょうか。

①　養子縁組後に生まれた養子の子は、代襲相続人になります。

②　養子縁組前に生まれた養子の子は、代襲相続人になりません。

　子のある者を養子にした場合は、養親の相続資格が発生するのは養子縁組の時からであることとの関係上（民法809条）、その養子の子（養子の連れ子）と、養親との間には法定血族関係が生じないため、上記のような取扱いとなっています。

◆実質的な親子関係での相続

　養子縁組は、婚姻と同様、届出によって効力を生じます（民法799条・739条）。そのため、当事者間で養子縁組届が出されていなければ、たとえ親子同然の生活を送っていたとしても、互いに相続人とはなりません。

8 嫡出子と嫡出でない子とで相続分が異なるのか

私は、父親とその愛人との間に生まれた子供です。その父親が亡くなったのですが、父親の妻とその間の子供と私とで遺産分割協議を行ったところ、私は嫡出子ではないので、妻との間の子供の相続分の半分しか遺産をもらえないと言われました。嫡出子と嫡出でない子との間で、相続分が異なるのでしょうか。

従来は民法で、嫡出でない子の相続分は、嫡出子の相続分の2分の1とする旨の規定がありました。しかし、最高裁平成25年9月4日決定でその規定が違憲とされ、規定が撤廃されました。ただし、平成13年6月以前の遺産相続に関してはその最高裁決定の影響は及ばず、平成13年7月から平成25年9月4日までの間に遺産分割協議が成立した、あるいは遺産分割審判が確定した場合にも、影響は及びません。

解 説

◆嫡出子と嫡出でない子との相続分の格差についての違憲判断

　旧民法900条4号ただし書前段には、嫡出でない子の相続分は、嫡出子の相続分の2分の1とすると規定されていました。

　最高裁平成25年9月4日決定（判例時報2197号10頁）の事案は、平成13年7月に死亡した被相続人の遺産分割審判に係る特別抗告事件で、最高裁判所は、嫡出でない子の相続分を嫡出子の2分の1とする旧民法900条4号ただし書の規定を、遅くとも平成13年7月当時には、日本国憲法14条1項の法の下の平等に違反していたものであると判示しました。

　その理由として、家族共同体の中でも個人の尊重が明確に認識されるようになってきたこと、父母が婚姻関係になかったという子にとって自ら選択ないし修正する余地のない事柄を理由としてその子に不利益を及ぼすことは許されないこと、子を個人として尊重しその権利を保障すべきであるという考え方が確立されてきたことを挙げています。

◆最高裁平成25年9月4日決定（判例時報2197号10頁）の影響

　以上のように、最高裁判所で、嫡出でない子の相続分を嫡出子の2分の1とする旧

民法900条 4 号ただし書の規定を違憲と判断しましたが、その違憲となっていたのは、平成13年 7 月からであるとしています。

　そこで、問題となってくるのは、平成13年 7 月からこの判決が出されるまでの間になされた遺産分割等は遡って影響を受けるのかという点です。

(1)　平成13年 7 月より前の遺産相続に関する法律関係には影響を及ぼさない

　この点について、平成25年 9 月 4 日の最高裁決定では、「本件規定が遅くとも平成13年 7 月当時において憲法14条 1 項に違反していたと判断するものであり、(中略) それより前に相続が開始した事件についてその相続開始時点での本件規定の合憲性を肯定した判断を変更するものではない」と判示し、平成13年 7 月より前の遺産相続に関する法律関係には影響を及ぼさないとしました。なお、平成13年 7 月を基準としたのは、平成25年 9 月 4 日最高裁決定の事案が、平成13年 7 月に死亡した者の遺産分割についての事案だったことが理由です。

(2)　平成13年 7 月から平成25年 9 月 4 日までの間に、遺産分割協議が成立・遺産分割審判が確定または可分債権債務について合意成立や裁判確定があった場合には、それらに対しては影響を及ぼさない

　平成25年 9 月 4 日の最高裁決定で、平成13年 7 月当時から旧民法900条 4 号ただし書が違憲とされたことから、憲法に違反する法律は原則として無効であり、その法律に基づいてされた行為の効力、具体的にはこの規定に基づいてされた裁判や合意の効力等も否定されることになるはずです。

　しかしながら、旧民法900条 4 号は、国民生活や身分関係の基本法である民法の一部を構成し、相続という日常的な現象を規律する規定であって、平成13年 7 月から既に約12年もの期間が経過していることからすると、その間に、本件規定の合憲性を前提として、多くの遺産の分割が行われ、さらにそれを基に新たな権利関係が形成される事態が広く生じてきています。

　それなのに、既に行われた遺産の分割等の効力にも影響し、いわば解決済みの事案にも効果が及ぶとすることは、これまでの遺産分割を全てやり直すことになるなどの混乱が生じかねません。そこで、法的安定性という観点から、今回の最高裁判所の違憲判断も、その先例としての事実上の拘束性を限定し、法的安定性の確保との調和を図ることが求められているといわなければならないとして、平成13年 7 月から平成25年 9 月 4 日までの間に、遺産分割協議が成立・遺産分割審判が確定または可分債権債務について合意成立や裁判確定があった場合には、それらに対しては影響を及ぼさないとされました。例えば、平成15年中に嫡出でない子の相続分を嫡出子の相続分の半分とした遺産分割の協議がまとまっていたり、または遺産分割審判が確定していたと

いう場合には、その遺産分割はそのまま有効であり、平成25年の最高裁決定の影響は受けないこととしたということです。

(3)　平成13年７月から平成25年９月４日までの間に、上記のような協議成立や裁判確定がなされていない場合には、たとえ係争中であっても、平成25年の最高裁決定に従って、嫡出でない子の相続分は嫡出子の相続分と同じであるとしなければならない

　(2)で述べたように、既に関係者間において裁判、合意等により確定的なものとなったといえる法律関係までをも覆すことは相当ではありません。しかし、関係者間の法律関係がそのような段階に至っていない事案であれば、平成25年の最高裁決定により違憲無効とされた本件規定の適用を排除した上で法律関係を確定的なものとするのが相当です。そのため、平成13年７月から平成25年９月４日までの間に遺産分割協議が成立していなかったり、裁判の確定がなされていない場合は、平成25年の最高裁決定に従い、嫡出子と嫡出でない子との区別は許されないことになります。

9 未成年の子も相続人になるのか

 夫が亡くなり、妻の私と10歳の息子が遺されました。未成年の子である息子も、夫の相続人となるのでしょうか。この場合、遺産分割協議はどうしたらよいですか。

 未成年の子も相続人になります。ただし、この場合、子と妻の利益が相反する関係となりますので、未成年の子に特別代理人を選任する申立てを家庭裁判所に行う必要があります。

解 説

◆未成年者の法律行為

自然人の権利能力は出生により認められていますから（民法3条1項）、たとえ未成年の子であっても、相続の権利を有しています。

ただし、未成年者が法律行為をするには、その法定代理人の同意を得なければなりません（民法5条1項）。未成年者が法律行為を行う場合は、通常は、親権者が未成年者の法定代理人として法律行為を行います（民法824条）。

◆利益相反の禁止と特別代理人

では、夫が亡くなり、妻と未成年の子が共同で相続する場合は、母と子の間でどうやって遺産分割協議を行えばよいでしょうか。

子の法定代理人は親であるという原則に従えば、母親が子の法定代理人として自分自身と協議をすることになってしまいます。これでは、利益相反が生じ、子の相続人としての利益が損なわれてしまうおそれがあります。

したがって、親権を行う父または母とその子との利益が相反する行為については、親権を行う者は、その子のために特別代理人を選任することを家庭裁判所に申し立てなければなりません（民法826条1項）。

これにより、遺産分割協議は、親権を行う親と、子の特別代理人との間で行われることになります。

(1) 特別代理人の選任の申立ての方法

親権者または利害関係人が、子の住所地の家庭裁判所に、特別代理人選任の申立て

を行います（家事事件手続法19条）。子が２人以上いるときは、１人ずつ、それぞれに選任の申立てを行います。

　裁判所が特別代理人を決定するに当たっては、未成年者との関係や利害関係の有無などの適格性が考慮され、未成年者の利益を保護するための職務を適切に行えるかどうかが判断されます。申立書には、特別代理人の候補者名を記載することができますが、裁判所がこれに拘束されるわけではなく、裁判所独自の判断により特別代理人が決定されます。

(2)　特別代理人の職務

　家庭裁判所から選任された特別代理人は、審判の書面に記載されている決められた行為についてのみ、代理権などを行使することができます。家庭裁判所の審判に記載がない行為については、特別代理人は、代理などをすることができません。家庭裁判所で決められた行為が終了したときは、特別代理人の任務は終了します。

◆特別代理人の選任の必要性について

　特段大きな相続財産もなく、家庭内で争いもないという場合、遺産分割協議のためにわざわざ特別代理人を選任しなくても問題はないのではないかと思う人もいるでしょう。

　しかし、未成年の子がいるにもかかわらず、特別代理人の選任をしないでなされた遺産分割の協議は、無権代理行為として、未成年の子が成人に達した後に追認しない限りは無効となります（民法113条）。後々に紛争を生じさせないためにも、法定の手続をきちんと行っておくことが重要です。

　また、未成年者とその法定代理人が共同相続人であって、未成年者のみが相続放棄の申述をするとき（法定代理人が先に申述している場合を除きます。）や、複数の未成年者の法定代理人が一部の未成年者を代理して相続放棄の申述をするときにも、その未成年者について特別代理人の選任が必要となります。

10 相続人以外でも相続できるのか

 私は、夫に代わって義父の介護を長年行ってきました。先日義父が亡くなり相続が発生したのですが、夫の兄弟から、私に対してねぎらいの言葉はあったものの、相続はできないからお金も渡さないと言われました。私としては納得できないのですが、何か相続人に対して請求できないでしょうか。

 平成30年の相続法の改正で、一定の要件を満たせば、相続人に対して特別の寄与として金銭の請求をすることができるようになりました。

解 説

◆相続人以外の者の貢献を考慮するための方策

(1) 改正のポイント

相続法の改正で、相続人以外の被相続人の親族が、被相続人の療養看護を行った場合には、一定の要件の下で、相続人に対して金銭請求をすることができる制度（特別の寄与）が創設されました（民法1050条）。

また、特別の寄与の制度創設に伴い、家庭裁判所における手続規定（管轄等）が設けられています（家事事件手続法216条の2～216条の5）。

なお、この「特別の寄与」は、令和元年7月1日から施行されています。

(2) これまでの「相続人以外の者の貢献を考慮するための方策」と改正の理由

相続法改正前では、相続人以外の者の貢献は、相続人の寄与分の中で考慮されていました。例えば、東京高裁平成22年9月13日決定（家庭裁判月報63巻6号82頁）があります。

この事例は、被相続人Aは、相続人Bの妻であるCが嫁いで間もなく脳梗塞で倒れて入院し、付添いに頼んだ家政婦がAの過大な要望に耐えられなかったため、Cは、少なくとも3か月間はAの入浴中の世話をし、その退院後は右半身不随となったAの通院の付添い、入浴の介助など日常的な介護に当たり、更にAが死亡するまでの半年の間は、Aが毎日失禁する状態となったことから、その処理をするなどAの介護に多くの労力と時間を費やしていました。

Aが入院した期間のうち約2か月は家政婦にAの看護を依頼し、Aは、在宅期間中は入浴や食事を作ることを除けば、概ね独力で生活する機能を有していたことが認め

られるが、CによるAの入院期間中の看護、その死亡前約半年間の介護は、本来家政婦などを雇ってAの看護や介護に当たらせることを相当とする事情の下で行われたものであり、それ以外の期間についてもCによる入浴の世話や食事および日常の細々とした介護が13年余りにわたる長期間にわたって継続して行われたものであるから、CによるAの介護は、同居の親族の扶養義務の範囲を超え、相続財産の維持に貢献した側面があると評価することが相当であるとされ、CによるAの介護は，Bの履行補助者として相続財産の維持に貢献したものと評価でき、その貢献の程度を金銭に換算すると、200万円を下ることはないというべきであるから、この限度でBのこの点に関する寄与分の主張には理由があると判断されました。

　この東京高裁決定のとおり、寄与分が認められるのは、あくまでも相続人のみであり、相続人の配偶者など、単独では相続人でない者の寄与については、「相続人の補助者」として寄与分を認めるという意味のみであり、単独では相続人になれない者には、相続についての権利は一切発生しません。

　そうすると、例えば、「被相続人の息子の嫁が、被相続人に献身的に介護を行った場合」であれば、東京高裁決定によると、この息子の補助者として、息子が寄与分を主張することができるだけです。この例で、例えば被相続人よりも先に息子が死亡してしまった場合、その嫁は何も遺産相続において主張できないことになります。その一方、被相続人の介護を一切行わなかった相続人が相続権を取得できるというのはあまりに不公平です。

　そのため、今回の改正で今まで認められることのなかった、被相続人に対する相続人以外の者による貢献を認め、金銭請求を認めることとしました。

(3)　特別の寄与が認められるための要件と注意点

　ア　特別の寄与が認められるための要件

　特別の寄与が認められるための要件は、次のとおりです。

①　被相続人の親族（相続人、相続の放棄をした者、相続人の欠格事由に該当する者および廃除された者を除きます。）であること

②　①の者が被相続人に対して療養看護その他の労務の提供をしたこと

③　②により被相続人の財産の維持または増加について特別の寄与をしたこと

④　②が無償であること

　イ　各要件の注意点

　　a　「①　被相続人の親族（相続人、相続の放棄をした者、相続人の欠格事由に該当する者および廃除された者を除きます。）であること」について

　この要件にある「親族」とは、6親等内の血族、配偶者、3親等内の姻族（民法725条）

のことです。これは法律婚を想定しているので、事実婚では親族関係が認められず、要件を満たしません。

「相続人、相続放棄をした者、相続人欠格事由に該当する者、廃除者を除きます」の要件についても、相続人であれば、これまでの寄与分を主張すればよいのであって、特別の寄与を主張する必要がないことから除かれています。また、相続できない者についてはそもそも相続ができない以上、特別の寄与も認めないとされています。

　b　「②　①の者が被相続人に対して療養看護その他の労務の提供をしたこと」
　　について

この要件では、「労務提供」が必要で、「財産給付」などをした場合は含まれないとされています。この点が、寄与分の、「被相続人の事業に関する労務の提供又は財産上の給付、被相続人の療養看護その他の方法」(民法904条の2第1項) との違いです。この要件で想定されるのは、被相続人への介護です。

　c　「③　②により被相続人の財産の維持または増加について特別の寄与をした
　　こと」について

この要件は、これまでの寄与分の要件と同じです。被相続人とは親族関係が想定されますが、親族間では、扶養義務や協力扶助義務があるので、これを超えた寄与が必要となります。

　d　「④　②が無償であること」

この要件も、これまでの寄与分と同じです。仮に対価をもらっているときは、改めて特別の寄与を請求するのは二重取りとなりますので、認められません。ただし、労務の対価といえない小遣い程度のものをもらっていた場合は、認められる可能性があります。

11 内縁の配偶者は相続人になるのか

 私は、長年事実婚として戸籍上の婚姻はせず、夫と生活を共にし、尽くしてきました。しかし、夫が亡くなった場合事実婚では相続人になれないと聞きましたが、本当でしょうか。

 事実婚は法的な婚姻ではないため、内縁関係の配偶者は法定相続人にはなりません。法定の婚姻をせず、事実婚のままで確実に財産を承継させたいのであれば、その旨を遺言しておく必要があります。

解 説

◆配偶者は常に相続人

　被相続人の配偶者は常に相続人となります（民法890条）。ただし、婚姻は、戸籍法の定めるところによって、その効力を生じます（民法739条1項）から、結婚式を挙げ、親族も近所の者も夫婦と認め、どんなに仲が良かったとしても、法律上有効な婚姻、つまり婚姻届を提出していなければ、内縁の配偶者は相続人とはなりません。

　逆に、いくら夫婦仲が悪くても、別居中でも、離婚調停や裁判中であっても、戸籍上の夫婦である間は、配偶者には相続分があります。被相続人の死亡時に配偶者の地位にあれば、その後配偶者が旧姓に戻っても、再婚をしたとしても、相続人であることには変わりありません。

◆内縁の配偶者の保護

　とはいえ、内縁の配偶者が全く相続に関与し得ないというわけではなく、一定の場合には財産の承継等が認められる場合があります。

(1)　借家権の承継

　借家人が相続人なしに死亡した場合、その借家に居住していた内縁の配偶者は、借家権の承継が認められます（借地借家法36条）。

　他方、借家人に相続人がいる場合には、相続人が借家権を相続することになりますが、その場合でも、特別の理由のない限り、相続人がその借家に居住していた内縁の配偶者に退去を迫ることは許されないと考えられています（最判昭39・10・13判例時報393号29頁等）。

(2)　特別縁故者としての財産分与請求

　相続人が誰もいない場合において、被相続人と生計を同じくしていた者、被相続人

の療養看護に努めた者など、被相続人と特別の縁故があった者がいれば、その者に相続財産の全部または一部が与えられる場合があります（特別縁故者に対する相続財産分与（民法958条の3））。

　したがって、事実婚のパートナーであった被相続人に相続人が誰もいないというときには、内縁の配偶者は、これによって相続財産の全部または一部を承継できる可能性があります。

　内縁の配偶者が、特別縁故者として相続財産を得るには、以下の手順を踏みます。①相続人の存否が不明の場合には、利害関係人らの申立てにより、家庭裁判所が相続財産管理人を選任します。②相続財産管理人は、被相続人の債権者等に対して被相続人の債務を支払うなどして清算を行います。③相続財産管理人が、相続人を捜索するための公告を行い、相続人である権利を主張する者がいないことを確認します。④この公告期間満了後3か月以内に、被相続人と特別の縁故があった者は、家庭裁判所に、特別縁故者に対する相続財産分与の審判申立てを行います。

　もっとも、特別縁故者への財産分与が認められるかどうかは家庭裁判所の判断次第であり、内縁の配偶者であるからといって確実に認められるわけではありません。

(3)　内縁の配偶者にも受給資格が認められる給付

　労働災害における遺族補償（労働基準法79条、労働者災害補償保険法16条の2）や国民年金における遺族基礎年金（国民年金法5条7項・37条）、厚生年金保険の遺族厚生年金（厚生年金保険法3条2項・59条）などの給付に関しては、事実上の婚姻関係である内縁の配偶者にも、法律上の配偶者と区別せず受給資格が認められています。

◆遺言の活用

　このように、内縁の配偶者も全くの無権利ということではありませんが、保護の及ぶ範囲は限られていますので、内縁の配偶者に確実に自分の財産を承継させたい場合は、遺言を作成して、遺贈する方法をとることになります（民法964条）。

　なお、遺言書で指定する遺贈の内容については、法定相続人の遺留分を侵害しないよう十分に検討し、死後に相続人らとの間で紛争が生じないように配慮することが必要です。

12　相続人の中に行方不明の者がいる場合は

遺産分割協議を行おうとしたところ、相続人の中に、音信不通の者がいます。どこにいるかもわからず、連絡のしようがありません。どうしたらよいでしょうか。

戸籍の附票から住所地を調べても、その者が住所地から去り、容易に戻る見込みもない場合は、不在者財産管理人の選任の申立てを家庭裁判所に行い、選任された不在者財産管理人と遺産分割協議を行います。

解説

◆音信不通の相続人の住所を探すには
(1)　戸籍の附票の請求

　音信不通の相続人の住所がわからない場合でも、本籍地がわかれば戸籍の附票で住民票上の住所を探すことができます。戸籍の附票とは、本籍地の市区町村で戸籍の原本と一緒に保管している書類で、その戸籍が編製されてから現在に至るまで（またはその戸籍から除籍されるまで）の在籍者の住民票上の住所の履歴が記録されています。その者の本籍地の市区町村に戸籍の附票を請求します。

(2)　請求時の注意点

　戸籍の附票を請求できるのは、本人またはその配偶者、父母、祖父母、子、孫など直系の親族に限られています（住民基本台帳法20条）。もっとも、弁護士や司法書士、行政書士などを依頼し、その者による職務上請求をして取り寄せることも可能です。

　また、転籍などで他の市区町村に本籍を変更している場合には、その附票にはその転籍前の住所しか記載されないため、改めて転籍後の附票を請求することになります。

(3)　住所地がわかったら

　その者の住民票上の住所がわかったら、実在しているか調査します。

◆不在者財産管理人の選任の申立て
(1)　不在者財産管理人の選任

　調査をしても相続人がどこにいるのか分からない場合、遺産分割協議を進めるためには、家庭裁判所に不在者財産管理人の選任申立てを行います（民法25条）。

第1編　相続の基本　　　37

　不在者財産管理人は、不在者の財産の管理、保存が本来業務ですが、家庭裁判所の権限外行為許可を得た上で、不在者に代わって遺産分割協議を行うこともできます（民法28条）。

　不在者財産管理人選任の申立ては、不在者の従来の住所地または居所地の家庭裁判所に対して行います（家事事件手続法145条）。申立てができる人は、利害関係人（不在者の配偶者、相続人に当たる者、債権者など）と検察官です（民法25条）。申立ての際に不在者財産管理人候補者名を記載することができますが、必ずしも裁判所がこれに拘束されるわけではありません。

　なお、不在者財産管理人は親族でもなることができますが、遺産分割協議に加わる関係上、通常は相続人が不在者財産管理人になることはできません。

　また、不在者財産管理人の職務は、遺産分割協議が整っても終わりとはなりません。不在者が現れたとき、不在者の失踪宣告がされたとき、不在者の死亡が確認されたときなどの事情が生じるまで、不在者財産管理人の職務は続くことになります。

(2)　注意点

　音信不通の相続人に財産を渡す必要はないようにも思われますが、不在者財産管理人は不在者の利益を損なうことはできないので、法定相続分を確保することが原則となります。したがって、例えば不在者の相続分をゼロとするような遺産分割協議を行うことはできません。

◆失踪宣告制度の利用

　なお、行方不明の期間が7年を超えている場合など、失踪宣告の要件を満たす場合には、行方不明の相続人について失踪宣告の申立てを行うことで、同人が亡くなったものとして遺産分割協議を行うこともできます（Q1参照）。

　もっとも、失踪宣告がされると、その者は死亡したものとみなされるため、親族の心情として申立てに踏み切れないこともあります。

　そのような場合に、失踪宣告の要件を満たしていたとしても、あえてこれを行わず、不在者財産管理人の選任申立ての手段を選択することは許されます。

13 相続人の中に認知症や精神障害で判断能力を欠く者がいる場合は

 相続人の中に、脳梗塞で倒れて意識がない者がいます。この場合、その者の奥さんと相続の話をまとめてしまってもよいでしょうか。

 精神上の障害により判断能力を欠く者は遺産分割協議ができませんので、その者の保護を図るため、法的に正式な代理人を定めなくてはなりません。家庭裁判所に成年後見人の選任の申立てを行い、裁判所から選任された成年後見人と遺産分割協議を行う必要があります。

解説

◆判断能力を欠く相続人がいる場合

遺産分割協議をする場合には、協議をする相続人に判断能力が備わっていることが大前提となります。脳血管障害による意識障害などにより精神上の障害が生じ、自分では日常的な買い物もできず、誰かに代わってやってもらうことが常態である場合であれば、自分自身では遺産分割協議をすることができませんので、家庭裁判所に後見開始の審判の申立てを行い、その者の成年後見人を選任してもらう必要があります。

◆成年後見人の選任
(1) 後見開始の審判

後見開始の審判とは、精神上の障害により判断能力を欠く常況にある者を保護するために、家庭裁判所が成年後見人を選任する手続です（民法7条）。選任された成年後見人は、本人の財産を管理しつつ、本人に代わって遺産分割協議を成立させることができます。

なお、後見が開始すると、本人は、日用品の購入その他日常生活に関する行為を除き、単独で有効な法律行為ができなくなるほか（民法9条）、印鑑登録が抹消されます（各地方自治体条例）。

(2) 申立ての方法

後見開始の審判の申立ては、本人の住所地の家庭裁判所にします。本人のほか、配

偶者や四親等内の親族等が申立てをすることができます（民法7条）。

申立書に加え、本人の戸籍謄本（全部事項証明書）や財産に関する資料などのほか、家庭裁判所が定める様式の本人の診断書を提出します。診断書の書式は、申立てをする家庭裁判所によって異なる場合があるので、あらかじめ申立てをする家庭裁判所で所定の用紙を入手しておくとよいでしょう。

(3)　成年後見人が選任されるまでの流れ

申立てを受理した家庭裁判所は、申立人や成年後見人候補者と面談をして、申立てに至った経緯などを聴取したり、医学的な判定を受けるために鑑定手続を求めるなどして、本人の状態を把握し、成年後見人に適任であるかどうかを審理します。

申立書には成年後見人候補者を記載できますが、家庭裁判所はこれに拘束されるものではなく、①本人の心身の状態や生活、財産の状況、②候補者の職業や経歴、③候補者と本人との利害関係の有無、および④本人の意向などを確認した上で、その候補者が本人の成年後見人となるにふさわしいかどうかを総合的に判断することになります（民法843条4項）。

成年後見人になる者は親族に限られず、弁護士や司法書士、社会福祉士などの専門家が選任されることもあります。なお、成年後見人が相続人の立場となった場合は、遺産分割の場面では利益相反となるので、成年後見人に特別代理人を選任することを家庭裁判所へ請求します（民法860条・826条）。

(4)　成年後見人の職務

成年後見人は、本人の意思を尊重し、かつ、本人の心身の状態や生活状況に配慮しながら、預貯金に関する手続や介護に関する契約の締結などの法律行為を行い、本人の財産管理をします（民法858条）。

このような成年後見人の職務は、通常、本人が亡くなるか、能力が回復するまで続きます。たとえ遺産分割協議のために後見開始の審判の申立てをし、その相続手続が終わったとしても、成年後見人の仕事は終わりません。

(5)　遺産分割時の注意点

成年後見人は本人の利益を損なうことはできないので、遺産分割協議に当たっても、法定相続分を確保することが原則となります。したがって、例えば本人の相続分をゼロとするような遺産分割協議を行うことはできません。

コラム

◆保佐・補助とは

　成年後見の制度のほかに、民法では、保佐および補助の制度も規定されています。

　保佐とは、精神上の障害（認知症・知的障害・精神障害等）により事理を弁識する能力が著しく不十分な者を保護する制度であり（民法11条）、補助とは、精神上の障害により事理を弁識する能力が不十分な者を保護する制度です（民法15条）。

　結局のところ、成年後見と保佐と補助とは、その保護を受ける者の能力（理解力）の程度がどれほど欠くかということで区別されています。

　しかし、実際には保佐や補助の申立ては、後見の場合と比べて、あまりされていません。補助が必要な方は、財産を管理処分するには自分でできるかもしれない程度の能力があります。そして、保佐が必要な方は、日常的に必要な買い物程度は単独でできる能力があります。そのことから、あえて保佐人や補助人をつけなくてもよいと考えている方が多いからではないかと思われます。

14 相続人でも相続させないことはできるのか

 相続人の範囲が法律で定められていることはわかりましたが、私を侮辱し、虐待した次男が私の相続人となるのは我慢がなりません。

 民法では、相続欠格と相続廃除の制度によって、相続資格の剥奪を認めています。相続欠格においては、一定の不正事由がある場合、被相続人の意思とは無関係に法律上相続権が剥奪されますが、相続人を廃除する場合は、被相続人の請求に基づいて、家庭裁判所の審判または調停によってその相続権の剥奪が決定されます。

解 説

◆相続欠格とは
(1) 相続欠格とは
　相続人が次に掲げる欠格事由に該当する行為をした場合は、法律上当然に相続権を失います（民法891条）。
① 故意に被相続人または相続について先順位もしくは同順位の相続人を死亡するに至らせ、または至らせようとしたために、刑に処された者
② 被相続人の殺害されたことを知っていながらこれを告発せず、または告訴しなかった者（ただし、その者に是非の弁別がないとき、または殺害者が自己の配偶者もしくは直系血族であったときは、この限りではありません。）
③ 詐欺または強迫によって、被相続人が相続に関する遺言をし、撤回し、取り消し、または変更することを妨げた者
④ 詐欺または強迫によって、被相続人に相続に関する遺言をさせ、撤回させ、取り消させ、または変更させた者
⑤ 相続に関する被相続人の遺言書を偽造し、変造し、破棄し、または隠匿した者
(2) 相続欠格の効果
　上記の事由に該当する相続人は相続権を失い、受遺者になることもできません（民法965条）。ただし、その相続人の子が代襲相続人として相続することは妨げられません（民法887条2項）。
　なお、この効果は、特定の被相続人との間で相対的に発生するものなので、相続欠

格の対象となった関係者以外の相続においては相続権を失いません。

◆推定相続人の廃除とは

(1) 推定相続人の廃除とは

　遺留分を有する推定相続人が被相続人に対して虐待をし、もしくは重大な侮辱を加えたとき、または推定相続人にその他の著しい非行があったときは、被相続人の請求に基づいて、家庭裁判所が相続権を剥奪することができます（民法892条・893条）。これを推定相続人の廃除といいます。

　推定相続人とは、相続が開始した場合に相続人となるべき者をいい、現在において最先順位にある相続人のことを指します。そのため、子のある者があらかじめ父や孫を廃除することはできません。また、兄弟姉妹は遺留分を有しないため、廃除の対象になりません。

(2) 廃除の方法

　廃除には、被相続人が生存中に自ら家庭裁判所に請求する方法（民法892条）と、被相続人の遺言に基づき遺言執行者が家庭裁判所に請求する方法（民法893条）の2つがあります。推定相続人の廃除申立てを受けた家庭裁判所では、具体的状況を考慮して廃除事由の該当性を慎重に審理した上で、廃除を決定します。

　廃除が認められた場合は、廃除請求者は廃除確定日から10日以内に市町村役場の戸籍課に相続人の廃除の届出をしなければなりません（戸籍法97条・63条1項）。

(3) 廃除の効果

　調停の成立または審判の確定によって廃除された相続人は相続権を失いますが、その相続人の子が代襲相続人として相続することは妨げられません（民法887条2項）。

　廃除が確定したとしても、被相続人はいつでも、推定相続人の廃除の取消しを家庭裁判所に請求することができます（民法894条）。また、廃除者が受遺者となることも許されます。

15 相続人が誰か分からないときの調査方法は

亡くなった夫には遺された子ども達のほかに、離婚して別れた子どもがいると聞いたことがあります。相続人を調べるにはどうしたらよいでしょうか。

亡くなった人の出生から死亡に至るまでの戸籍謄本等を収集することで、第1順位の子の存在とその数、その生存と所在を調べることができます。子がいない場合も同じく、第2順位である直系尊属、第3順位である兄弟の存在を、戸籍謄本から調査します。

解 説

◆相続人調査とは

被相続人と相続人に関係する戸籍謄本等を収集し、相続人の存在を客観的に証明する書類を収集していくことを、相続人調査といいます。

◆戸籍謄本等の名称と請求先

「戸籍謄本」には、さまざまな種類があります。また、実際の相続手続では住民票も必要になることがありますが、戸籍謄本等と住民票は請求するところが異なります。

名 称	内 容	請求するところ
戸籍全部事項証明書	平成6年以降にコンピュータ化した「戸籍謄本」です。	本籍地の市区町村役場
改製原戸籍謄本	上記のコンピュータ化する前のもの(平成改製原戸籍)のほか、明治5年に戸籍法が施行されて以来、戸籍簿は法改正等により新様式に作り替えられてきました。この作り替え前のものを「改製原戸籍」といいます。	
除籍全部事項証明書または除籍謄本	一戸籍内の全員が、その戸籍から婚姻、死亡などにより除籍されたときの謄本です。	
戸籍個人事項証明書 戸籍抄本	戸籍事項の各個人を証明するもので、通常、相続手続では使用しません。	
戸籍の附票	本籍がある者の住所変更履歴の記録です。	

住民票	その人の住所、世帯を証明するものです。	住所地の市区町村役場
住民票の除票	転居や死亡により住民票から除かれた証明です。	

◆相続人の調査手順

次の手順で必要な戸籍謄本等を市区町村役場で取り寄せます。

(1)　被相続人の出生から死亡までの全ての戸籍謄本等の収集

人の戸籍は、出生時は親元にあったものが、婚姻等によって親から独立すると新しい戸籍が編製されます。住所地の移転により本籍地を変更し新しい戸籍を編製することもありますし、それとは別に戸籍制度の改正によっても、新しい戸籍が編製されています。そのため、被相続人が死亡した時点での現在の戸籍謄本からひとつずつ過去の戸籍に遡り、出生時の戸籍にたどり着くためには、複数の戸籍謄本等を取り寄せることになります。どの戸籍謄本等にも冒頭に「戸籍の編製事項」が記載されているので、その編製年月をつなぎあわせることで、収集した戸籍謄本等に中断がないかを調べることができます。

被相続人についてこのような戸籍謄本等の収集を行うのは、被相続人の第1順位の相続人となる子の存在を確認するためです。出生届がなされた子は親と同じ戸籍に記載されますので、被相続人に子がいる場合には、この被相続人の出生から死亡に至る戸籍謄本等のどこかに必ず記録があることになります。

(2)　子の出生から死亡までの全ての戸籍、除籍、改製原戸籍の収集

被相続人の戸籍謄本等の中で子の記載があったとしても、その子が結婚して新しい戸籍を編製していると、現在その子が生存しているかどうかまでは読み取れません。そこで、子の記載が確認されたならば、その子の現在の戸籍まで中断なく戸籍謄本等を収集し、その子が現在も生存しているかを確認します。

子が既に死亡していた場合は、代襲相続により孫が相続する可能性もありますので、孫の生存についても同様に調査します。

(3)　両親や、両親の祖父母・曾祖父母の戸籍謄本等の収集

上記により被相続人に子がないことが確認された場合には、第2順位の相続人である直系尊属（両親や、祖父母、曾祖父母）が生存していないかを調べます。死亡している場合には、戸籍を中断なく追っていけば死亡の記載に辿り着きますので、その記載が現れるまで戸籍を収集することになります。

(4)　兄弟姉妹の戸籍、除籍、改正原戸籍の収集

被相続人に子も直系尊属もいないことが確認された場合には、第3順位の相続人で

ある兄弟姉妹がいないかを調べます。

この場合には、いつ兄弟姉妹が生まれているか分かりませんので、被相続人の両親が生まれてから死亡するまでの期間の全ての戸籍謄本等を取り寄せます。そして、兄弟姉妹の記載が確認されたときは、さらにその兄弟姉妹の現在の戸籍まで中断なく戸籍謄本等を収集して、その兄弟姉妹が現在も生存しているかを確認します。

兄弟姉妹が既に死亡していた場合でも、代襲相続により甥姪が相続する可能性もありますので、甥姪の生存についても同様に調査します。

(5)　注意点

わざわざ全ての戸籍謄本等を取り寄せなくても、親子兄弟姉妹が今も生きていることは知っているということは当然あります。

ただ、単に自分の胸中で相続人を調べるというだけであればそれでも構いませんが、被相続人名義の預貯金の引出しや不動産の所有権の移転の登記などの諸手続をするには、相続人が誰であるかが第三者にも分かるよう、書類上から証明できるようにしておかなければなりません。そのためには、自分が既に分かっているからといって、戸籍謄本等の取り寄せを省略することはできません。

◆その他、相続手続を進めるために取得しておくべき書類

相続人調査のための戸籍謄本等の収集のほか、被相続人の死亡時の戸籍の附票か本籍地の記載のある住民票も取得しておきます。亡くなった者の最後の住所地は相続開始地となり、家庭裁判所に申立てをするときの管轄にも関わります。

被相続人所有の預金口座や不動産登記の住所が、この最後の住所と異なる場合には、戸籍の附票や住民票の除票を取り寄せ、住所のつながりがつくようにしておくことも、今後の手続を進めるためには必要な準備となります。

第3章　相続財産とは

16　相続財産とは何か

相続については全く知識がないのですが、そもそもどのような財産が遺産分割の対象となり、どのような財産に相続税が課税されるのでしょうか。

「相続財産」は有形、無形を問わず、相続開始時に被相続人に属した全ての財産がその対象となりますが、例外もあります。また、遺産分割の対象となる相続財産と、相続税の課税対象となる相続財産の範囲は一致しません。

解　説

◆「相続財産」とは何か
(1)　原　則

　相続人は、相続開始の時から、被相続人の財産に属した一切の権利義務を承継するとされ(民法896条)、また、相続税は、相続または遺贈により取得した財産について課税されます(相続税法11条)。

　したがって、相続開始時に被相続人の財産に属した経済的価値のある全ての財産が相続財産として遺産分割の対象となり、かつ、これについて相続税が課税されるのが原則です。

(2)　例　外

　もっとも、例外として、相続開始時に被相続人の財産に属した財産でも、遺産分割の対象とならない財産はあります。

　また、遺産分割の対象と相続税の課税対象も常に一致するものではなく、相続税法特有の課税財産、非課税財産が定められています。

◆相続開始時に被相続人の財産に属していたが遺産分割の対象とならない財産

　系譜・祭具・墳墓などの祖先祭祀のための財産については、遺産分割の対象とはならず、慣習に従って祖先の祭祀を主宰すべき者が承継することになります(民法897条)。

なお、このような祭祀財産については、相続税の課税対象ともならないことが通常です（相続税法12条1項2号）。

◆相続税法特有の課税財産

(1)　みなし相続財産

「みなし相続財産」とは、相続や遺贈で手に入れたものではないけれども、実質的には相続で手に入れたものと同じとみなして、相続税が課税される財産のことです（相続税法3条）。具体的には生命保険金や死亡退職金などがそれに当たります。

ただし、生命保険金や死亡退職金には非課税枠がありますので、全額が課税されるわけではありません（Q20・21参照）。

(2)　死亡前3年以内に贈与された財産

相続税は生前に蓄積した財産に対して死亡時に課税する税金です。ですから生前に贈与を繰り返すことによって相続税自体の課税は少なくすることが可能です。

その駆け込み的な生前贈与に対する防止策として「死亡前3年以内に贈与された財産」については、相続税の課税価格に加算することになっています（相続税法19条）。

ただし、贈与を受けた時点で支払っている贈与税額は相続税額より引くことができるので「贈与税」と「相続税」で二重に課税されることはありません。

(3)　相続時精算課税の適用を受けている財産

被相続人の生前に「相続時精算課税制度」の利用によって贈与されている財産は課税財産に加算されます（相続時精算課税制度の詳細は、Q95参照）。

◆相続税法特有の非課税財産

相続や遺贈により取得した財産であっても、様々な政策的理由から非課税財産として扱われるものがあります（相続税法12条、租税特別措置法70条1項）。

先に紹介した祭祀財産の非課税、生命保険金や死亡退職金のうち一定額の非課税などもその一例であり、その他主なものは次のとおりです。

①　墓地、墓石、仏壇、仏具、日常礼拝の用に供しているもの（ただし、投資対象および商品として所有しているものは除きます。）

②　宗教、慈善、学術、その他公益を目的とする事業を行う一定の者が相続や遺贈により取得した財産で公益を目的とする事業に使われることが確実なもの

③　地方公共団体の条例によって、精神や身体に障害のある者またはその者を扶養する者が取得する心身障害者共済制度に基づいて支給される給付金を受ける権利

④　相続や遺贈によって取得した財産で相続税の申告期限までに国または地方公共団

体や公益を目的とする事業を行う特定の法人に寄附したもの、あるいは、相続や遺贈によって取得した金銭で、相続税の申告期限までに特定の公益信託の信託財産とするために支出したもの

17 土地建物はどのように扱われるのか

 今回私が相続した財産には不動産が多く含まれており、人に貸しているものや抵当権がついているものもあるのですが、相続の際にはどのような扱いになるのでしょうか。

 土地や建物などの不動産は、相続財産として遺産分割・相続税課税の対象となります。その評価額については、遺産分割における評価額と課税対象財産としての評価額が異なることがあります。また、抵当権がついていても、課税対象財産としての評価額は変わりません。

解説

◆遺産分割との関係

　土地や建物などの不動産は当然に遺産分割の対象となります。

　その評価額については、遺産分割時点の時価で評価することが原則ですが、相続人間の合意が整うのであればどのような評価でも構いません。実際には、時間と費用の節約のため、相続税課税価格や固定資産評価額、あるいは不動産業者による簡易査定などを参考にして評価額を決定する例が多くみられます。評価額について相続人間の合意が整わなければ、最終的には遺産分割調停・審判で決定されることになります。

◆相続税課税との関係

　土地や建物などの不動産は当然に課税対象となります。

　その評価額は「時価」（相続税法22条）とされていますが、その評価方法は通達で決められています（財産評価基本通達2章・3章）。遺産分割の場合と異なり、相続人間の協議で自由に決定することはできません。

　具体的には、土地については路線価あるいは（固定資産税評価額の）評価倍率での評価が基本となり、これについては国税庁ホームページから取得できる財産評価基準書（路線価図・評価倍率表）より、基本となる評価額を調査することができます。

　建物については、固定資産税評価額での評価が基本となります（財産評価基本通達89）。

　なお、土地の評価については、小規模宅地等の特例の活用により大きく評価減となる可能性があります（Q61・103参照）。

また、その地域における標準的な宅地の地積に比して大きな宅地については、地積や所在地の容積率等により補正して評価されます（地積規模の大きな宅地の評価（財産評価基本通達20－2））。

◆不動産を人に貸している場合の注意点

(1)　不動産の取扱いへの影響

土地建物を賃貸に供している場合でも、その土地が遺産分割の対象となる点、相続税課税の対象となる点に異なるところはありません。

ただし、賃借権の負担があるために、自用地よりも相続税課税価額が下がります。その計算式の概略は以下のとおりであり、用語についてはQ18を参照してください。

ア　貸宅地の評価

①　借地権設定時に通常の金額の権利金を受領している場合（財産評価基本通達25）

> 自用地評価×（1－借地権割合）

ただし、借地権慣行のない地域の貸宅地の場合には、借地権割合を20％として計算

②　借地権設定時に権利金を受領しない代わりに、賃料を通常より高い水準（＝「相当の地代」）で受領している場合（相当の地代を支払っている場合等の借地権等についての相続税及び贈与税の取扱いについて6(1)）、あるいは、法人が借主で、かつ、土地の無償返還に関する届出書が提出されている場合（相当の地代を支払っている場合等の借地権等についての相続税及び贈与税の取扱いについて8）

> 自用地評価×80％

③　借地権設定時に通常の金額の権利金を受領せず、賃料も上記「相当の地代」に満たない場合等（相当の地代を支払っている場合等の借地権等についての相続税及び贈与税の取扱いについて6(2)・7）

> ⓐ　自用地評価から、この場合の借地権評価額（Q18参照）を控除した金額
> ⓑ　自用地評価×80％
> 上記ⓐⓑのいずれか低い方の金額

イ　貸家建付地の評価（財産評価基本通達26）

$$自用地評価×（1－借地権割合×借家権割合×賃貸割合）$$

ウ　貸家の評価（財産評価基本通達93）

$$建物の価額×（1－借家権割合×賃貸割合）$$

（2）　賃貸人たる地位の取扱い

　遺産分割協議によって、相続人のうち誰が賃貸人たる地位を承継するかを定めることになります。

　なお、遺産分割協議成立までに発生した地代家賃の取扱いについてはQ26を参照してください。

◆不動産が担保に供されている場合の注意点

（1）　不動産の取扱いへの影響

　土地建物に抵当権や質権がついている場合でも、その土地が遺産分割の対象となる点、相続税課税の対象となる点に異なるところはありません。

　注意点として、担保に供されている不動産については、被担保債権額を差し引いた金額が不動産の実質的な価値となりますが、相続税課税との関係では評価額に影響はなく、担保権のついていない不動産と同様の評価になります。

（2）　被担保債権の取扱い

　被担保債権が被相続人自身の債務であるならば、遺産分割との関係では相続割合に従って当然に分割され（Q28参照）、相続税課税との関係では、課税価格から差し引かれる形で考慮されることになります（Q52参照）。

　他方、不動産が第三者の債務の保証に供されたものであって（物上保証）、被担保債権が被相続人自身の債務でない場合には、当該被担保債権はそもそも相続の対象ではないため、遺産分割との関係でも相続税課税との関係でも、影響がありません（相続税課税の際に被担保債権額が課税価格から差し引かれることもありません。）。

コ ラ ム

◆「大相続時代」の到来

下記は昭和40年以降の日本での死者数の推移です。

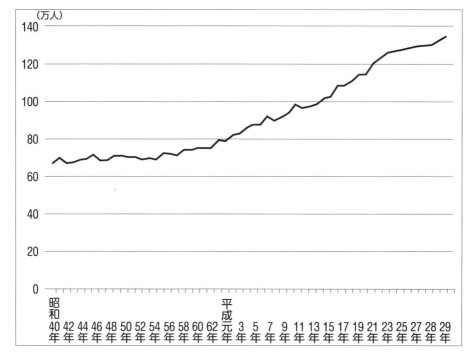

（資料：厚生労働省「人口動態調査」より作成）

　昭和40〜60年代までは70〜80万人で推移していましたが、平成15年に100万人を突破してから平成28年以降には130万人と急激な右肩上がりで増加しています。

　死者数が130万人ということは、年間に130万件の相続が発生していることになります。また、今後もこの数は増加し続け、国立社会保障・人口問題研究所の推計では令和7年には160万人に達すると予想されています。

　まさにこれからは「大相続時代」の幕開けともいえる時代になります。本書がその役に立てば何よりです。

18 土地や建物を借りる権利はどのように扱われるのか

親から相続した財産には、人から借りている土地建物があり、中には無償で借りている建物もあるようです。これらの土地建物はどうなるでしょうか。

借地権・借家権は、相続財産として遺産分割・相続税課税の対象となります。その評価額については、遺産分割における評価額と課税対象財産としての評価額が異なることがあります。他方、使用借権は遺産分割・相続税課税の対象とはなりません。

解 説

◆土地建物を借りる権利の種類

他人の土地を使用する権利一般を地上権ないし賃借権といいますが、このうち特に、建物の所有を目的とする地上権または土地の賃借権を「借地権」といいます（借地借家法2条1号）。

また、他人の建物を借りる権利（賃借権）を一般に「借家権」と呼称します。

さらに、他人の土地建物を無償で使用する場合もあり、そのような権利を「使用借権」といいます（民法593条）。

以下では、「借地権」「借家権」「使用借権」について解説します。

◆借地権について

(1) 遺産分割との関係

「借地権」は当然に遺産分割の対象となります。

その評価額については、遺産分割時点の時価で評価することが原則ですが、相続人間の合意が整うのであればどのような評価でも構いません。実際には、時間と費用の節約のため、相続税課税価格を参考にして評価額を決定する例が多くみられます。評価額について相続人間の合意が整わなければ、最終的には遺産分割調停・審判で決定されることになります。

(2) 相続税課税との関係

借地権は、相続税課税の対象となるのが通常です。例外として、借地権設定の対価

として権利金その他の一時金を支払うなどの借地権の取引慣行（＝「借地権慣行」）がない地域にある借地権については課税対象外となりますが、そのような借地権は多くありません（財産評価基本通達27ただし書）。

　その評価額については、主に「（定期借地権等・一時使用目的の借地権ではない）借地権」「定期借地権等」「一時使用目的の借地権」の3つの区分に応じた評価方法があります。

　ア　（定期借地権等・一時使用目的ではない）借地権の評価

　　a　（定期借地権等・一時使用目的ではない）借地権のうち、借地権設定時に通常の金額の権利金を支払っているものの価額は、自用地（いわゆる更地）としての価額に借地権割合を乗じて求めます（財産評価基本通達27）。

　　　この借地権割合は、借地事情が似ている地域ごとに定められており、国税庁ホームページから取得できる財産評価基準書（路線価図・評価倍率表）に表示されています。

自用地評価×借地権割合（路線価図・評価倍率表）

---

　　b　他方、借地権設定時に権利金を支払わない代わりに、賃料を通常より高い水準（＝「相当の地代」）で支払う形態の借地契約もありますが、その場合には、借地権の価額はゼロとして評価されます（相当の地代を支払っている場合等の借地権等についての相続税及び贈与税の取扱いについて3(1)）。

　　　また、法人が地主で、かつ、土地の無償返還に関する届出書が提出されている場合にも、借地権の価額はゼロとして評価されます（相当の地代を支払っている場合等の借地権等についての相続税及び贈与税の取扱いについて5）。

　　c　また、借地権設定時に通常の金額の権利金を支払わず、賃料も上記「相当の地代」に満たない等の場合には、自用地としての評価額に、次の算式により計算した数値を乗じて計算します（相当の地代を支払っている場合等の借地権等についての相続税及び贈与税の取扱いについて3(2)・4）。

$$借地権割合 \times \left(1 - \frac{実際の地代の年額 - 通常地代の年額}{相当の地代の年額 - 通常地代の年額} \right)$$

　イ　定期借地権等の評価

　定期借地権等の価額は、原則として、課税時期において借地人に帰属する経済的利

益およびその存続期間を基として評定した価額によって評価しますが、課税上弊害がない場合には、簡便な計算方法として、自用地としての価額に、次の算式により計算した数値を乗じて計算します（財産評価基本通達27－2）。

$$\frac{\text{定期借地権等の設定の時における借地権者に帰属する経済的利益の総額}}{\text{定期借地等の設定の時におけるその宅地の通常の取引価額}} \times \frac{\text{課税時期におけるその定期借地権等の残存期間年数に応ずる基準年利率による複利年金現価率}}{\text{定期借地権等の設定期間年数に応ずる基準年利率による複利年金現価率}}$$

　ウ　一時使用目的の借地権

　一時使用のための借地権の価額は、通常の借地権より権利が弱いことから、通常の借地権と同等とはみなさず、雑種地の賃借権の評価方法と同じように評価します（財産評価基本通達87）。

◆借家権について

(1)　遺産分割との関係

　「借家権」は当然に遺産分割の対象となります。

　その評価額の決定方法は、借地権の場合と同様です。

(2)　相続税課税との関係

　借家権も相続税課税の対象となり、その評価額は以下のように計算します（財産評価基本通達94）。

$$\text{建物の価額} \times \text{借家権割合（※1）} \times \text{賃借割合（※2）}$$

　※1　借家権割合

　　　　各国税局長が定め、財産評価基準書に明示されています。ほとんどの地域が30％です。

　※2　賃借割合

　　　　次の算式により計算した割合です。

$$\frac{\text{Aのうち賃借している各独立部分の床面積の合計}}{\text{当該家屋の各独立部分の床面積の合計（A）}}$$

　ただし、借家権も、その権利が権利金等の名称をもって取引される慣行のない地域にあるものについては相続税の課税対象とはされず、実際には、そのような借家権がほとんどです（財産評価基本通達94ただし書）。

◆使用借権について

(1) 遺産分割との関係

使用借権は被相続人の死亡によってその効力を失いますので（民法597条）、遺産分割の対象とはならないのが通常です。

ただし、遺産分割協議の結果ではありませんが、諸般の事情を考慮して、不動産所有者と特定の相続人等の間で新たな使用貸借関係が生じたと解釈することができる場合もあります。

(2) 相続税課税との関係

使用貸借に係る不動産を相続人が承継し、引き続き使用貸借関係を継続した場合でも、これについて相続税は課税されません（使用貸借に係る土地についての相続税及び贈与税の取扱いについて）。

19 農地はどのように扱われるのか

今回私が相続した土地はほとんどが農地です。農地はどのような扱いになるのでしょうか。

農地も相続財産として遺産分割・相続税課税の対象となります。ただし、農地の種類によって評価方法が大きく異なりますので評価の際には注意が必要です。また、農地を特定遺贈により取得する場合には許可が必要となります。

解 説

◆農地の特殊性

農地も一般の土地同様、遺産分割や相続税課税の対象となります。

もっとも、農地については、優良農地の確保のために農地の所有権移転や転用が許可制とされているという点で特殊性があります（農地法2章）。

また、農業上の支障なく開発要請を満たすために、立地条件等により農地を区分し、その区分ごとに許可方針の強弱が設けられているために、農地の価額については、その転用可能性に応じた独特の財産評価が必要となるという特殊性があります。

◆農地の所有権移転制限について

遺産分割による農地の取得の場合には所有権移転制限は及ばないので、遺産分割の際に許可条件を気にする必要はありません（農地法3条1項12号）。

ただし、特定遺贈による農地取得の場合には、通常に農地を売買や贈与する場合と同様に、農業委員会あるいは都道府県知事の許可が必要となりますので、その許可が得られなければ、受贈者が農地を承継することはできません。

◆農地の評価について

農地の価額は「純農地」「中間農地」「市街地周辺農地」「市街地農地」の4種類に区分して評価します（財産評価基本通達34）。

(1) 純農地および中間農地の評価（財産評価基本通達37・38）

純農地および中間農地の評価は、倍率方式によって評価します。

倍率方式とは、その農地の固定資産税評価額に、国税局長が定める一定の倍率を乗じて評価する方法をいいます。

固定資産評価額×倍率

(2)　市街地周辺農地の評価（財産評価基本通達39）

市街地周辺農地の評価は、その農地が市街地農地であるとした場合の価額の80％に相当する金額によって評価します。市街地農地の評価については次に述べます。

市街地農地であるとした場合の金額×80％

(3)　市街地農地の評価（財産評価基本通達40）

市街地農地の評価は、宅地比準方式または倍率方式により評価します。

宅地比準方式とは、その農地が宅地であるとした場合の価額からその農地を宅地に転用する場合にかかる造成費に相当する金額を控除した金額により評価する方法をいいます。

具体的には下記の計算方式となります。

$$\left(\begin{array}{l}その農地が宅地であるとし \\ た場合の1㎡当たりの価額\end{array} - \begin{array}{l}1㎡当たりの \\ 造成費の金額\end{array}\right) \times 地積$$

上記の「その農地が宅地であるとした場合の1㎡当たりの価額」は、具体的には、路線価方式により評価する地域ではその路線価となります。また倍率地域にあっては、評価しようとする農地に最も近接し、かつ、道路からの位置や形状等が最も類似する宅地の評価額を基として計算することになります。

また、「1㎡当たりの造成費の金額」は、整地、土盛りまたは土止めに要する費用の額がおおむね同一と認められる地域ごとに、国税局長が定めている金額を利用します。

20　生命保険金は相続財産になるのか

生命保険金は誰が受け取ることができるのでしょうか。また、これについて遺産分割協議や相続税申告は必要なのでしょうか。

生命保険金は、保険契約に従い受取人が定まり、これについて遺産分割協議は不要ですが、相続税課税の対象にはなります。

解　説

◆遺産分割との関係
(1)　遺産分割の対象にならないのが通常

　生命保険金は、保険契約によって受取人が受け取るものであるため、受取人の固有財産として評価することができます。したがって、生命保険金は遺産分割の対象とはならないことが通常であり、この場合には保険契約で定められた受取人が生命保険金を受け取ることになります。

　なお、受取人が指定されていない場合や受取人が相続発生前に死亡していた場合などに関する保険契約の内容が民法の法定相続人や法定相続分の定めと一致するとは限らず、例えば、配偶者と子がいる場合でも、配偶者のみが受取人となるようなこともあります。また、相続放棄をした者でも、死亡保険金を受け取ることはできます。

(2)　遺産分割の対象になり得る場合

　もっとも、保険契約者＝被保険者＝保険金受取人という保険契約の場合には、被相続人が死亡することで、相続人が受取人となり生命保険金請求権を相続財産として得るという発想のもと、相続財産になるという考え方もあり、いまだ議論が続いています。

　ただし、現在では、そのような保険自体が稀なものとなっています。

(3)　特別受益について

　また、被相続人から特別に多く利益を受けていた相続人がいる場合、単純に法定相続分で分割すると不公平になり得るため、それを是正するために相続割合を調整する特別受益という制度があります（民法903条）。

　したがって、受給者固有の権利として受取人が生命保険金を受け取った場合に、その金額があまりに高額である場合には、特別受益に準じて相続割合が調整されること

があります（Q47参照）。

しかし、遺言などにより被相続人の意思が表示されている場合は、その意思に従うものとされています（民法903条）。被相続人が表示した意思により遺留分が侵害されてしまった場合、侵害された相続人は遺留分を請求することができます。

◆相続税課税との関係

生命保険金は、受給者固有の権利として遺産分割の対象にならない場合でも、相続税法上は「みなし相続財産」として課税対象となります（相続税法3条1項1号）。

もっとも、生命保険金の全額が課税対象となるものではなく、500万円×法定相続人の数（相続放棄した人も含みます。）の金額については、非課税となります（相続税法12条1項5号）。

また、生命保険の契約者・被保険者・保険金受取人が誰かによって、相続税ではなく所得税や贈与税の課税対象となることもあります（Q110参照）。

コラム

◆ファイナンシャル・プランニングとは

本書は、日頃ファイナンシャル・プランニングを行っている現役のファイナンシャル・プランナーであるメンバーで執筆しています。ところで、ファイナンシャル・プランニングとは、どのようなものなのでしょうか。

ファイナンシャル・プランニングとは、個人が夢や目標を実現するために、それをお金の側面から長期間にわたってサポートし続けるプロセスのことです。

ファイナンシャル・プランナーと聞くと、一般的には保険商品や金融商品を勧める人と思われています。しかし、ファイナンシャル・プランニングとは、保険商品や資産運用商品という「商品」のことではありません。「目標」を決めて、「現状」を分析し、「計画」を立てて、目標に向かって「実践する」というプロセスを大事にすることが重要です。

21　死亡退職金はどのように扱われるのか

死亡退職金は誰が受け取ることができるのでしょうか。また、これについて遺産分割協議や相続税申告は必要なのでしょうか。

死亡退職金は、社内規程に従い受取人が定まり、これについて遺産分割協議は不要ですが、相続税課税の対象にはなります。もっとも、社内規程がない場合には、異なる取扱いになる場合もあります。

解説

◆遺産分割との関係

(1) 遺産分割の対象とならないのが通常

　死亡退職により支給される死亡退職金は、主として遺族の生活保障を目的としていると考えられるため、受給者固有の権利として評価することができます。したがって、死亡退職金は遺産分割の対象とはならないことが通常であり、この場合には社内規程で定められた受取人が死亡退職金を受け取ることになります（最判昭55・11・27判例時報991号69頁等）。

　なお、社内規程が民法の法定相続人や法定相続分の定めと一致するとは限らず、例えば、配偶者と子がいる場合でも、配偶者のみが受取人となるようなこともあります。また、相続放棄をした者でも、死亡退職金を受け取ることはできます。

(2) 遺産分割の対象となり得る場合

　もっとも、死亡退職金等についての会社規程がない場合には、当然に受給者固有の権利として評価し得るかどうかは疑問であり、むしろ被相続人の功労報酬や慰労金を目的としていると考えられる場合もあります。このような場合には、具体的事情いかんでは、相続財産として遺産分割の対象となる場合もあります。

　その場合には、遺産分割協議によって受取人とされた者が死亡退職金を受け取ることになります。

(3) 特別受益について

　また、被相続人から特別に多く利益を受けていた相続人がいる場合、単純に法定相続分で分割すると不公平になり得るため、それを是正するために相続割合を調整する特別受益という制度があります（民法903条）。

　したがって、受給者固有の権利として受取人が死亡退職金を受け取った場合に、そ

の金額があまりに高額である場合には、特別受益ないしこれに準じるものとして相続割合が調整されることがあり得ます（Q47参照）。

しかし、遺言などにより被相続人の意思が表示されている場合は、その意思に従うものとされています（民法903条）。被相続人が表示した意思により遺留分が侵害されてしまった場合、侵害された相続人は遺留分を請求することができます。

◆相続税課税との関係

死亡退職金は、受給者固有の権利として遺産分割の対象にならない場合でも、税法上は「みなし相続財産」として課税対象となります（相続税法3条1項2号）。

もっとも、死亡退職金の全額が課税対象となるものではなく、500万円×法定相続人の数（相続放棄した人も含みます。）の金額については、非課税となります（相続税法12条1項6号）。

◆弔慰金・生前退職したが未受給であった退職金の取扱い

(1) 弔慰金（亡くなった者を弔い、遺族を慰めるために贈られる金品）

弔慰金は、被相続人が有していた財産ではないので、遺産分割の対象とはならず、相続税課税の対象ともならないのが通常です。

もっとも、相続税課税との関係では、次の金額を超える部分については、実質的には死亡退職金と同様であるとして、死亡退職金と同様の課税取扱いとなります（Q27参照（相続税法基本通達3−20））。

① 被相続人が業務上死亡した場合

　　…被相続人の死亡当時の普通給与の3年分に相当する金額

② 被相続人が業務上死亡でない場合

　　…被相続人の死亡当時の普通給与の半年分に相当する金額

(2) 生前退職したが未受給であった退職金の取扱い

生前退職の場合には、退職金は被相続人が有していた財産となるので、通常の金銭債権と同様、遺産分割の対象となり、相続税課税の対象となります（非課税規定の適用もありません。）。

もっとも、相続税課税との関係では、生前退職したが、退職金額が確定する前に被相続人が死亡し、その死亡後3年以内に退職金額が確定した場合には、例外的に、死亡退職金と同様の非課税規定の適用があります（相続税法基本通達3−31）。

22　有価証券はどのように扱われるのか

　今回私が相続した財産は株式や国債、投資信託などの有価証券が大半です。相続時の有価証券はどのような扱いになるのでしょうか。

　有価証券は、相続財産として遺産分割の対象となります。また相続税課税の関係では評価の方法があらかじめ定められています。

解　説

◆遺産分割との関係

　被相続人が保有していた有価証券は当然に遺産分割の対象となります。

　その評価は、遺産分割時の時価によるのが原則ですが、相続人全員が合意すればどのように定めても構いません。実際の対処としては、相続税課税の際の評価額を基準とすることが多くあります。

　評価額について相続人全員の合意が得られない場合には、最終的には遺産分割調停や審判で決定されることになります。

◆相続税課税との関係

　有価証券は当然に相続税課税の対象となります。

　その評価は、相続人が自由に決めることはできず、評価方法が詳細に定められています（財産評価基本通達8章）。

　以下、一例として、株式、国債、投資信託の評価について説明します。

(1)　株式等の評価

　株式等については、①上場株式、②気配相場等のある株式、③取引相場のない株式などの種類ごとに評価方法が定められています（財産評価基本通達168以下）。

　市場で時価評価可能な有価証券は評価しやすいのですが、普段取引されていない非上場株式などの評価は非常に複雑です。

　例えば、上場株式の場合には、原則として、被相続人が死亡した日の金融商品取引所が公表する最終価格で評価しますが、その最終価格と次の①～③の3つの価額のうち最も低い価額を比較して、後者の方が低い場合には、後者の価額により評価するこ

とになります（財産評価基本通達169）。

① 被相続人死亡の月の毎日の最終価格の平均額

② 被相続人死亡の月の前月の毎日の最終価格の平均額

③ 被相続人死亡の月の前々月の毎日の最終価格の平均額

　（その他、非上場株式の評価方法については、Q23参照）

(2)　個人向け国債の評価

　個人向け国債は、次の計算式に従って評価します（財産評価基本通達197－2・198・199）。

> 額面金額＋経過利子相当額－中途換金調整額

(3)　投資信託の評価

　投資信託の評価方法は次のとおりです（財産評価基本通達198・199）。

　ア　中期国債ファンドやMMFなどの日々決算型の投資信託は、次の計算式に従って計算します。

> 1口当たりの基準価額×口数＋再投資されていない未収分配金(a)－(a)についての源泉所得税相当額－信託財産留保額および解約手数料（消費税額に相当する額を含みます。）

　イ　上場投資信託は、上場株式の評価方法に準じて評価します。

　ウ　その他の投資信託については、次の計算式に従って計算します。

> 課税時期の1口当たりの基準価額×口数－相続開始時に解約請求等した場合の源泉所得税相当額－信託財産留保額および解約手数料（消費税額に相当する額を含みます。）

23 親の会社の株式はどのように扱われるのか

 亡くなった親は株式会社を経営しており、私が事業を継ぎました。この場合相続した株式はどのように扱われるのでしょうか。

 オーナー社長が保有していた自社株も、有価証券として遺産分割や相続税課税の対象となりますが、会社の経営支配権に関わってくる点、高額な評価になる場合がある点、換金性が乏しい点で、通常の有価証券とは異なる配慮が必要になります。

解説

◆有価証券の一種としての自社株と、その特殊性

親の経営する株式会社の株式（自社株）も財産的価値のある有価証券ですので、一般の有価証券同様、遺産分割や相続税課税の対象となります（Q22参照）。

もっとも、株式の所在は会社の経営支配権に直結する問題ですので、遺産分割協議の際には、その点も踏まえた判断が必要となります。

また、自社株の評価額は、会社の業績や資産状況が好調であればあるほど、その評価額も大きくなりますが、他方で経営支配権との関係上第三者に売却することは難しく、換金性は乏しいという性格があります。

したがって、自社株の相続においては、事前の対処がなければ、法定相続人間での公平な遺産分割が不可能になる危険性があります。

詳細は、Q128で記述しています。

◆自社株は「取引相場のない株式」として評価される

自社株は、上場している場合を除いて「取引相場のない株式」としての評価となりますが、その評価方法は、相続により株式を取得した者の取得後の議決権割合によって、原則的評価方式と特例的評価方式に分かれます。

オーナー社長から自社株を相続して事業を継ぐ場合には、自社株の大半を取得することが多いと思われ、その場合には原則的評価方式が適用されることが通常となります（財産評価基本通達179）。

◆原則的評価方式の概略

　原則的評価方式には「純資産価額方式」「類似業種比準方式」「純資産価額・類似業種比準併用方式」の３種類の評価方法があり、発行会社が大会社・中会社・小会社のいずれに該当するかに応じて原則的な評価方法が定まります。

　なお、大会社・中会社・小会社の別は、従業員数および総資産価額、直前期末以前１年間の取引金額の規模によって区分されます（財産評価基本通達178）。

(1)　株式評価その１～類似業種比準方式（財産評価基本通達179(1)・180）

　主に大会社に適用される評価方法であり、類似業種の株価を基に、評価する会社の１株当たりの配当金額、利益金額および純資産価額の３つで比準して評価します（なお、大会社は純資産価額方式を採用することもできます。）。

$$\text{類似業種の株価} \times \frac{A + B \times 3 + C}{5} \times \text{斟酌率}\quad (\text{大会社}0.7\ \text{中会社}0.6\ \text{小会社}0.5)$$

　　A＝評価会社の１株当たりの配当金額÷類似業種の１株当たりの配当金額
　　B＝評価会社の１株当たりの利益金額÷類似業種の１株当たりの年利益金額
　　C＝評価会社の１株当たりの純資産価額÷類似業種の１株当たりの純資産価額

(2)　株式評価その２～併用方式（財産評価基本通達179(2)）

　主に中小会社に適用される評価方法であり、純資産価額方式と類似業種比準方式を併用して評価します（なお、中小会社は純資産価額方式を採用することもできます。）。

$$\text{類似業種比準価額} \times L + \text{１株当たりの純資産価額} \times (1 - L)$$

　Ｌは類似業種比準方式を採用するウェイトであり、小会社については0.5、中会社については、業種と総資産額・従業員数、あるいは直前期末以前１年間の取引金額の規模に応じて、0.6、0.75、0.9のいずれかと規定されています。

(3)　株式評価その３～純資産価額方式（財産評価基本通達179(3)・185）

　小会社を含めた全ての会社に適用され得る評価方法であり、会社の総資産や負債を原則として相続税の評価に洗い替えて、その評価した総資産の価額から負債や評価差額に対する法人税額等相当額を差し引いた残りの金額により評価します。

$$\frac{\text{各資産の相続税評価額} - \text{負債合計} - \text{評価差額に対する法人税など相当額}}{\text{発行済み株式数}}$$

　なお、開業３年未満の会社は、必ずこの方式で評価されることになります。

24 海外にある資産はどのように扱われるのか

父親は海外にも金融商品や不動産を複数所有していた様子です。この場合の海外資産はどのように扱われるでしょうか。

海外資産も当然に遺産分割の対象となります。相続税課税との関係では、日本において相続で海外財産を取得した場合には相続財産として相続税の対象となります。ただし、相続人が外国に居住していて日本に住所がない場合にはその限りではありません。

解説

◆遺産分割との関係

海外資産であっても当然に遺産分割の対象となります。ただし国内資産以上に資産内容の確認が難しくなりますので、海外資産があると考えられる場合には生前に本人が資産情報について整理をしておくと作業が楽になります。

◆相続税課税との関係

相続税は、相続人が日本に居住している場合には国内財産も海外資産も全て相続税の課税対象となります。ただし、短期滞在の外国人には例外もあります（相続税法1条の3第1項1号・3号）。

また、相続人が国内に居住していない場合でも、下記の条件に当てはまる場合には財産の所在に関係なく、海外資産についても相続税の課税対象になります（相続税法1条の3第1項2号）。

① 財産を取得したときに日本国籍を有している（被相続人または財産を取得した人が被相続人の死亡した日前10年以内に日本国内に住所を有したことがある）こと
　（注）留学や海外出張など一時的に日本国内を離れているだけの人は、日本国内に住所があることになります。
② 日本国籍は有していないが被相続人が当該相続開始時に日本に住所を有していること

他方、相続人が国内に居住しておらず、上記①②の条件を満たさない場合には、取得した財産のうちの日本国内にある財産だけが相続税の対象となり、海外資産については相続税の課税対象となりません（相続税法1条の3第1項4号）。

◆主な国内財産と海外資産の所在の判断基準

財産の種類	所在の判定
動産	その動産の所在地（相続税法10条1項1号）
不動産、不動産の権利	その不動産の所在地（相続税法10条1項1号）
預金・貯金	受入れをした営業所または事務所の所在地（相続税法10条1項4号）
生命保険金、損害保険金	契約をした保険会社の本店または主たる事務所の所在地（相続税法10条1項5号）
退職手当金など	退職手当等を支払った者の住所または本店もしくは主たる事務所の所在地（相続税法10条1項6号）
貸付金債権	債務者の住所または本店もしくは主たる事務所の所在地（相続税法10条1項7号）
社債、株式、法人に対する出資または外国預託証券	社債もしくは株式の発行法人、出資のされている法人または外国預託証券に係る株式の発行法人の本店または主たる事務所の所在地（相続税法10条1項8号）
合同運用信託、投資信託および外国投資信託または法人課税信託に関する権利	これらの信託の引受けをした営業所または事業所の所在地（相続税法10条1項9号）
国債、地方債	国債および地方債は、法施行地（日本国内）に所在するものとする。外国または外国の地方公共団体その他これに準ずるものの発行する公債は、その外国に所在するものとする（相続税法10条2項）
著作権、出版権、著作隣接権	これらの権利の目的物を発行する営業所または事業所の所在地（相続税法10条1項11号）

25 被相続人が相続人名義で預金していた場合の預金はどのように扱われるのか

父親が生前に私名義の通帳を作成して多額の預金をしていました。これは私の預金として扱ってよいのでしょうか。

遺産分割の対象とするかどうかを相続人間で協議する必要があります。また、相続税課税の観点では、単純に名義を変えただけでは贈与による所有権の移転が行われていたとはみなされない可能性があります。

解説

◆遺産分割との関係

(1) 預金名義について

かつては他人名義での口座開設が容易であったため、父親が子に無断で子名義の口座を開設し、預金をしておくような事態がしばしば見受けられました（名義預金）。

このように、家族名義の預金でも実質的に被相続人に帰属していたと評価できる場合はあり、その場合には当該預金は相続財産として遺産分割の対象となります。したがって、名義人の認識や預金の管理状況、実際の預金出捐者などを考慮しつつ、当該預金の実質的な預金者が誰であったかを相続人間で協議する必要があります。

(2) 名義預金の取扱い

具体的には、以下3つの可能性があり得ることになり、いずれの対処を採用するか、相続人間で協議して決定することになります。

① 実質的に被相続人の預金と扱って遺産分割の対象とする
② 名義人の預金として扱い、遺産分割の対象とはしないが、特別受益として持戻しの対象とする（Q47以下参照）
③ 名義人の預金として扱い、遺産分割の対象とせず、特別受益とも扱わない

◆相続税課税との関係

(1) 名義預金の取扱い

相続税課税との関係でも、家族名義の預金が実質的に被相続人に帰属していたと評

価できる場合には、相続財産として相続税課税の対象となります。

これは、相続人間の協議とは別個に国税庁の判断として行われるものであり、たとえ相続人間で上記(2)②や③の扱いとすることで合意したとしても、相続税の課税対象となる場合があります。

(2) 名義預金と生前贈与

名義預金の存在を相続人も知らなかった場合には致し方ないとしても、相続税対策として生前贈与していたつもりが（Q93以下参照）、相続の場面で名義預金と国税庁から判定されてしまうようでは相続税対策の意味をなさないので、そのような事態を回避する必要があります。

◆生前に贈与を行う場合の注意点

(1) 「贈与した」という証拠を残す

贈与をした時点で、贈与者と受贈者の意志を確認するものと、資金の移動が確認できる証拠を残しておくとよいでしょう（例：贈与契約書・銀行振込による資金移動）。

注意点として、贈与も法律行為であり、受贈者側にも一定の判断能力が要求されます。したがって、未成年の子や孫に対する贈与は、その判断能力いかんでは、そもそも贈与を受けること自体を理解できていなかったとして無効と判断される可能性があります（逆に、この点の判断能力さえあれば、未成年者であっても有効に贈与を受けることはできます（民法5条1項ただし書）。）。

その場合にも生前贈与を行いたければ、親権者が受贈者たる子の法定代理人として、贈与者と贈与契約を結ぶしかありません。

(2) 「贈与」された財産は受贈者が管理する

子が贈与として預金を受け取った場合には、必ず子が自分の通帳や印鑑を管理しましょう。通帳に登録する印鑑は贈与者である親とは別の子自身の印鑑である方が望ましいでしょう。

(3) 贈与税を納める場合には、受贈者が納付する

年間110万円以上を贈与によって受け取った場合には、贈与税の申告が必要です。贈与税は受贈者が納付するものですので、この場合には必ず受贈者である子が自分の資金から納付しましょう。

親が代わりに贈与税を納付してしまった場合には、その金額も贈与とみなされてしまうことになります。

26 相続開始後に発生した銀行の利子や不動産賃料はどのように扱われるのか

相続財産に収益不動産があります。こうした不動産から得られる賃料や銀行の利子などはどのように扱われるのでしょうか。

相続開始から遺産分割確定までの間に発生した「不動産賃料」や「銀行の利子」などの財産は相続財産とは別の財産とみなされ、相続人の法定相続分に応じて配分されます。

解説

◆遺産分割との関係

預金に対する利子、賃貸住宅に対する家賃、土地に対する地代などの、元物（果実を発生させる物）の使用に対する対価を法定果実といいます（民法88条2項）。

相続開始後に発生するこのような法定果実の帰属については、遺産分割で最終的に預金や不動産を取得した相続人が法定果実も取得するという考え方と、遺産とは別個の共同相続人の共同財産として各相続人が法定相続分に応じて取得するという考え方の対立がありましたが、最高裁判所は後者の見解に立つことを明言しました（最判平17・9・8判例時報1913号62頁）。

したがって、不動産賃料や銀行の利子は、遺産分割の対象とはならず、法定相続分に応じて各相続人が取得する扱いとなります。

なお、不動産については管理費用が発生するのが通常ですが、上記の考え方に立った場合、これについても法定相続分に応じて共同相続人が負担する形で清算することになると思われます（民法253条1項）。

もっとも、相続人の1人が自ら不動産管理の労を負担し続け、その他の相続人が全く不動産に関心がなかったような場合など、法定相続分に応じた配分が実態に合致しないような場合も少なからずあります。

そのため、実際の遺産分割の場面では、相続人の合意の下、法定果実も遺産分割の対象に含めて遺産分割協議や遺産分割調停を成立させることもまま見られます。

◆相続税課税との関係

相続税課税との関係では、相続開始後の不動産賃料や銀行の利子が課税対象とならないことについて争いはありません。

27 香典や弔慰金はどのように扱われるのか

 葬儀にて参列者の方々から香典を頂き、また、故人が生前に勤務していた会社から弔慰金などを頂戴しましたが、これはどのように扱われるのでしょうか。

 香典は、一般的には喪主への贈与と考えられており、遺産分割や相続財産の対象には当たりません。弔慰金の場合も基本的には同様ですが、金額次第ではみなし相続財産として相続税課税の対象となる場合もあります。

解説

◆遺産分割との関係

香典・弔慰金とも、被相続人が有していた財産ではないため、遺産分割の対象とはなりません。

◆相続税課税との関係

(1) 香典の取扱い

香典は、参列者の方々が葬儀費用の一部を負担し、死者の家族の負担を軽減する目的で贈与されるものと理解されます。したがって、香典は喪主あるいは遺族への贈与として扱われ、相続税課税の対象とはなりません。

なお、葬儀費用自体については相続税計算における債務控除の対象となりますが、香典返戻費用はこの債務控除に含まれません。

(2) 弔慰金の取扱い

弔慰金は、被相続人が有していた財産ではないので、相続税課税の対象とならないのが通常です。

もっとも、次の金額を超える部分については、実質的には死亡退職金と同様であるとして、死亡退職金と同様にみなし相続財産として課税対象となります（相続税法基本通達3-20）。

① 被相続人が業務上死亡した場合

　　…被相続人の死亡当時の普通給与の3年分に相当する金額

② 被相続人が業務上死亡でない場合

　　　　…被相続人の死亡当時の普通給与の半年分に相当する金額

　ただし、その場合でも、全額が相続税の課税対象となるものではなく、500万円×法定相続人の数（相続放棄した人も含みます。）の金額については、非課税となります（Q21参照（相続税法12条1項6号））。

◆所得税課税・贈与税課税との関係

　香典や弔慰金は、社会通念上相当と判断される金額であれば、所得税も贈与税も課税されない取扱いとなっています（所得税基本通達9－23、相続税法基本通達21の3－9）。

28 被相続人が残した借金や保証債務はどのように扱われるのか

親が生前に知人の多額の借金の保証人となっており、親自身も多額の借金を抱えていたことがわかりました。このような場合、親の借金や保証債務はどのように扱われるのでしょうか。

借金や保証債務は法定相続分に従って当然分割され、遺産分割の対象とはなりません。相続税課税との関係では、借金は債務控除の対象となりますが、保証債務は原則として債務控除の対象となりません。

解説

◆遺産分割との関係
(1) 借金の当然分割
　被相続人自身の借金については、相続と同時に法定相続分に従って当然分割され、それゆえに遺産分割の対象とはならないとされています。例えば、妻と子の遺産分割協議で子が被相続人の銀行からの借入債務を全部引き継ぐと決めたとしても、それは相続人間の内部の約束事にすぎず、妻が債権者である銀行との関係で債務を相続していないと主張することはできないことになります。
(2) 保証債務の当然分割
　被相続人の保証債務も同様に、相続と同時に法定相続分に従って当然分割され、それゆえに遺産分割の対象とはならないとされています。
(3) 債権者との再契約
　もっとも、このような当然分割の取扱いが、常に相続人側の意思に合致するわけではありません。例えば、被相続人が事業を営んでいた場合に、親の事業を引き継がない相続人も事業上の債務を引き継がなければいけないのは、相続人間の意思に反することが多いと思われます。
　また、債権者の側でも、相続人の一部に資力のない者がいる場合には、それだけ回収可能性が乏しくなることになりますので、このような当然分割の取扱いが常に債権者の意思に合致するわけではありません。
　したがって、実際には、相続人と債権者が別途協議の上、借金や保証債務を承継する者を決定して再契約する事例が多くみられます。

◆相続税課税との関係

(1) 債務控除

相続税を計算するときは、課税価格計算の際に、被相続人が残した借金額を差し引くことが可能です（相続税法13条）。

(2) 保証債務の取扱い

他方、保証債務については、主債務者が債務の履行をしている限り保証人には何の負担もないことから、このような債務控除は認められず、相続税課税の際に考慮されることはないのが原則です（相続税法基本通達14－3(1)）。

もっとも、例えば主債務者が破産している場合など、主債務者が弁済不能の状態で保証債務者が債務を履行しなければならず、債務履行後も主債務者に対する求償によって返還を受ける見込みがない場合には、例外的に、債務控除の適用が認められます（相続税法基本通達14－3(1)ただし書）。

◆被相続人の借金や保証債務を免れる方法

以上のとおり、相続人は当然分割により被相続人の借金や保証債務を引き継いでしまうことになり、これを避けるためには、相続放棄（民法938条以下）ないし限定承認（民法922条以下）の手続を採る必要があります（Q42・43参照）。

29 どんな相続財産があるか分からないときの調査方法は

 今回初めて、相続の手続を行います。親がどの程度の資産を持っていたのか全く見当がつかないのですが、どうしたらよいでしょうか。

 相続財産には預金・不動産など資産価値のあるプラスの相続財産と借入金や保証債務などのマイナスの相続財産があります。いずれの財産にしても見落とさないように丁寧に調査する必要があります。

解説

◆主な相続財産

相続財産の調査は、被相続人が生前に体系的に整理していない場合には調査作業が大変困難になる場合があります。その場合には遺品の整理作業を通じて目安を付けながら調査していくことになります。

主な相続資産として考える資産は、プラスの財産として不動産・預金・株式・債権・自動車やその他の動産・生命保険契約・退職金など、マイナスの財産として借入金・未払金・保証債務・連帯債務などが挙げられます。

◆不動産の調査

登記事項証明書、固定資産税評価証明書、固定資産税課税台帳（名寄帳）を取得することから始めます。登記事項証明書は、調査対象不動産を管轄する法務局（登記所）で、固定資産税評価証明書・固定資産税課税台帳は、調査対象不動産の所在地の市町村役場で取得することができます。

被相続人の所有していた不動産がわからない場合には、固定資産税の明細（毎年6月ごろに各地方自治体より送付されてきます。）を確認するとよいでしょう。

◆預貯金・株式などの調査

預貯金は、取引金融機関に照会し、残高証明を発行してもらうとよいでしょう。通常は取引銀行の通帳が残っていると考えられますが、通帳が見当たらない場合には被

相続人が取引を行っていそうな金融機関を調査してみるほかありません。

　株式・有価証券の場合には、証券会社に照会するケースが多くなります。取引のある証券会社からは、年4回取引残高報告書が届きますので、遺品にその報告書がないかどうか確認します。

◆自動車などその他動産の評価額の調査

　自動車や貴金属、骨董品などの動産は市場を調査することでその価値を判断していきます。特に自動車は車検証を確認することで自動車ローンの存在が明らかになるケースもありますので（ローンで購入した場合、通常は所有者が販売会社や信販会社になっています。）、十分に注意してください。

◆生命保険契約・退職金の調査

　生命保険金については、保険証券が残っていればそれを確認するのが一番ですが、そうでない場合には生命保険会社からの連絡や資料などの形跡がないかどうか調べます。少しでも関わり合いの痕跡がある場合には、生命保険会社に問い合わせをしてみましょう。痕跡がわからない場合には、弁護士を通じて一般社団法人生命保険協会に照会を行うことも可能です。

　退職金については、生前勤務していた企業に問い合わせることで概要がわかります。年金受給者の場合には企業年金基金にも問合せを行いましょう。

◆債権・債務関係の調査

　債権や債務関係についての調査は大変難しく、被相続人が生前に整理をしていない限り全体像を把握するのは困難です。しかし、特に債務の調査は後の相続作業に関して大きな影響を与えますので、慎重に綿密に調査を行う必要があります。

　個人としての借入金があると思うのであれば、信用情報機関への開示請求を行うのがよいでしょう。

　信用情報機関とは個人信用情報の収集および提供を行う機関です。日本で個人に関する信用情報機関は全国銀行個人信用情報センター、株式会社シー・アイ・シー、株式会社日本信用情報機構と3つの機関がありますので、必要に応じて照会しましょう。信用情報機関に照会することによって、銀行借入、カード借入、消費者金融借入などの金融機関を通じた借入に関しては、ほとんど把握することが可能になります。

　ただし、信用情報機関で把握できない債務に関しては、丁寧に遺品（特に契約書や日記）を調査することによって把握していく以外にありません。

◆被相続人が事業に関わっていた場合

　特に被相続人が事業に関わっていた場合には、事業会社の株式を保有している、あるいは事業関係の債権債務関係が存在する可能性が高くなります。法人オーナーの場合には、株式や生命保険契約など、個人だけではなく、所有していた法人の中身についても十分にチェックしておく必要があります。

第　２　編
相続開始後の
相続人の対応

80

第1章　相続開始後早めに行う手続

30　必ず行わなければならない手続は

　家族が亡くなった時、すぐに行わなければならない手続はありますか。死亡に関して必要な手続を教えてください。

　死亡者の本籍地、死亡地または届出人の住所地、所在地のうちいずれかの市町村に死亡届を提出します。加入している年金や健康保険関係等でも届出が必要となります。

解説

◆死亡届の提出
(1)　死亡届の提出期限と届出義務者
　死亡の届出は、届出義務者が死亡の事実を知った日から7日以内（国外で死亡があったときは、その事実を知った日から3か月以内）に、これをしなければなりません（戸籍法86条）。
　死亡届の届出義務者は、①同居の親族、②その他の同居者、③家主、地主または家屋もしくは土地の管理人であり、①②③の順序が定められていますが、順序にかかわらず届出をすることができます。
　死亡の届出は、同居の親族以外の親族、後見人、保佐人、補助人および任意後見人もこれをすることができます（戸籍法87条）。
(2)　死亡届の提出先
　死亡届は、死亡者の本籍地・死亡地または届出人の住所地・所在地の市役所、区役所または町村役場に届け出ます。
　届書用紙は、死亡診断書・死体検案書と一体となっており、診断した医師に記入してもらう必要があります。やむを得ない事由によって、これらの書面を得ることができないときは、届出先の市区町村に問い合わせた上で手続を行います。
　なお、死亡届の署名・押印自体は届出義務者が行うものですが、死亡届と同時に埋火葬許可申請を行い、埋火葬許可証を受領することが通常のため、実際の役所への届出は葬儀業者がしていることが多いようです（したがって、火葬が済んでいるのであ

れば、死亡届の手続は終了していると思われますので、慌てる必要はありません。)。

(3) 戸籍の記載と住民票の消除

死亡届により、戸籍に死亡の記載がされ、住民票が消除されます。

届出地と本籍地、住民登録地が離れているときは、死亡の記載がある戸籍謄本等の発行までには時間がかかる場合があります。

戸籍謄本等は、個人の出生から死亡に至るまでの身分関係を登録し、これを証明する大事な書類です。相続手続を行う際には、相続人の関係を証明する書類として、被相続人の出生から死亡に至る戸籍謄本等が、また、被相続人の死亡時の住所地を証明する書類として、住民票(除票)が必要となりますので、相続手続中は数通保管しておくと便利です。

◆死亡に関連する届出

死亡した者の居住地の市役所、区役所または町村役場で行う手続には、以下のものがあります。

項　　　目	説　　　明
世帯主変更届	世帯主が死亡したとき(住民基本台帳法25条)
国民健康保険の資格喪失届	被保険者証の返還が必要です(国民健康保険法9条9項)。
後期高齢者医療制度の資格喪失届	被保険者証の返還が必要です(高齢者の医療の確保に関する法律54条9項)。
国民年金の死亡届	被保険者または受給者が死亡したとき(国民年金法105条4項)
介護保険被保険者の資格喪失届	65歳以上の者または要介護認定を受けていた者は被保険者証の返還が必要です(介護保険法12条4項)。

なお、18歳以下(18歳到達の年度末日)の児童を監護・養育している家庭の父または母が亡くなった場合には児童扶養手当が支給される場合がありますが、自動的に支給されるものではないので、該当者は市区町村役場において認定の請求手続を行う必要があります(児童扶養手当法6条、児童扶養手当法施行規則1条)。

第2編　相続開始後の相続人の対応　　83

31　被相続人が確定申告をしていた場合の注意点は

夫が亡くなり、相続が発生しました。夫はアパートを一棟持っており、毎年確定申告をしていました。差し当たり急ぎで何かする必要はあるのでしょうか。

被相続人が毎年確定申告を行っていた場合、準確定申告を行う必要があります。準確定申告の提出期限は相続発生日から4か月以内となります。また被相続人が青色申告を行っておりその事業を引き継ぐ場合、相続人は青色申告の承認申請書を提出する必要があります。提出期限は相続発生日によって異なるので注意が必要です。

解　説

◆準確定申告の手続について

　被相続人が確定申告を行う必要がある場合、またはあった場合には相続人は被相続人に代わって被相続人に係る確定申告書を税務署に提出しなければなりません。これを準確定申告といいます。準確定申告を行う必要があるのは次の2つの場合です（所得税法124条・125条）。

① 　納税者（被相続人）が年の中途で死亡した場合…死亡した年の準確定申告
② 　被相続人が1月1日から確定申告期限までの間に確定申告書を提出しないで死亡した場合…死亡した前年の準確定申告

　準確定申告の期限はどちらの場合も相続開始日から4か月以内となります。

　準確定申告の方法は1月1日から死亡した日までに確定した所得金額および税額を計算します。基本的には通常の確定申告と同様です。それほど難しい手続ではありませんがいくつか注意点をご説明します。

(1)　所得控除の適用

　ア　各種所得控除の対象になるのは死亡の日までに被相続人が支払ったものに限ります。したがって医療費控除や社会保険料控除、生命保険料控除、地震保険料控除について死亡後に相続人が支払ったものは準確定申告の対象にはなりません（相続人が死亡後に払った被相続人の医療費は相続税の計算上、債務控除できます。）。

イ 配偶者控除や扶養控除等の適用に関する判定は死亡の日の現況により行います。具体的には、年齢や親族関係については死亡日時点で判定し、親族等の合計所得金額については死亡日時点での見積りによります。したがって、死亡日時点では親族に収入がなくてもアパートを相続して年間を通じて大きな所得の発生が予想される場合はこれらの控除を受けることはできません（所得税法85条、所得税基本通達85-1）。

(2) 添付書類

準確定申告書には各相続人の氏名、住所、被相続人との続柄などを記入した付表を添付します。また、還付申告となり還付金を相続人代表口座に振り込む場合には、他の相続人から相続人代表者への委任状が必要となります（所得税法施行令263条、所得税法施行規則49条、所得税基本通達124・125-1）。

◆青色申告承認申請の提出について

被相続人がアパート経営などの事業を行っており青色申告を行っていた場合には、その事業を引き継ぐ相続人は「青色申告の承認申請書」を納税地の所轄税務署に提出する必要があります。申告書の提出期限は被相続人の死亡日に応じて以下のとおりになります。期限内に提出を忘れてしまうとその年は青色申告の適用が受けられないので注意が必要です。また被相続人については「個人事業の開廃業届出書」、「給与支払事務所等の廃止届出書」を死亡の日から1か月以内に税務署長に提出する必要があります（所得税法144条・147条・229条、所得税基本通達144-1）。

① 被相続人の死亡日がその年の1月1日から8月31日…死亡の日から4か月以内
② 被相続人の死亡日がその年の9月1日から10月31日…その年の12月31日
③ 被相続人の死亡日がその年の11月1日から12月31日…翌年の2月15日

なお、提出期限が土・日曜日・祝日等に当たる場合は、これらの日の翌日が期限となります。

◆相続人の確定申告について

相続が発生した年の相続人の確定申告についても触れておきます。相続により被相続人から事業などを引き継いだ場合には、その年の相続発生日から12月31日までの期間の事業所得などについて、相続人の名前で確定申告を行う必要があります。この場合の申告期限は翌年の3月15日となります。

また、事業の有無にかかわらず相続人の確定申告において所得控除の計算等を行う場合、相続人が支払った生計を一にしていた被相続人に関する医療費は相続人の医療

費控除の対象となります。この場合、相続税の計算で債務控除に含めていた医療費についても確定申告の医療費控除の対象になりますので忘れずに申告しましょう。寄附金についても同様です。

配偶者控除や扶養控除については12月31日時点の現況で判断することになります。したがって、場合によっては「亡くなったご主人の配偶者として準確定申告で配偶者控除の対象者となり、その後は子供に扶養されていたために子供の確定申告では扶養控除の対象者となる」、ということも可能です。

また、被相続人については死亡日の現況で判定が行われますので、もし死亡日時点で被相続人の所得が低い場合は、相続人の確定申告において被相続人を控除対象配偶者または控除対象扶養親族として所得控除の対象に含めることも可能です（所得税法85条）。

32 遺族年金の請求の仕方は

　夫が他界しましたが、まだ幼い子がいます。このような場合、遺族年金が支給されると聞きましたが、どうやって請求したらよいでしょうか。

　亡くなった者が、死亡時にどのような年金制度に加入していたかによって、請求方法や、支給要件、支給額が異なります。請求手続も、年金制度によって異なります。

解説

◆公的年金制度は二階建て

　日本の公的年金制度は、国民年金からは、全ての国民に共通する基礎年金が支給され、被用者年金からは、基礎年金に上乗せする報酬比例の年金が支給される、二階建ての仕組みをとっています。被用者年金に加入している会社員等は国民年金にも加入しているのです。

【平成27年9月までの公的年金制度】

厚生年金	共済年金	国家公務員共済組合	被用者年金制度
		地方公務員等共済組合	
		私立学校教職員共済	
国　民　年　金			基礎年金制度

【被用者年金制度一元化後（平成27年10月から）の公的年金制度】

| 厚　生　年　金 | 被用者年金制度 |
| 国　民　年　金 | 基礎年金制度 |

※　共済年金と厚生年金との主な相違点について

　　受給権の発生要件、消滅要件、年金額、特例等、厚生年金と違いがある部分は被用者年金制度の一元化によって、基本的に厚生年金に揃えられます。

もしも被用者年金に加入している会社員等が亡くなった場合は、遺族に対し、被用者年金制度による遺族厚生年金（または遺族共済年金）の支給に加え、国民年金の遺族基礎年金も支給され得るものの、それぞれの制度によって給付要件が異なるため、個別に確認する必要があります。

なお、遺族が受給できる年金は、支給事由が生じた日の属する月の翌月以後に到来する年金支払月の翌月の初日から5年を経過すると時効によって消滅するため、請求手続を忘れないようにします（国民年金法102条、厚生年金保険法92条、国家公務員共済組合法111条、地方公務員等共済組合法144条の23）。

◆国民年金の遺族基礎年金

(1)　支給条件

国民年金の遺族基礎年金は、下記のア、イの要件を満たしたときに亡くなった者の子のある配偶者または子に支給されます（国民年金法37条）。

　ア　亡くなった者が下記のいずれかであること

①　国民年金の被保険者（第1号、第2号、第3号被保険者）

②　日本国内に住所を有し、かつ60歳以上65歳未満の被保険者であった者

③　老齢基礎年金の受給権者

④　保険料納付済期間と保険料免除期間とを合算した期間が25年以上ある者

　イ　亡くなった者が被保険者または被保険者であった場合は、下記の保険料納付要件を備えていること

①　死亡日の前日において、死亡日の属する月の前々月までに被保険者期間があるときは、保険料納付済期間と保険料免除期間とを合算した期間が、その被保険者期間の3分の2以上を満たしていること

②　平成38年（令和8年）4月1日前に亡くなった場合は、死亡日の前日において、死亡日の属する月の前々月までの1年間に、滞納期間がないこと（昭60法34改正附則20条2項）

(2)　受給権者

遺族基礎年金を受給できる権利があるのは、死亡した者によって生計を維持していた子と生計を同じくする配偶者、または子です。子のない配偶者には遺族基礎年金は支給されません。子とは現に婚姻していない次の者に限ります（国民年金法37条の2）。

①　18歳到達年度の末日（3月31日）を経過していない子

②　20歳未満で障害年金の障害等級1級または2級の子

(3)　遺族基礎年金の額

遺族基礎年金の額は、78万900円に改定率を乗じて得た額で（国民年金法38条）、さら

に子の数に応じて加算されます。

(4)　その他

　国民年金の制度では、遺族基礎年金とは別の遺族給付として、寡婦年金（国民年金法49条）および死亡一時金（国民年金法52条の2）があります。

　ア　寡婦年金

　老齢基礎年金を受けるために必要な第1号被保険者としての受給資格期間を満たした夫が、障害基礎年金の受給権者になることなく、老齢基礎年金の支給を受ける前に死亡した場合、夫との婚姻関係が10年以上継続している65歳未満の妻に対し、60歳に達した日の属する月の翌月から65歳に達するまで、夫がもらうべきだった老齢基礎年金額の4分の3が支給されます（国民年金法49条・50条）。

　イ　死亡一時金

　死亡日の前日において、死亡日の属する月の前月までの第1号被保険者としての保険料納付済期間等の合計が36か月以上あり、老齢基礎年金または障害基礎年金の支給を受けたことがない者が死亡し、遺族基礎年金を受けることができない場合は、一定の遺族に対し、保険料納付済月数に応じて、一定額が支給されます（国民年金法52条の2）。

　死亡一時金の時効は2年と、他の年金給付の時効（5年）より短いので早めに請求します（国民年金法102条4項）。

◆厚生年金保険の遺族厚生年金

(1)　支給条件

　厚生年金の遺族厚生年金は、次のア、イの要件を満たしたときに支給されます（厚生年金保険法58条）。

　ア　亡くなった者が下記のいずれかであること

①　被保険者

②　被保険者であった者が、被保険者の資格を喪失した後に、被保険者であった間に初診日がある傷病により当該初診日から起算して5年以内に死亡

③　障害厚生年金（1級・2級）の受給権者が死亡

④　老齢厚生年金の受給権者または保険料納付済期間と保険料免除期間とを合算した期間が25年以上である者

　イ　亡くなった者が被保険者または被保険者であった場合は、国民年金の遺族基礎年金と同様の保険料納付要件を備えていること

第2編　相続開始後の相続人の対応　　89

(2)　受給権者

被保険者または被保険者であった者によって生計を維持されていた者のうち、次の遺族で順位の高い者に遺族厚生年金が支給されます（厚生年金保険法59条）。

①配偶者または子、②父母、③孫、④祖父母

妻以外の遺族には年齢などの要件があり、子と孫の場合は、現に婚姻しておらず、18歳に達する日以後最初の3月31日までの間にあるか、20歳未満で障害等級1級または2級に該当する場合に限ります。また、夫、父母、祖父母の場合は、55歳以上であることが条件ですが、支給開始は60歳からです。

(3)　遺族厚生年金の額

遺族厚生年金の額は、原則として、亡くなった者の被保険者期間を基礎として計算した老齢厚生年金の額の4分の3に相当します（厚生年金保険法60条・61条）。受給権者が妻の場合には、年齢等によって加算（中高齢寡婦加算・経過的中高齢寡婦加算）されます（厚生年金保険法62条・昭60法34改正附則73条）。遺族厚生年金を受給する者が子どものいない30歳未満の妻である場合は、遺族厚生年金の支給は5年間の有期給付となります（厚生年金保険法63条1項5号）。

遺族厚生年金の請求者に遺族基礎年金の受給対象となる子がいる場合は、子と妻に対しては遺族厚生年金と併せて遺族基礎年金も支給されます。

◆遺族共済年金

共済組合員または組合員であった者が亡くなったときは、その者によって生計を維持していた次の遺族で順位の高い者に遺族共済年金が支給されます（地方公務員等共済組合法45条）。

①配偶者および子、②父母、③孫、④祖父母

平成27年10月以降に受給権が発生する場合は遺族厚生年金となりますが、年金額は、死亡原因（公務等）により、計算方法が異なります（国家公務員共済組合法90条）。

◆遺族年金の請求窓口

亡くなった者が加入していた年金制度	請求する年金	請　求　先
・国民年金の第1号被保険者	遺族基礎年金 （寡婦年金） （死亡一時金）	市区町村役場
・厚生年金保険の被保険者 ・老齢年金の受給者	遺族厚生年金 遺族基礎年金	年金事務所

・共済組合員または組合員であった者	遺族共済年金 （遺族厚生年金） 遺族基礎年金	各共済組合

第２編　相続開始後の相続人の対応

33　相続を開始したら預貯金は全く引き出せないのか

　夫が亡くなりましたが、専業主婦の私には預貯金がないため、遺産分割前には入院費用や葬儀費用を工面することができません。これらの費用を工面するために、夫の預貯金を引き出せないでしょうか。

　遺産分割前の払戻し制度を用いれば、一定額の預貯金を引き出すことができます。

解　説

◆遺産分割前の払戻し制度の創設

　平成30年の相続法改正で、それぞれの相続人が、遺産に属する預貯金債権のうち一定割合部分は単独で払戻しが認められることとなりました（民法909条の２）。

　この遺産分割前の払戻し制度は、家庭裁判所の判断を経ないで預貯金の払戻しを認める方策と、家事事件手続法の保全処分の要件を緩和する方策とに分かれます。

　なお、この制度は令和元年７月１日から施行されています。

◆遺産分割前の払戻し制度が創設された趣旨

　例えば、被相続人が入院したまま亡くなった場合は、亡くなるまでの入院費用等を支払わなければなりません。また、葬儀費用の支払も必要となります。これまでは、遺産分割前に、相続人が被相続人の預金を引き出すことができないため、これらの支払を相続人が自分の金銭を支出して支払っていました。また、場合によっては被相続人が亡くなった直後にＡＴＭから被相続人の預金をまとまった額を引き出す、ということも行われていたようです。

　今回の遺産分割前の払戻し制度の創設で、家庭裁判所の判断を受けることなく、相続人単独で金融機関に赴いて、被相続人の預貯金から一定限度額の引き出しができるようになりました。

◆遺産分割前の払戻し制度の内容

(1)　家庭裁判所の判断を経ないで、預貯金の払戻しを認める方策

　民法909条の２の条文には、「各共同相続人は、遺産に属する預貯金債権のうち相続

開始の時の債権額の３分の１に第900条及び第901条の規定により算定した当該共同相続人の相続分を乗じた額（標準的な当面の必要生計費、平均的な葬式の費用の額その他の事情を勘案して預貯金債権の債務者ごとに法務省令で定める額を限度とする。）については、単独でその権利を行使することができる。この場合において、当該権利の行使をした預貯金債権については、当該共同相続人が遺産の一部の分割によりこれを取得したものとみなす」と規定されています。

　この規定によれば、共同相続人の一人が単独で金融機関から被相続人の預貯金を引き出すことができます。

　ただ、引き出せる金額には上限があります。このような上限を設けられた理由は、この制度は、あくまでも相続人が当面の生活費や葬儀費用の支払に困ることがないようにするためだからです。その引き出せる計算式は、次のとおりです。

$$
\begin{array}{l}
\text{単独で払戻しをす} \\
\text{ることができる額}
\end{array}
=
\begin{array}{l}
\text{相続開始時の預} \\
\text{貯金債権の額}
\end{array}
\times 1 / 3 \times
\begin{array}{l}
\text{当該払戻しを求める共} \\
\text{同相続人の法定相続分}
\end{array}
$$

　なお、計算式は各口座ごとに上記の計算式で求められる金額とされていますが、同一の金融機関に対する権利行使は、法務省令で定める額（150万円）を限度とするとされています（民法第909条の２に規定する法務省令で定める額を定める省令）。

(2)　家事事件手続法の保全処分の要件を緩和する方策

　預貯金債権の仮分割の仮処分については、家事事件手続法200条２項の要件（事件の関係人の急迫の危険の防止の必要があること）を緩和することとし、家庭裁判所は、遺産の分割の審判または調停の申立てがあった場合において、相続財産に属する債務の弁済、相続人の生活費の支弁その他の事情により遺産に属する預貯金債権を行使する必要があると認めるときは、他の共同相続人の利益を害しない限り、申立てにより、遺産に属する特定の預貯金債権の全部または一部を仮に取得させることができることにするとされました（家事事件手続法200条３項）。

◆遺産分割前に預貯金が処分された場合の遺産の範囲

　遺産の分割前に遺産に属する財産が処分された場合であっても、その預貯金債権は、その権利を行使した共同相続人が遺産の一部の分割によりこれを取得したものとみなされます。つまり、引き出された預貯金も遺産として遺産分割の対象となり、この分割に際しては、引き出した預貯金分はその権利を行使した相続人が既に受け取ったものとされるということです。

34 葬祭料・埋葬費・葬祭費の請求の仕方は

 加入していた健康保険などからお葬式代が出ると聞きました。いくらもらえますか。これは自動的にもらえるものでしょうか。

 死亡の事由や加入している公的保険等の種類によって、適用される制度や給付額が異なりますが、被保険者本人のほか被扶養者の死亡に対して所定の給付があります。支給を受けるには、請求手続が必要です。

解　説

◆死亡の事由によって適用される制度が異なる

亡くなった原因が、業務災害または通勤途上にあるか、それ以外であったかによって適用される制度が異なります。

(1)　業務上の事由の場合

会社員が、業務災害または通勤途上での事故で死亡した場合は、労災保険から葬祭料または葬祭給付が支給されます（労働者災害補償保険法17条・22条の5）。

(2)　それ以外の事由の場合

上記(1)の事由以外で亡くなった場合には、亡くなった人が加入していた健康保険制度から埋葬料や葬祭費が支給されますが、会社員が加入している健康保険（全国健康保険協会または健康保険組合）、自営業者などが加入している国民健康保険、75歳以上の者が加入する後期高齢者医療制度、それぞれの制度によって給付の内容と請求窓口が異なります。

なお、亡くなった人が共済組合に加入している場合は、上記(1)(2)の事由に準じた給付が、所属機関の制度に応じて行われます。

◆給付の種類

(1)　労災保険の場合（葬祭料・葬祭給付）

業務上の死亡（葬祭料）または通勤災害（葬祭給付）の場合、葬祭を行う者に対し、31万5,000円に給付基礎額の30日分を足した額か、給付基礎日額の60日分のいずれか高い方の額が支給されます（労働者災害補償保険法施行規則17条・18条の11）。

(2)　健康保険の場合（埋葬料・家族埋葬料）

健康保険の被保険者が死亡したときは、その者により生計を維持していた者であって、埋葬を行う者に対し、埋葬料として５万円が支給されます（健康保険法100条１項、健康保険法施行令35条）。これは、健康保険加入中の期間に限らず、資格喪失後３か月以内の死亡、資格喪失後に傷病手当金・出産手当金の支給を受けている間または支給終了後３か月以内の死亡の場合でも支給されます（健康保険法105条）。

死亡した被保険者に生計を維持し埋葬を行う者がいなかった場合には、葬祭を行った者に対し、５万円の範囲内においてその埋葬に要した費用に相当する金額が支給されます（健康保険法100条２項）。

また、被保険者の被扶養者が死亡したときは、家族埋葬料として、被保険者に対し５万円支給されます（健康保険法113条）。

健康保険組合の場合は、これらの支給額を独自に上乗せをしていることもあります。

(3)　国民健康保険・後期高齢者医療制度の場合（葬祭費）

各自治体の条例により支給の有無や支給額は異なりますが、葬儀を行った者に対し葬祭費が支給されます。支給額は１万円から７万円程度です。

◆請求書の提出先

いずれの給付も、受給するには請求が必要です。所定の請求書のほか、死亡したことを証明する書類などの添付書類が必要になります。

(1)　労災保険の場合（葬祭料・葬祭給付）

勤務先の事業所を管轄している労働基準監督署に請求書を提出します。請求書には事業主の証明が必要です。

(2)　健康保険の場合（埋葬費・家族埋葬料・埋葬料）

加入していた全国健康保険協会または健康保険組合に支給申請します。

(3)　国民健康保険・後期高齢者医療制度の場合（葬祭費）

亡くなった者が居住していた市役所、区役所または町村役場で手続をします。

◆請求の期限

いずれの給付においても、請求の期限は死亡の日の翌日から起算して２年以内です（労働者災害補償保険法42条、健康保険法193条、国民健康保険法110条）。

35　最後の老齢年金の受取りは

老齢年金を受給していた妻が亡くなりました。妻が亡くなった月の老齢年金を、まだ受け取っていないのですが、請求できますか。

年金給付の受給権者であった者が死亡した場合に、その者に支給すべき年金給付でまだ支給されていないもの（未支給年金）があるときには、生計を同じくしていた一定の遺族が、年金の請求をすることができます。

解　説

◆年金を受給している者や被保険者が亡くなったとき

　年金制度との関係でも、年金受給者や被保険者が死亡した場合には死亡の届出をする必要があります。

　届出先は、亡くなった者が老齢年金を受け取っている者の場合は、住所地を管轄する年金事務所、第1号被保険者であった場合は、市・区役所または町村役場、第2号、第3号被保険者であった場合は、第2号被保険者の勤務先または勤務先を管轄する年金事務所です（国民年金法105条、国民年金法施行規則4条・24条、厚生年金保険法98条）。

　この年金関係での死亡届出と、戸籍上の死亡届とは制度上別のものですが、平成23年7月1日以降に死亡した者の場合は、死亡から7日以内に同居の親族ら届出義務者が、市区町村役場に戸籍法で規定する死亡の届出をしていれば、年金関係での死亡届は省略できるようになりました（国民年金法105条4項、国民年金法施行規則24条6項、厚生年金保険法98条4項ただし書、厚生年金保険法施行規則41条5項）。

　死亡の届出が遅れたために、亡くなった日の翌日以後にも老齢年金等が引き続き支給され、これを受け取ってしまうと、過誤払分を後日返還しなくてはなりませんので、死亡の届出は早めに行うようにします。

◆未支給年金とは

　年金を受給している者が亡くなった場合には、死亡届に加えて、未支給年金の請求の手続が伴うこととなります。

　というのも、年金給付は、毎年2月、4月、6月、8月、10月および12月の6期に、

それぞれの前月までの分を支払う（国民年金法18条）からです。4月に支払われる年金であれば、それは2月分と3月分の年金です。

　そのため、年金を受給している者が亡くなった場合には、その者が亡くなった当月以前の年金は、どうしても受け取ることができません。亡くなると、おのずと受給できていない年金が発生することになります。これを「未支給年金」といいます。

◆未支給年金の受給権者

　年金給付の受給権者が死亡した場合において、その死亡した者に支給すべき年金給付でまだその者に支給しなかったものがあるときは、その者の①配偶者、②子、③父母、④孫、⑤祖父母、⑥兄弟姉妹または⑦①～⑥以外の者で三親等以内の親族であって、その者の死亡の当時その者と生計を同じくしていた者は、自己の名で、その未支給の年金の支給を請求することができます（国民年金法19条1項、厚生年金保険法37条1項）。

　そして、未支給の年金を受けるべき同順位者が2人以上あるときは、その1人がした請求は、全員のためその全額につきしたものとみなし、その1人に対してした支給は、全員に対してしたものとみなします（国民年金法19条5項、厚生年金保険法37条5項）。

◆未支給年金の請求方法

　老齢基礎年金、老齢厚生年金の未支給年金の場合は、未支給年金の受給権者となった者が、最寄りの年金事務所に「未支給年金請求書」を提出して請求を行います。請求書には、亡くなった者の年金証書に記載されている基礎年金番号と年金コード、生年月日、死亡年月日などを記入します。

　障害基礎年金、遺族基礎年金のみを受給していた者が亡くなった場合の未支給年金の請求は、年金事務所ではなく、亡くなった者の住所地の市区町村役場が請求窓口となります。

　未支給年金請求書を提出するときには、亡くなった者の死亡が記載された戸籍謄本や、請求する者と亡くなった者との親族関係がわかる戸籍謄本、生計を同じくしていたことがわかる書類として住民票などを提出します。

　共済年金を受給していた者の場合は、加入している共済組合に請求します。

◆未支給年金は相続財産に含まれない

　未支給年金は、亡くなった者が生前に受け取るべきだった年金を、その相続開始後に、遺族が請求することによって受け取るものですが、この未支給年金は、相続財産ではなく、受け取った遺族の一時所得に該当します。

年金法においては、民法上の相続とは別の立場から一定の遺族に対して未支給年金の受給権者を定め、未支給年金の給付を認めています。そのため、判例においても、未支給年金は相続財産とはならないと判示されています（最判平7・11・7判例時報1551号49頁）。

　未支給年金は、遺産分割との関係でも、相続税課税との関係でも、亡くなった者の相続財産には算入されません。

コ ラ ム

◆「おひとりさま」のライフプラン

　「長寿」国家の日本では、これから配偶者の死去に伴い、「おひとりさま」の世帯が増加していきます。最近、特に相談が多いのは「おひとりさま」になった後の老後のライフプランの相談です。家庭の中でこれまで家計を管理してきた者が先立ち、これまで配偶者にお金の管理を任せて、お金の計算に「暗い」者が残ってしまった場合に急に不安を覚えるようです。

　本来であれば子どもたちが、親のお金の管理を手伝ってあげられればよいのですが、最近では子どもが都市と田舎でお互い遠距離に住んでいたり、仕事などで物理的に忙しく、その希望もままならないケースがあります。

　そのような場合の1つの解決方法は、信頼できる第三者にお金の管理について相談することです。ファイナンシャル・プランナーは、今後の人生プランをどのように過ごしたらよいのか丁寧に解説してくれる存在です。

36　最後の水道光熱費・病院代などの支払は

　今まで父の銀行口座からの引落しで家の水道光熱費を払っていました。また、病院から父宛に病院代の請求がきました。父が亡くなった場合は、どうしたらよいでしょうか。

　被相続人の水道光熱費や未払の病院代は、相続される債務に当たりますので、相続放棄をしないのであれば支払をします。また、水道光熱費などの契約者名義の変更手続は相続手続とはかかわりなくできますから、忘れずに行いましょう。

解　説

◆各種の支払について

　人が生きている間は、住居費や光熱費がかかりますし、クレジットカードなどで買い物もしているものです。亡くなる前に、全ての清算が済んでいることは稀ですから、各種の支払が残ることがあります。これらは、被相続人の債務に当たりますので、相続人が相続放棄をしないのであれば、相続人が支払をすることとなります。

　口座引落しで支払をしていた場合は、死亡後に銀行口座が凍結すると支払が滞り、生活上必要なサービスも停止されてしまう場合もあります。預金通帳の取引明細を確認して定期的に引き落とされている項目の整理をし、契約各社に対し、死亡の届出を行うとともに、残余の支払を済ませ、解約または名義変更手続を行います。手続時に、死亡の記載がある戸籍謄本や、被相続人との続柄がわかる戸籍謄本の提出を求められることもありますので、あらかじめ準備しておくと手続が迅速に進みます。

(1)　電気、ガス、水道、ＮＨＫ、ケーブルテレビなど

　各社のお客様窓口に死亡の連絡をします。今後の利用契約について、解約、または契約名義の変更などを行い、未払の料金を精算します。

(2)　固定電話、携帯電話、インターネットプロバイダなど

　(1)と同様に、まずは各社が設置しているお客様窓口に連絡をします。通信に関する契約のため、書面による手続や、直営店に来店するなどの手順を踏むこともあります。

(3)　クレジットカード

　見落としがちですが、今や多くの者が数社のカードを持っている時代です。解約手

第2編　相続開始後の相続人の対応　　99

続が遅れると、会費などの支払が停止されません。財布の中や、預金通帳の取引明細などで契約しているカード会社を特定し、早めに死亡の手続をします。

(4)　デパート友の会などの会員カード

デパートの友の会とは、毎月一定額の積み立てをすると、特典のついた商品券などが得られるサービスです。まだ購入に利用していない積立金は、解約時に返還されます。

(5)　スポーツクラブや趣味の会、通信販売など

月謝や会費をクレジットカード払や口座引落しにしており、決済先にも死亡の手続をしていないと、支払が継続してしまうので退会手続をします。そのほか、通信販売で健康食品などを定期的に発送する契約をしている場合など、不要の場合はこれも停止します。

◆医療費の支払について

(1)　医療費の支払

上記の支払と同様に、医療費の未払があるときは相続人が支払います。

(2)　高額療養費の還付請求

被相続人の医療費の1か月の自己負担額が、所得状況に応じて定められる一定の額（自己負担限度額）を超えたときには、その超えた分の金額は高額療養費の支給を申請できます（健康保険法105条、国民健康保険法57条の2、高齢者の医療の確保に関する法律84条）。相続人も、この請求を行うことができます。

(3)　相続人自身の確定申告における医療費控除（所得税法73条）

被相続人の死亡後に入院加療期間の医療費を請求され、相続人が支払った場合は、被相続人が治療等を受けていた時に、相続人と生計が同一であれば、医療費を支払った相続人の医療費控除の対象となります。

医療費控除の対象となる金額は、下記の式で計算した額です。

（実際に支払った医療費の合計額−①の金額）−②の金額（最高で200万円）

---

①　保険金などで補てんされる金額

生命保険契約などで支給される入院費給付金や健康保険などで支給される高額療養費・家族療養費・出産育児一時金など

②　10万円

その年の総所得金額等が200万円未満の人は、総所得金額等5％の金額

37 葬式費用の支払は

お葬式の費用は、法律上誰が支払うのでしょうか。長男から父の葬式費用を折半してほしいと連絡がきましたが、相続財産から払えばよいのにと思い、納得ができません。

葬式費用を誰が負担するかについては、法律上決まっておらず、ただちに相続財産の中から支払うべきものではありません。実質的には、香典を葬式費用に充て、それでも足りない分については相続人間で清算することになります。

解　説

◆葬式費用と相続

　被相続人の葬式費用は、通常であれば被相続人が亡くなった相続開始後に発生します。そのため、葬式費用は被相続人の遺産には当たらず、相続手続の対象にはなりませんので、当然に法定相続分に応じて各相続人が負担するということにはなりません。

　それでは、一体誰が葬式費用を負担すべきでしょうか。これについては、法律上でも定まっておらず、過去の裁判例においても、①葬儀主宰者が負担する（葬儀主宰者説）、②相続財産から支出する（相続財産説）、③共同相続人が分担する（共同相続人説）、④慣習、条理によって負担者を決める（慣習、条理説）などの説に分かれており、一般的には、葬式費用は実質的な葬儀の主宰者が支払うものとされています（名古屋高判平24・3・29（平23（ネ）968号））。

◆香典の取扱い

(1)　香典の性質

　香典は、死者の霊前に供える金品ですから、故人に贈られたものであるという見方もできますが、一方では、遺族を慰めるために贈られる金銭でもあり、故人の家族への生活支援でもあり、葬式費用などに充てるべきものですから、相続人に分割請求権はなく、また相続税も課されません。

(2)　香典と葬式費用

　一般的に香典は、葬式費用の負担を軽くするための相互扶助の慣行によって供えら

れるものでもあるので、香典の受取人も、葬儀の主宰者である喪主となると考えられます。

そうすると、香典はまず喪主によって葬式費用に充てられ、その残りが出たら、先祖の祭祀を受け継ぎ法事や墓守をしていく祭祀主宰者が、祭祀の費用として取得するというのが香典の性質に合うものといえます。香典の残りが相続人や遺族に分配されたとしても、それは喪主の考えに基づくものであって、遺産分割として位置づけられるものではありません。

もっとも、葬式費用は香典によって支払われなくても問題はなく、相続財産の中から相応の葬式費用を支払い、香典を公共団体などに寄附をしたとしても差し支えはありません。

(3)　香典だけでは葬式費用が足りないとき

香典だけでは葬式費用が足りないときは、①相続財産の中から支払う、②相続財産から支払っても不足するときは、共同相続人が各自の相続分に応じて負担することになるのが通常です。ただし、葬式費用の不足の原因が、身分不相応な葬儀を行ったといった事情によるのであれば、喪主の裁量で葬儀を執り行った結果によるものなので、分不相応な超過部分については喪主が負担すべきであると考えられます。

(4)　弔慰金等

被相続人の勤務先から、香典のほかに弔慰金が支給されることがあります。弔慰金は、生計を共にしていた遺族を慰め、援助するという性質が強く、多くの場合、勤務先の規定で受け取るべき遺族が定められています。

弔慰金も受領した相続人の固有財産となるものであり、これを葬式費用に充てるべきかどうかについて法律上の定めはなく、当該相続人の考えに委ねられています。

労災保険や健康保険から支給される葬祭料、埋葬料も同様です。

第2章　遺産分割協議

38　遺産分割協議における検討事項は

母が亡くなり、母の遺産分割について話合いをすることになりました。話合いで相続財産の分け方を決めたいのですが、どのようなことを検討すればよいのでしょうか。

相続人全員が合意するのであれば、どのような分け方をしても構わないのですが、論理的な順序としては、相続人および相続財産の範囲、遺言書の有無・内容を確認した後、相続財産の評価、特別受益ないし寄与分の有無を検討して、その後に、具体的な相続財産の分配方法を検討することになります。

解　説

◆遺産分割協議の前提事項の確定
(1)　相続人の確認
　遺産分割について話合いをするためには、そもそも、誰が話合いをすべき当事者であるのか、すなわち、誰が相続人なのかを確認する必要があります（誰が相続人となるのかについては第1編第2章で解説しています。）。
　また、相続人であるとしても、相続を望まない場合もありますので、その場合には、相続放棄等の手続をとった上で、話合いの場から離脱することになります（Q42・43参照）。
(2)　相続人および相続財産の範囲の確認
　次に、相続人間で話し合うまでもなく分割方法が定まっている財産もありますので、どの財産の分け方について話合いをしなければならないのかを確認する必要があります（何が遺産分割の対象となる相続財産となるのかについては第1編第3章で解説しています。）。
(3)　遺言書の有無・内容の確認
　次に、遺言書があるのであれば、その遺言内容に従って相続財産を分けることが原則となり、その内容次第では遺産分割協議自体が不要となることもありますので、遺

第2編　相続開始後の相続人の対応　　103

言書の有無を確認する必要があります。

　もっとも、遺言は有効要件が法定されていますので、そもそもその遺言が無効である可能性もあります（Q68・70参照）。また、遺言内容がどのようなものであれ、相続人は、遺留分侵害額については自分の権利を主張することもできます（Q74参照）。

　したがって、遺言書の記載内容について納得できない相続人がいる場合には、この点の検討も必要となります。

(4)　被相続人等が海外在住である場合

　なお、最近は海外在住のまま亡くなる者もおり、その場合には、そもそも日本法が適用されない可能性もあるほか、遺産分割協議の手続についても特別の配慮が必要となります（Q40参照）。

　同様に、相続人が海外在住である場合にも、遺産分割協議の手続について特別の配慮が必要となります（Q41参照）。

◆相続財産の評価

　相続財産の範囲が確定したとしても、その相続財産をどの程度の金額の財産として評価するかについては別途検討する必要があります。現金預金であれば特別な問題はありませんが、不動産や有価証券については様々な評価方法があるため、特にこの点が重要な問題となります。

　遺産分割協議の場面では、相続人間で合意できるのであれば、どのような評価方法をとっても構わないのですが、この点について意見が一致しない場合には、合理的な評価方法を検討する必要があります（相続財産の評価方法については第1編第3章で解説しています。）。

◆具体的相続分の確定

　相続人および相続財産の範囲が確定し、相続財産の評価額も確定すれば、あとは相続財産を法定相続分に従って分割すればよく、それが原則となります。

　しかしながら、被相続人の生前に被相続人から多く財産を受け取っていた相続人とそうでない相続人がいる場合に、そのことを無視して単純に法定相続分に従って分割することが不公平となることもあります。そこで、その不公平を是正するために、相続人間で実際に受け取る相続分を増減させることがあります（特別受益（民法903条）、Q47参照）。

　逆に、一部の相続人が被相続人の財産の維持増加に大きく貢献していた場合にも、そのことを無視して単純に法定相続分に従って分割することが不公平となることもあ

ります。そこで、その不公平を是正するために、この場合にも相続人間で実際に受け取る相続分を増減させることがあります（寄与分（民法904条の2）、Q46参照）。

このような特別受益・寄与分を考慮して相続分を調整した後の相続分のことを、調整前の法定相続分と比較する意味で、具体的相続分といいます。

◆具体的な相続財産の分配方法の検討

以上の検討を経て、相続人、相続財産の範囲、相続財産の評価額が確定し、具体的相続分も確定した場合には、あとは相続財産をその具体的相続分に従って分配することになります。

もっとも、多額の現金預金があればよいのですが、自宅が相続財産の大部分を占めているような場合には、具体的相続分に忠実に従った分配方法が困難なこともあり、工夫を要することになります（Q48参照）。

◆実際の遺産分割協議の進め方

遺産分割協議を進める際の論理的な順序は以上のとおりです。

しかしながら、遺産分割協議は、結論として相続人全員が納得できればそれで構いませんので、例えば、評価額がなんであれ自宅を長男が相続し、現預金は兄弟で均等に分ける、といった発想で遺産分割協議を成立させてしまうことも当然に可能です。

その意味で、相続財産の評価・具体的相続分の確定については、省略してしまうことも可能であり、むしろ、円満に遺産分割協議を進めようとする場合には、あえてこの点には触れずに進めた方がよいかもしれません。

ただ、もしも相続人間で話合いがまとまらない場合には、検討順序を無視して具体的な相続財産の分配方法のみを議論しても解決しませんので、その場合には、論理的な検討順序を意識しておくことが有用です。

第2編　相続開始後の相続人の対応

39　配偶者は居所を確保するために不動産を相続しなければならないのか

　私は夫と2人で長い間自宅で暮らしておりましたが、夫が亡くなり、相続人である夫の兄弟たちとの間で遺産分割をすることになりました。遺産分割といっても自宅と敷地の価格が預貯金よりも大きいため、自宅を売ってお金を分けるしかないのですが、今の自宅に住み続けるためにこの自宅を私が単独で相続して、代償金を他の相続人に支払わなければならないのでしょうか。遺産分割の協議が難航している間に、夫の兄弟たちから出て行けと言われたらどうしたらよいでしょうか。

　不動産を相続しなくても、遺産分割が終了するまでは、要件を満たせば配偶者短期居住権が認められます。遺産分割が終了してからも居住できる方法として、配偶者居住権があります。

解説

◆配偶者の居所確保の方策について

　配偶者の居住権保護のための方策は、大別すると、遺産分割が終了するまでの間といった比較的短期間に限りこれを保護する方策（配偶者短期居住権の新設）と、配偶者がある程度長期間その居住建物を使用することができるようにするための方策（配偶者居住権の新設）とに分かれています。

　これらの方策は、令和2年4月1日から施行されます。

◆配偶者短期居住権
(1)　制度の内容

　配偶者は、居住する建物について配偶者を含む共同相続人間で遺産分割をすべき場合に、相続開始の時に被相続人所有の建物に無償で居住していた場合には、遺産分割によりその建物の帰属が確定するまでの間または相続開始の時から6か月を経過する日のいずれか遅い日までの間、引き続き無償でその建物を使用することができるとされました（民法1037条1項）。

そして、遺贈などにより配偶者以外の第三者が居住建物の所有権を取得したときや配偶者が相続放棄をしたときなどに、配偶者が相続開始の時に被相続人所有の建物に無償で居住していた場合には、居住建物の所有権を取得した者は、いつでも配偶者に対し配偶者短期居住権の消滅の申入れをすることができますが、配偶者はその申入れを受けた日から6か月を経過するまでの間、引き続き無償でその建物を使用することができるとされました（民法1037条3項）。

(2)　制度趣旨

配偶者の短期居住権を定めた明文の規定はありませんでしたが、最高裁平成8年12月17日判決で、被相続人と同居相続人との間に、遺産分割時までの使用貸借契約が成立するという法律構成で、被相続人と同居の相続人に短期的な居住権を認めていました。

被相続人の配偶者が、生前被相続人所有建物で被相続人と同居していた場合、被相続人死亡後に被相続人所有建物を取得しないとしても、配偶者に対し直ちに建物から退去して転居するよう求めることは酷であり、配偶者保護の必要性があります。そこで、この最高裁判決を参考に、配偶者短期居住権を設けました。

(3)　配偶者短期居住権が認められるための要件

①　配偶者が、相続開始時に被相続人が所有する建物に無償で居住していたこと

②　配偶者が、相続開始時に配偶者居住権を取得していないこと

③　欠格・廃除により相続権を失ったという事情がないこと

なお、配偶者が相続放棄した場合であっても、配偶者短期居住権は成立するとされています。

(4)　配偶者短期居住権の内容

ア　配偶者が、①居住建物の遺産分割をすべき場合は、遺産分割により居住建物の帰属が確定した日または相続開始時の時から6か月を経過する日のいずれか遅い日までの間、②上記①以外の場合（遺贈により建物を取得した者がいる場合など）は、居住建物取得者が配偶者短期居住権の消滅を申し入れた日から6か月を経過する日までの間、居住建物のうち配偶者が従前使用していた部分を、無償で使用することができます。

配偶者が建物全部を使用・収益できるとされる配偶者居住権と異なり、相続人の生前、配偶者が建物の一部しか使用していなかった場合には、その一部のみを無償で使用することができます。

この権利は、配偶者に一身専属的な権利であり、譲渡はできないことは配偶者居住権と同様です（民法1041条・1032条2項）。

イ　配偶者短期居住権者の権利と義務は、次のようなものです。

① 　従前の用法に従い、善良な管理者の注意をもって使用する義務（民法1038条1項）

② 　権利を譲渡してはならない義務（民法1041条・1032条2項）

③ 　無断で第三者に使用させてはならない義務（民法1038条2項）

④ 　配偶者短期居住権が消滅した場合の返還義務（（民法1040条1項）ただし、配偶者が建物の共有持分を有している場合は、建物所有者は居住権消滅を理由として返還請求することは不可）

⑤ 　短期居住権成立後に建物に付属させた物の収去義務・収去権（民法1040条2項・599条1項2項）

⑥ 　短期居住権消滅後の原状回復義務（民法1040条2項・621条）

⑦ 　建物の使用に必要な修繕をする権利（民法1041条・1033条1項）

⑧ 　建物の修繕が必要な場合・建物について権利主張する第三者がいる場合における建物所有者への通知義務（民法1041条・1033条2項3項）

⑨ 　通常の必要費の負担義務（民法1041条・1034条1項）および通常の必要費以外の費用の償還を受ける権利（民法1041条・1034条2項）

　これらの点は、配偶者居住権と同様・類似しています。

(5)　配偶者短期居住権の消滅

　存続期間の経過（民法1037条1項1号）、配偶者居住権の取得（民法1039条）、配偶者死亡（民法1041条・597条3項）、目的建物の滅失等（民法1041条・616条の2）が消滅原因として定められています。

　配偶者短期居住権が配偶者保護のための法定債権であることからすれば、建物所有者と配偶者との消滅合意により消滅することも当然です。

(6)　第三者との関係（対抗要件）

　配偶者短期居住権においては、対抗要件について規定がありません。なお、配偶者居住権では、第三者対抗要件として登記が必要とされています（民法1031条）。

　つまり、配偶者短期居住権の存在について、第三者は知り得ないことになります。建物所有者には、第三者に建物を譲渡する等して配偶者短期居住権を害するような行為をしてはならないという義務が定められている（民法1037条2項）のですが、実際に建物が譲渡されてしまった場合には、配偶者は配偶者短期居住権を譲受人に対抗できないことになります。これは、あくまでも共同相続人や遺贈を受けた者との関係で被相続人の配偶者を保護する権利ということです。配偶者短期居住権についての規定は、使用貸借・賃貸借・配偶者居住権の条文が多数引用されていますが、全体として

は使用借権に近いものということができます。

(7) 配偶者短期居住権の財産的評価

配偶者居住権においては、その財産的評価が重要なものとなりますが、配偶者短期居住権は、配偶者が短期間に限って建物を使用することのみ可能な権利ですから、相続分の算定においても財産的評価の対象とはならないと考えられます。

なお、法制審議会においても、配偶者短期居住権の取得によって得た利益は具体的相続分に含めないものとすることが提案されていました（民法（相続関係）等の改正に関する中間試案1頁）。

◆配偶者居住権

(1) 制度の内容

配偶者が相続開始時に居住していた被相続人の所有建物を対象として、終身または一定期間、配偶者にその使用または収益を無償で認めることを内容とする法定の権利を新設し、遺産分割における選択肢の1つとして、配偶者に配偶者居住権を取得させることができることとするほか、被相続人が遺贈等によって配偶者に配偶者居住権を取得させることができることにするとされています（民法1028条）。

(2) 制度趣旨

上記の配偶者短期居住権は、期間が短期間に限られています。これでは遺産分割協議で配偶者以外の者が居住建物を相続するとなった場合、その相続人が配偶者に対して明渡しを求める可能性があります。これでは配偶者の生活を保護することはできません。それに、配偶者が居住建物を取得したとしても、遺産の範囲によっては、他の財産を受け取れなくなってしまう可能性もあります。これも配偶者の生活を保護することにはなりません。

そのため、配偶者の長期的な居住を認める「配偶者居住権」を認めることになりました。これであれば、配偶者は、居住しながら他の財産を取得できるようになります。

(3) 配偶者居住権が認められるための要件

ア 配偶者居住権は、次の要件が揃えば成立することになります（民法1028条）。

① 配偶者が、被相続人の遺産である建物に、相続開始の時に居住していたこと

② 次のいずれかを満たすこと

ⓐ 遺産分割によって、配偶者が配偶者居住権を取得すること

ⓑ 配偶者居住権が遺言によって遺贈の目的とされること

イ 裁判所主導で「配偶者居住権」が認められることもあります（民法1029条）

遺産分割によって、配偶者が配偶者居住権を取得する場合として、遺産分割調停手

続においてこの居住権の協議をして取得する場合が考えられます。もし、この協議が調わないときは、裁判所によって分割を進めることになります。

　裁判所は、次の場合に関しては、配偶者居住権に関して審判をすることが可能とされています。

①　共同相続人間に、配偶者が配偶者居住権を取得することについての合意があるとき

②　配偶者が配偶者居住権を取得したい旨を申し出た場合に、居住建物の所有者が受ける不利益を考慮してもなお配偶者の生活を維持するために特に必要があると認めるとき

(4)　配偶者居住権の内容

　ア　配偶者に配偶者居住権が認められれば、その存続期間は配偶者の終身の間となります（民法1030条）。ただし、遺産分割協議もしくは遺言に別段定めがあるとき、または、家庭裁判所が遺産の分割の審判において別段の定めをした時は、その定める期間となります（民法1030条ただし書）。

　　　配偶者が建物全体を無償で使用収益できるとされており、これが配偶者短期居住権と異なります。この権利は、配偶者に一身専属的な権利であり、譲渡ができないことは配偶者短期居住権と同様です（民法1032条2項）。

　イ　配偶者居住権者の権利と義務は、次のようなものです。

①　従前の用法に従い、善良な管理者の注意をもって使用する義務（民法1032条1項）

②　権利を譲渡してはならない義務（民法1032条2項）

③　無断で第三者に使用させてはならない義務（民法1032条3項）

④　配偶者居住権が消滅した場合の返還義務（民法1035条）（ただし、配偶者が建物の共有持分を有している場合は、建物所有者は居住権消滅を理由として返還請求することは不可）

⑤　居住権成立後に建物に付属させた物の収去義務・収去権（民法1035条2項・599条1項2項）

⑥　配偶者居住権消滅後の原状回復義務（民法1035条2項・621条）

⑦　建物の使用に必要な修繕をする権利（民法1033条1項）

⑧　建物の修繕が必要な場合・建物について権利主張する第三者がいる場合における建物所有者への通知義務（民法1033条2項）

⑨　通常の必要費の負担義務（民法1034条1項）および通常の必要費以外の費用の償還を受ける権利（民法1034条2項）

　これらの点は、配偶者短期居住権と同様・類似しています。

(5)　配偶者居住権の消滅

　配偶者短期居住権のように6か月といった期限は、法律では区切られていません。ただ、遺産分割協議や遺言に存続期間を定めることができるとされている（民法1030条

ただし書）ことから、この存続期間が過ぎれば、配偶者居住権は消滅することになります。

また、配偶者による使用および収益について定めた民法1032条１項から３項の規定に違反があった場合は、居住建物の所有者が相当の期間を定めてその是正の催告をし、その期間内に是正がされないときは、居住建物の所有者は、当該配偶者に対する意思表示によって配偶者居住権を消滅させることができる、とされています（民法1032条４項）。これによって配偶者居住権が消滅します。

(6) 第三者との関係（対抗要件）

配偶者居住権については、登記をすることで保護されます（民法1031条２項）。この登記ですが、居住建物の所有者が、配偶者居住権を取得した配偶者に対し、配偶者居住権の設定の登記を備えさせる義務を負います（民法1031条１項）。

(7) 配偶者居住権の財産的評価

法制審議会民法（相続関係）部会において事務当局が示した考え方によると、配偶者居住権の価値は、「建物敷地の現在価値」から「負担付所有権の価値」を差し引いた額とされています。この「負担付所有権の価値」は、建物の耐用年数、築年数、法定利率等を考慮し配偶者居住権の負担が消滅した時点の建物敷地の価値を算定した上、これを現在価値に引き直して求めることができる、とされています。これは、配偶者居住権の負担消滅時までは所有者はその不動産の利用ができないので、その分の収益可能性を割り引く必要があるからです。

なお、この計算方法は、相続人間で、簡易な評価方法を用いて遺産分割を行うことに合意がある場合を想定したものです。

第2編　相続開始後の相続人の対応　　　111

40　被相続人が海外にいた場合に何か特殊なことはあるのか

　私の父は、定年後海外で暮らしていましたが、その父が亡くなりました。遺産分割において気をつけなければならないことはありますか。

　父親の国籍が外国籍か日本国籍かで、相続の方法が異なります。また、日本国籍であっても、海外居住であることから、様々な特殊事情に気をつけてください。

解　説

◆被相続人の国籍によって相続の方法が異なってくる

　海外にいる被相続人が亡くなって遺産分割する際、最初に気をつけることは、被相続人の国籍によって遺産分割の方法が異なることです。

　日本の法律は、「相続は、被相続人の本国法による」（法の適用に関する通則法36条）と規定しているため、相続に関しては亡くなった人の本国法に従う必要があります。

◆被相続人が外国籍の場合

　被相続人が帰化するなどして外国籍の場合、その国の相続に関する法律に従うことになります。

　ただ、法律によっては、不動産の所在地の法律に従うという決まりがある場合もありますので、不動産が日本国内にある場合、日本の法律によって相続が処理されることもあります。この点は、その外国の領事館等に問い合わせてください。

◆被相続人が日本国籍の場合

　この場合は、日本の法律が適用されますので、遺産分割の流れについて特別な問題はありません。

　ただ、海外に被相続人の財産や借金が存在する可能性もありますし、被相続人の戸籍や住民票が必要な場合でも、海外だからこその特殊事情があります。

(1)　遺産には海外のものも含まれる

　遺産分割の対象となる相続財産が海外にあることもありますので、被相続人の居住

していた海外の預貯金や不動産、借金も調査しなければなりません。

　なお、海外の預貯金や不動産は、国税庁に気付かれないと安易に考えている人もいると思いますが、実際には日本は諸外国と租税条約を締結しており、その条約の中に情報交換規定がありますので、必要があれば国税庁が海外の遺産状況を調査することは可能です。

(2)　海外にある不動産では、その海外の法律が適用されることもある

　海外にも被相続人が土地や建物を所有していた場合、その海外の不動産の所在する国の法律に従って相続される場合もあります。例えば、アメリカ合衆国では、カリフォルニア州をはじめ、ほとんどの州において、不動産所在地の法律に従って相続されると規定されています。

　ですから、被相続人が海外に不動産を持っていた場合、その不動産所在地の国の法律がどのようになっているのかを調査する必要があります。

(3)　海外では住民票がない

　遺産分割の調停では、被相続人の死亡時の住民票や、被相続人の出生から死亡までの戸籍が必要となります。しかし、被相続人が海外にいる場合、本籍地が日本国内であっても、その戸籍の附票および住民票には、海外の住所地は記載されていません。

　そして、ほとんどの海外では住民票に相当するものがありません。

　その代わりに、「在留証明書」があります。

　この証明書は、現地の日本領事館にパスポートや運転免許証・光熱費の請求書など、現住所にいつから居住しているのかを証明できる書類を提示して申請します。

(4)　海外では戸籍がない

　遺産分割では、相続人の範囲を決める必要があります。この点、日本では被相続人の出生から死亡までの戸籍を収集することができますが、被相続人が外国籍の場合には、被相続人が死亡した旨の戸籍がありません。

　そこで、戸籍に代わって「相続証明書」が必要となります。この相続証明書は、被相続人が死亡して相続が開始したことや、登記申請人が真正な被相続人の相続人であること、その他に、相続人が他には存在しないことを明らかにする書類のことです。

　これは、相続証明書というタイトルの書面ではなく、通常は出生証明書、婚姻証明書、死亡証明書などが該当します。

◆被相続人が海外で遺言書を作成していた場合の有効性

　被相続人が、海外で、その国の様式を満たした遺言書を作成している場合があります。しかし、その遺言書が必ずしも日本の法律で定めた遺言書の様式を満たしている

とは限りません。例えば、自筆遺言証書について、ブラジルでは現地語（ポルトガル語）でパソコンを用いて作成し、立会証人のサインと、被相続人のローマ字での署名のある遺言状は有効ですが、日本の法律では、遺言書の内容も自筆で行うこととされているため、民法968条2項・3項の要件を充たさない限り、日本では無効な遺言とされてしまいます。

　そのような遺言書で、日本国内の遺産について遺言していた場合、無効とするのは被相続人の意思に反してしまい、あまりにも不都合です。

　そのため、日本は、「遺言の方式に関する法律の抵触に関する条約」を批准し、これに基づいて日本では「遺言の方式の準拠法に関する法律」が制定されています。

　その法律によりますと、遺言をする者が次の①〜⑤のいずれかの国等の法で認められている方式で遺言をすれば、その遺言は有効となります（遺言の方式の準拠法に関する法律2条）。

①　遺言をした場所のある地の法
②　遺言をした人が遺言をしたときないしは死亡時の、遺言をした人の国籍のある国の法
③　遺言をした人が遺言をしたときないしは死亡時の、遺言をした人の住所のある地の法
④　遺言をした人が遺言をしたときないしは死亡時の、遺言をした人が住所としていなくても、いつも住んでいた地の法
⑤　不動産に関する遺言について、その不動産のある所在地の法

41 相続人が海外にいる場合はどうするのか

父が亡くなり、遺産分割の協議をすることになりましたが、弟が外国の人と結婚して海外に居住しています。このときに遺産分割協議で気をつけなければならないことはありますか。

海外にいても、遺産分割協議に参加しなければなりませんが、必要書類が異なります。また、所在不明になってしまっている場合、家庭裁判所に不在者財産管理人選任の申立てをして、その管理人を手続に参加させなければなりません。

解 説

◆相続人が海外にいても、遺産分割協議に参加しなければならない

今日のグローバル化によって、海外に居住する者がいても珍しくありません。

相続が発生した場合、相続人が海外に居住していることもあります。

この場合でも、被相続人の遺産分割については国内法である民法が適用されますから、相続人全員が国内にいる場合の遺産分割の場合と同様、相続人全員が遺産分割協議に参加しなければなりません。

もし、海外にいるとの理由だけで、その海外にいる相続人を除外した遺産分割協議を行っても、それは無効と扱われてしまいます。

◆相続人が海外にいる場合の遺産分割における必要書類
(1) 印鑑証明書に代わる「サイン証明」

海外にいる相続人も含めて遺産分割協議を行って、もし協議がまとまれば、遺産分割協議書を作成します。この遺産分割協議書には、相続人全員の署名と、実印の押印、そして印鑑証明書の添付が必要です。

しかし、海外には、台湾や韓国を除いて、印鑑証明書や住民票の制度がありません。つまり、海外にいる相続人は、遺産分割協議書に実印を押して印鑑証明書を添付するということができません。このままでは、相続する財産に不動産があっても、その登記名義を変更する手続ができません。

この点、海外では、実印の代わりに署名（サイン）で対応しますので、海外にいる

相続人は、遺産分割協議書に署名を行います。

そして、印鑑証明書の代わりに、日本領事館等の在外公館に出向いて遺産分割協議書に相続人が署名した旨の証明（サイン証明）をもらい、このサイン証明を遺産分割協議書に添付します。

このような手続の都合上、遺産分割協議書に署名をするのは、領事館等で行ってください。

(2)　住民票に代わる「在留証明書」

相続財産に不動産がある場合、その不動産の相続登記手続を遺産分割協議書に基づいて行います。その際、住民票が必要となります。

国内にいる相続人の住所を証明するには、戸籍の附票または住民票を使います。在外邦人は、国内に本籍が残っていたとしても、戸籍の附票にも住民票にも、居住する外国の住所は記載されていません。そこで、住所を証明する書類として、「在留証明書」が必要になります。

この証明書は、現地の日本領事館にパスポートや運転免許証・光熱費の請求書など、現住所にいつから居住しているのかを証明できる書類を提示して申請します。

(3)　戸籍に代わる「相続証明書」

海外に居住する相続人の中には、現地の国民として帰化した人がいると思います。そのような人でも、相続人であることを証明する必要があります。日本人であれば、相続人であることを戸籍で証明できますが、外国人には戸籍がありません。

そこで、戸籍に代わって「相続証明書」が必要となります。この相続証明書は、被相続人が死亡して相続が開始したことや、登記申請人が真正な被相続人の相続人であること、その他に、相続人がほかには存在しないことを明らかにする書類のことです。

これは、相続証明書というタイトルの書面ではなく、通常は出生証明書、婚姻証明書、死亡証明書などが該当します。

◆相続人が海外にいるが連絡がつかず所在不明の場合

相続人の中には、海外にいるのだが、その海外の住所が分からず、他の相続人とも音信不通で、しかも国内に財産管理を任された者を置いていない人がいます。

この場合でも相続人としての権利はありますから、裁判所に不在者財産管理人選任の申立てをして、その不在者財産管理人が遺産分割協議に参加をすることになります。

遺産分割協議がまとまらなければ、遺産分割調停の申立てをしますが、その調停の当事者も、不在者財産管理人となります（Q12参照）。

42 相続したくない相続人はどうするのか

別居している父が亡くなったとの知らせがありました。父とは仲が悪かったので、相続をしたくありません。どうしたらよいでしょうか。

家庭裁判所に相続放棄の申出をするか、遺産分割協議で自分は相続しないとする条項を入れることで、相続しない方法があります。

解説

◆相続放棄の申出
(1) 申出の方法
　相続開始を知ってから3か月以内に、家庭裁判所に対して、相続しない旨を申述することで、相続を放棄することができます（民法915条1項・938条）。
　相続放棄の申述をするには、家庭裁判所に申述書を提出する必要があります。この申出は、それぞれの相続人が各自で行えばよく、相続人全員で申し出る必要はありません。
　この申述書による家庭裁判所への申出を行わない相続放棄は法的意味を有しません。
(2) 「3か月」の起算点
　相続放棄の申出期間は、相続開始を知ってから3か月以内です。この相続開始を知ったときというのは、相続財産の全部もしくは一部の存在を認識したときまたは通常これを認識し得べき時から起算するとされています（最判昭59・4・27判例時報1116号29頁）。
　この期間は各相続人ごとに別々に進行することとされています。
(3) 3か月以内に相続放棄をすることができない場合
　3か月という期間内に相続人が相続財産の状況を調査しても、なお、単純承認、限定承認または相続放棄のいずれをするか決められない場合には、家庭裁判所に相続の承認または放棄の期間の伸長の申立てをすることで、期間延長が認められることがあります（Q43参照（家事事件手続法201条1項・別表第一89の項））。

◆事実上の相続放棄
(1) 遺産分割協議書による方法
　前掲のように、相続放棄の手続では、期間が限定される上、家庭裁判所にわざわざ

第2編　相続開始後の相続人の対応　　117

相続放棄の申述をしなければなりません。

　もし複数の相続人がいて、自分は相続しなくてもよいというのであれば、自分以外の相続人間で相続財産を分割してもらい、遺産分割協議書には署名押印のみしておくということでも、相続放棄を事実上行うことができます。

　ただし、この方法では、借金などの債務がある場合、借金も相続しないということについて債権者の同意が得られなければ、法定相続分に従って相続してしまう扱いとなり、債務の相続を免れ得ないという欠点があります（Q28参照）。

(2)　相続分皆無証明書による方法

　相続したくない相続人が、既に被相続人から十分な生前贈与を受けたとして、自分の相続分はゼロであるという証明書を作成する方法があります。主に不動産の相続登記の場面で用いられる便法であり、遺産分割協議書に代えてかかる証明書を添付して相続登記を申請することは有効と解されています（東京高判昭59・9・25判例時報1137号76頁）。

　しかし、この方法では、実は生前贈与を受けていないのに、生前贈与があったという虚偽の事実を認めてしまうことになりますので、そのことによる不利益を被る危険があります。

　また、上記の遺産分割協議書による方法の場合と同様、借金などの債務がある場合には、債権者の同意が得られなければ債務の相続を免れ得ないという欠点があります。

(3)　対抗要件

　相続法改正により、法定相続分を超える部分の承継については、登記等の対抗要件を備えなければ第三者に対抗することができないとされました（民法899条の2第1項）。そのため、相続をしていないということを示すためにも、早期に登記等の対抗要件を備えてもらう必要があります。

43　借金も財産もあり相続放棄した方がよいのかすぐに判断できない場合は

父が亡くなりましたが、父には別荘や預貯金と同時に、借金もかなりあるようです。相続放棄の期間は限られていると聞いたのですが、どうしたらよいですか。

限定承認という方法と、家庭裁判所に相続放棄の期間の伸長を申し立てる方法があります。

解　説

◆限定承認

(1)　限定承認と実情

　相続人は、自己のために相続の開始があったことを知った時から3か月以内に、相続をするか、相続放棄をするか、限定承認をするか決めなければなりません（民法915条1項）。

　このうち、「限定承認」とは、被相続人にプラスの財産もマイナスの債務（借金）も相当あり、最終的にプラスになるかマイナスになるか分からないとき、相続財産限りで借金を清算し、もしプラスがあれば相続をするということを可能にする制度です。

　マイナス財産は相続したくないという相続人にとっては、極めて合理的な制度です。

　しかし、実際には、あまり利用されていません。

(2)　限定承認を選択するときのデメリット

　限定承認をするには、相続開始を知ってから3か月以内に財産目録を作成し、相続人全員で家庭裁判所に限定承認をする旨の申出をし、その後5日以内に、被相続人の借金の貸主に対して、借金の金額等を申し出るよう催告しなければなりません（民法923条以下）。

　しかし、相続開始を知ってから3か月以内にこのような作業を行うことは、相続人には相当な負担です。被相続人が亡くなったことで、精神的に辛い状態でこのような作業を行うのは困難です。

　それに、限定承認手続で、もし不当な返済があったとされると、被相続人の借金の貸主などに対して、損害賠償責任を負うことになります（民法934条）。このような危険

を冒してまで面倒な限定承認手続をする相続人はあまりおらず、次の熟慮期間伸長の申立ての方法により対応することがほとんどです。

◆熟慮期間伸長の申立て

上記のとおり、相続開始を知ってから3か月以内に、相続をするのかしないのかを決めなければなりません。しかし、その「3か月」という期間を変更する方法があります。それが「相続の承認または放棄の期間の伸長の申立て」(熟慮期間伸長の申立て)です。

3か月という期間内に相続人が相続財産の状況を調査しても、なお、単純承認、限定承認または相続放棄のいずれをするか決められない場合、家庭裁判所に相続の承認または放棄の期間の伸長の申立てをし、審判を受けます(家事事件手続法201条1項・別表第一89の項)。この審判の結果、期間延長が認められることがあります。

実務上、熟慮期間伸長は比較的容易に認められますので、相続放棄した方がよいのか3か月以内に判断できない場合には、この方法により財産調査期間を延長して、最終的に相続放棄するかどうかを慎重に判断することができます。

申立てのための必要資料や記載例などは、裁判所ホームページにありますので、そちらを参照してください。

44 被相続人が亡くなった後、相続人は遺言書をどうすればよいのか

亡くなった父の身辺整理を行っていたところ、遺言書が出てきました。この後、どうすればよいでしょうか。

自筆証書遺言の場合には、家庭裁判所で検認を請求する必要があります。公正証書遺言の場合には、検認の手続は不要ですが、遺言書の内容を他相続人や受遺者に知らせる必要があります。

解説

◆検認の手続
(1) 自筆証書遺言の場合

　自筆証書遺言の場合、遺言書の保管者は、遺言者が亡くなった後、遅滞なく、同遺言書を家庭裁判所に提出して、検認を請求する必要があります（民法1004条1項前段）。

　検認とは、裁判所が遺言書そのものの態様を確認する手続です。これは、遺言書の状態を確定して後日偽造・変造される危険を防止する趣旨であり、遺言そのものの有効性などを審理・判断するものではありません。

　実際の検認手続としては、遺言者が最後に亡くなった場所を管轄する家庭裁判所に相続人その他の利害関係人が呼び出され、その立会いの下、裁判官が遺言書の内容を確認することになります。その確認の結果は裁判所に記録として保管され（検認調書）、遺言書原本は「検認済み」との表示がなされた後で提出者に返還されます。

　なお、特に遺言書を保管していた者がいなかった場合には、遺言書を発見した者が検認手続を家庭裁判所に請求する義務を負うことになります（民法1004条1項後段）。

　また、遺言書が封印されていた場合には、この検認手続の場でしか開封することは許されません（民法1004条3項）。

　ただし、相続法の改正によって、遺言書の保管についての制度が新設されました。これは法務局で遺言書を保管してもらうことができる制度です（法務局における遺言書の保管等に関する法律1条）。この制度を利用すると、家庭裁判所による検認手続は不要となります。

(2) 公正証書遺言の場合

　このような検認手続が必要なのは自筆証書遺言のみであり、公正証書遺言について

は、作成過程で公証人が関与しているため、検認手続は不要です（民法1004条2項）。

◆相続人その他の利害関係人への遺言内容の通知

(1) 遺言内容の通知

　遺言の内容は相続人全員に関わることであるため、遺言書の保管者は、遺言書の内容を相続人その他の利害関係人に知らせる必要があります。

　自筆証書遺言では、検認手続のなかで遺言内容は他の相続人等にも知れることになりますが、公正証書遺言では検認手続がないので、このような遺言内容の通知は、遺言書保管者・発見者の大切な役割となります。

(2) 遺留分侵害額請求権との関係

　なお、遺留分侵害額請求権は、遺留分を侵害された相続人が、その事実を知った時から1年間で時効消滅します（民法1048条）。

　したがって、遺言の内容が相続人の遺留分を侵害するものである場合には、遺言書の内容を知らせた時から1年間が遺留分侵害額請求権の行使可能期間ということになり、いつ遺言書の内容を知らせたかということが極めて重要になってきます。

◆遺言書の取扱いを誤った場合の不利益

　これらの遺言書の取扱いを誤ると、制裁が科せられることになります。

　まず、自筆証書遺言の保管者・発見者が検認手続の請求を怠ったり、検認手続外で未開封の遺言書を開封した場合には、5万円以下の過料に処せられます（民法1005条）。

　また、遺言書を偽造・変造したり、あるいは破棄・隠匿した者は、相続資格を失うことになります（民法891条5号）。

コラム

◆遺言書は遺言書らしく

　封印のある遺言書は、家庭裁判所で相続人等の立会いがなければ開封することができないとされていますが、実際には、表題がないために何か分からず、開けてみて初めて遺言書と気付く例があります。

　また、遺言書は隠匿してはいけないとされていますが、便せんの走り書きのために遺言書と思わず廃棄してしまった例もあります。

　せめて、遺言書は外見から遺言書と分かるようにしておきたいものです。

45 相続人や受遺者は遺言書の内容に必ず従わなければならないのか

父が亡くなり、相続人は私と妹です。父は妹に故郷の家を相続させ、お世話になった医師に預金を遺贈するという内容の遺言書を作成していましたが、妹も医師も、そのような財産は要らないといっています。遺言書の内容に従わなければならないのでしょうか。

相続人全員の同意があれば、遺言書記載内容とは別個の遺産分割を行うことが可能ですし、受遺者も遺贈を放棄することができます。また、遺言内容が不満な場合には、遺言無効や遺留分の主張により争う方法もあります。

解説

◆相続人間で、遺言と異なる遺産分割を行うことはできるか
(1) 遺言と異なる遺産分割
　遺言は遺言者の最終意思であり、相続人はこれに拘束されます。
　しかしながら、相続人全員が遺言書の記載内容に反対である場合にまでこれに拘束される必要はなく、その場合には、相続人間で別途協議を行い、自分達の納得する遺産分割を行うことができます。
(2) 遺言執行者との関係
　もっとも、遺言書で遺言執行者が選任されている場合については問題があります。
　遺言執行者が選任された場合、遺言者は相続財産についての管理処分権を有するとともに、遺言内容を実現する義務を負います（民法1012条1項）。そして、相続人が遺言執行者の遺言執行を妨げることはできません（民法1013条）。したがって、理論上は、相続人全員の合意があったとしても、遺言書と異なる遺産分割は許されないようにも思われます。
　とはいえ、このような結論は誰も望むものではなく、理論上の整合性については諸議論があるものの、結論としては、遺言執行者の了解を得た上で遺言と異なる遺産分割をすることは許されると解する見解が有力です。

第2編　相続開始後の相続人の対応　　123

◆受遺者が遺贈を放棄することはできるか

(1)　遺贈の放棄

　遺贈は遺言者が単独で行うことができ、生前贈与などとは異なり、受遺者の事前同意を必要としません。

　ただ、それでは受遺者に不本意な結果も生じかねませんので、受遺者は法定の要件の下、遺贈による相続財産の譲受けを拒むことができます（遺贈の放棄）。

(2)　包括遺贈の場合

　包括受遺者は、相続人と同一の権利義務を有することになりますので（民法990条）、遺贈の放棄についても、相続人の相続放棄と同様の方法により放棄することになります（民法915条）。

　したがって、遺贈を放棄するためには、原則として、遺言者が亡くなったことを知ってから3か月以内に家庭裁判所に申立てを行うことになります。

(3)　特定遺贈の場合

　特定受遺者は、いつでも遺贈を放棄することができ、放棄した場合には、遡って遺言者が亡くなった時から遺贈を受けなかったことになります（民法986条）。

　もっとも、これでは他相続人等の財産関係がいつまでも安定しないことから、他の相続人等は、相当の期間を定めて、遺贈の承認または放棄をするよう特定受遺者に催告することができます（民法987条）。

◆相続人の一部が遺言書の内容に不満な場合

　以上は遺言が有効であることを前提とした話ですが、遺言は有効要件が法定されていますので、そもそも遺言が無効である可能性もあります（Q68・70参照）。したがって、相続人の一部が遺言書の内容に不満な場合には、遺言の有効性を争って、法定相続分に従った遺産分割を求めるという選択肢もあります。

　また、遺言内容に関わらず、兄弟姉妹以外の相続人には遺留分の限度で最低限の相続権が確保されていますので、遺言書の内容では自分の遺留分が確保されないということであれば、その限度では遺言書の内容に従う必要はないことになります（Q74参照）。

　もっとも、このように遺言無効や遺留分主張を行う場合には、各相続人の感情が激突して収拾がつかなくなる事例が多く、円満な解決のためには努めて冷静な対応が求められるところです。

46 財産を多く相続できる寄与分とは

　財産を多く相続できる方法として、寄与分というのを聞いたことがあります。この寄与分が認められるのは、どのような場合でしょうか。

　相続人の財産の維持または増加について特別の寄与をしていた場合、被相続人の財産価格から、共同相続人の協議で定めた分を控除して相続財産を分配し、その控除した分を特別の寄与をしていた人に上乗せされます。

解　説

◆寄与分とは

　共同相続人中に、①被相続人の事業に関する労務の提供または財産上の給付、②被相続人の療養看護、③その他の方法により被相続人の財産の維持または増加について特別の寄与をした者があるときは、被相続人が相続開始の時において有した財産の価格から共同相続人の協議で定めたその者の寄与分を控除したものを相続財産とみなし、民法900条から902条（相続分の規定）までの規定により算定した相続分に寄与分を加えた額をもって、その者の相続分とする（民法904条の2第1項）と規定されています。

　例えば、相続人が長男と次男の2人で、相続財産の総額が5,000万円だが、長男に1,000万円の寄与分が認められる場合、各人の具体的相続分は次のとおりとなります。

　5,000万円－1,000万円＝4,000万円（A）

　長男：（A）÷2＋1,000万円＝3,000万円

　次男：（A）÷2＝2,000万円

◆寄与分が認められる場合

　寄与分が認められるためには、上記のとおり、①「被相続人の事業に関する労務の提供または財産上の給付」、②「被相続人の療養看護」、③「その他の方法」により被相続人の財産の維持または増加について特別の寄与をしたことが必要です。それぞれの場面について検討をしてみます。

(1)　「①被相続人の事業に関する労務の提供または財産上の給付」について

　これに該当するかどうか問題となる場面としては、相続人が被相続人によって経営される農業や自営業に無償で参加し、相続財産の維持、形成に寄与する形態です。

　ここで注意したいのは、ただ労務を提供すればいいというものではなく、「相続人の財産の維持または増加について特別の寄与をした」場合であることが必要です。つまり財産上の効果のない寄与は含まれません。それに、相続人に対して有償で何か行った場合は、被相続人から反対給付を受けていることになりますので、やはり特別の寄与にはなりません。

　具体例としては、被相続人である夫と共に長年にわたって農業および養豚業を営んでいた妻（神戸家尼崎支審昭38・8・22判例タイムズ163号209頁）、被相続人である夫が自己所有の建物を店舗として小売業を営んでいたが、夫は時折販売に当たる程度で、主たる立場で上げた営業収益とその恩給で生計を立てた妻（神戸家姫路支審昭46・2・12判例タイムズ275号382頁）、被相続人たる父親と一緒に中学4年頃から農業経営に従った長男（高松家丸亀支審昭37・10・31家庭裁判月報15巻5号85頁）、被相続人たる父親の経営する家業の漬け物製造販売業で、販売、仕入れを担当した父親を助けて、妻と共に12年以上にわたり労力を要する仕事を行った長男（大阪家審昭40・9・27判例タイムズ199号213頁）、などがあります。

　寄与分の金額を認めて貰うには寄与をした相続人がどのようなことをすれば財産の維持になるのか、また、どれだけプラス財産の増加あるいはマイナス財産の減少があれば財産の増加になるのかを客観的に示す基準はありません。ですから、寄与分を主張するためには、どのようにして財産維持に寄与したのか、どんな労務の提供や財産の給付をしてそれに貢献したのかを具体的に明らかにする必要があります。例えば、その家業の労務時間と賃金相当額を資料として提出して説明をする必要があります。

(2)　「②被相続人の療養看護」について

　例えば、親の生活の世話をする場合や、親の看護をした場合、相続人の1人がそのための費用を負担することが考えられます。親が亡くなってから、他の相続人と平等に遺産を分割するとなると、親の生活の世話をした相続人からすれば、不公平に感じるかもしれません。そのため、民法では寄与分という制度を設けて（民904の2第1項）、その寄与分の類型として「②被相続人の療養看護」が挙げられています。また、これに該当しなくても、「③その他の方法」に該当する可能性もあります。

　ただし、ただ生活の世話や療養看護をすればいいというものではなく、寄与分が認められるためには、あくまでも「被相続人の財産の維持または増加について」「特別の寄与をした」場合であることが必要です。つまり、財産上の効果のない寄与、あるいは特別ではない寄与は、遺産分割において考慮される寄与分には含まれません。

ア　親の療養看護をしていたことが寄与分として評価される場合

　子から被相続人たる親に対する療養看護は、直系血族間の扶養義務（民法877条1項）があることから、単に親の療養看護をしていたというだけでは特別の寄与とは認められず、それに加えて何らかの事情が必要となります。また、単に一生懸命療養看護したというだけでは寄与分とはならず、あくまでも財産上の効果が発生する必要があります。

　例えば、本来ならば被相続人の費用で看護人を雇わなければならなかったはずのところ、相続人の看護のおかげでその費用の支出を免れたという事情が必要です。

イ　親の生活の世話をしていたことが寄与分として評価される場合

　子から被相続人たる親に対する扶養についても、直系血族間の扶養義務（民法877条1項）があることから、単に親の世話をしていたというだけでは特別の寄与とは認められず、それに加えて何らかの事情が必要となります。

　具体例としては、被相続人に居住する家屋・宅地以外には資産も所得もなく、それらを売却すれば扶養を受けなくてすむが、相続人の一人から生活費をもらっていたという場合に、寄与分が認められた判例があります（大阪家審昭61・1・30家庭裁判月報38巻6号28頁）。

ウ　寄与分を認めてもらうための証拠

　寄与分を主張するためには、どのようにして財産維持に寄与したのかを具体的に明らかにする必要があります。例えば、被相続人の病状が看護人を雇わなければならない状況であったこと、看護にかかった時間と内容、看護人を雇った場合にかかる費用、あるいは負担していた生活費の金額やこれを必要とした周辺事情などを、資料に基づいて説明をする必要があります。

(3)　「③その他の方法」について

　例えば、相続財産となる家屋の修理をしなければ、その分建物の価値が下がってしまいますし、そもそも相続の時までにその建物が残っていなかった可能性があります。その建物を修理して相続発生の時点まで残していたのですから、その修理代金を負担した相続人が遺産分割で有利に扱われても良いはずです。このため、民法で定められる寄与分の類型として、「その他の方法」があり、これには、被相続人の財産を維持・増加させる行為が広く含まれ、家業に関係ない財産上の給付もこれに含まれます。典型的なのは、被相続人の事業とは無関係に、相続人が自ら取得した所得ないしは財産を提供し、相続財産の増加に寄与する形態です。

　ただし、寄与分が認められるためには、「被相続人の財産の維持または増加について特別の寄与をした」場合です。つまり、財産上の効果のない寄与は含まれません。それに、被相続人に対して有償で何か行った場合は、被相続人と契約関係があったこと

になり、寄与にはなりません。具体例としては、被相続人の夫と共働きの妻が、夫婦の収入で購入した財産を夫名義にした場合に、妻が相続財産の形成に寄与したと認める判例（大阪家審昭40・3・23判例タイムズ185号196頁）、被相続人である夫と共に教師をしていた妻が、夫との協議で宅地および居宅を購入し、妻の提供分相当の寄与分として82.3％を認める判例（和歌山家審昭59・1・25家庭裁判月報37巻1号134頁）などがあります。

　ですから、最初の例でも、寄与者自身が契約をして改築を行い、その結果建物の価格が上昇しているというのであれば、寄与分が認められる余地があります。その場合、改築費用と、経過年数によって寄与分の金額が決められることになりますから、改修時の契約書、請求書、領収書等を資料として、これに基づいて主張することになります。

コラム

◆未分割でも相続税の優遇措置を受けたい場合

　遺産分割協議がまとまらず未分割であったとしても、税務上は未分割での申告を行い、相続税を納付することになります。この未分割申告の場合、配偶者の税額軽減や小規模宅地等の特例などの優遇措置は使えないため、納付する税額は高くなってしまいます。申告期限から3年以内に分割協議が整えば、更正の請求等により払った相続税を取り戻すこともできますが、一度話合いがこじれると未分割のままあっという間に数年が過ぎてしまいます。

　このとき、自宅やアパート等の一部だけでも相続する者が決まっているのであれば、一部分割による申告を行うことができます。財産分けが決まっている分だけ遺産分割協議書を作成して申告し、その財産に小規模宅地等の特例を適用するというやり方です。

　優遇措置を活用して相続税の一時払を低く抑えたい、という場合には有効な方法です。

47 特別受益が認められる場合は、どのような場合か

遺産分割において、特定の相続人が他の相続人よりも有利に扱われたという場合に、遺産分割で考慮されるという特別受益があると聞きました。どのような場合にその特別受益が認められるのでしょうか。

条文上は、遺贈、婚姻もしくは養子縁組のためもしくは生計の資本として贈与を受けた場合に、特別受益が認められます。それ以外にも特別受益というストレートな言い方でなくとも考慮される場合もあります。ただ、持戻免除が認められると、特別受益として遺産分割では考慮されなくなります。

解 説

◆特別受益とは

特別受益とは、特定の相続人が遺贈や生前贈与により被相続人から受けた特別な利益のことをいいます。このような特別な利益を得ておきながら、被相続人の遺産について、他の相続人と均等な割合で遺産を相続できるとすれば、他の相続人との関係で不公平が生じます。そのため、民法903条1項では、共同相続人中に、被相続人から、①遺贈を受け、または②婚姻もしくは養子縁組のためもしくは③生計の資本として贈与を受けた者があるときは、被相続人が相続開始の時において有した財産の価額にその贈与の価額を加えたものを相続財産とみなし、民法900条から902条（相続分）の規定により算定した相続分の中からその遺贈または贈与の価額を控除した残額をもってその者の相続分とすると規定されています。

遺産分割において、この特別受益が寄与分と並んで争いとなることが多く、どのような場合が特別受益に当たるのかを理解しておいたほうがよいと思います。特に、「③生計の資本として贈与を受けた」といえるかが問題となります。

◆遺贈と特別受益

遺贈を受けた場合は、特別受益となります。これは民法903条1項で明記されています。

(1) 遺贈を特別受益として評価する場合の計算方法

ア　例えば相続人が長男、次男の２人で、相続財産総額が5,000万円だが、長男に1,000万円の預金が遺贈された場合、各人の具体的相続分は次のとおりとなります（生前贈与の場合の計算とは異なり、遺贈対象財産は相続財産総額に含まれているので、計算に当たり遺贈対象財産額を加算することはありません。）。

長男：5,000万円÷２－1,000万円＝1,500万円

次男：5,000万円÷２＝2,500万円

なお、この場合、長男は遺贈された1,000万円の預金のほか、その他の相続財産から1,500万円分を相続できるのかどうかが問題となることがありますが、遺言中に遺贈対象財産以外の財産の取得を禁じる趣旨が現れていない限り、相続できると考えてよいと解されています。

イ　他方、上記の例で遺贈額が3,000万円であった場合、民法903条１項に従い各人の具体的相続分を計算すると次のようになります。

長男：5,000万円÷２－3,000万円＝－500万円

次男：5,000万円÷２＝2,500万円

これによれば、長男は遺贈分以外に相続財産を受け取れないどころか、500万円を次男に返還しなければいけないことになりそうですが、それは遺贈を行った被相続人も想定しない結果と思われます。したがって、このような場合には、長男は超過分を次男に返還する必要はなく、遺贈分は確保できることと定められています（民法903条２項）。

(2) 「相続させる」遺言の取扱い

実務では、遺言で相続人に特定財産を渡す場合には、「遺贈する」ではなく「相続させる」という表現を用いることが一般的です。

いわゆる「相続させる」遺言には、遺贈とは異なる様々な効果が認められていますが（Ｑ74参照）、特別受益としての取扱いについては、上記の遺贈の場合と同様に取り扱うことと解されています。

しかし、平成30年の相続法改正によって、この遺言で承継された財産について、法定相続分を超える部分の承継については登記等の対抗要件を備えなければ第三者に対抗できないとされました（民法899条の２第１項）。

(3) 持戻免除の意思表示

ア　特別受益を受けた相続人の具体的相続分を減少させることを「持戻し」（もちもどし）といいますが、この持戻処理は相続人間の公平を図るために行われるものです。

しかしながら、被相続人側の視点から考えると、何らかの理由があって相続人の１人に財産を多く残そうとしたのに、これが全て相続時に清算されてしまうとすると、かえって被相続人の意思に反してしまうと考えられる場合もあります。

　そこで、被相続人がこのような持戻処理を望まないことを明言していた場合（明示の持戻免除の意思表示）、あるいは、明言はしていなかったものの、諸事情に鑑みて明らかにこのような持戻処理を望んでいなかったと考えられる場合（黙示の持戻免除の意思表示）には、特別受益があったとしても、持戻処理を行わないまま遺産分割を行うことが許されます（民法903条３項）。

　もっとも、明示の持戻免除の意思表示があれば簡明ですが、そのような事態は稀ですので、持戻しを免れたい相続人としては、黙示の持戻免除の意思表示があったことを他相続人に納得してもらうほかありませんが、その主張立証はなかなか大変です。特に、被相続人の配偶者が居住する建物について、その配偶者の居住権が認められなくなると、残された配偶者の生活を保護できなくなります。

　そのため、平成30年の相続法改正によって、婚姻期間が20年以上の夫婦の一方である被相続人が、他の一方に対し、その居住の用に供する建物またはその敷地について遺贈または贈与をした時は、その被相続人は、その遺贈または贈与について持戻免除の意思表示をしたものと推定されるという規定が置かれました（民法903条４項）。

イ　なお、遺贈については、遺贈が遺言によってなされるものである以上、持戻免除の意思表示も遺言によってなされなければならないと考えられています。

◆婚姻の費用と特別受益

　規定上、「婚姻もしくは養子縁組のための贈与を受けた場合」、そして、「③生計の資本としての贈与を受けた場合」も特別受益の問題が生じます。しかし、婚姻の費用については、結納金などの支度の費用、挙式費用などがあり、それぞれの種類に応じて検討する必要があります。

(1)　持参金（嫁入りの際に新婦が用意するお金）、支度金（結納の代わりに新郎の親が新婦の親に渡すお金）、嫁入り道具の費用、結納金

　これについては、ある程度まとまったお金を贈与されていますから、一般的には特別受益に該当します。ただし、その価格が少額で、被相続人の資産および生活状況に照らして扶養の一部と認められる場合には、直系血族間の扶養義務（民法877条１項）の範囲内として、特別受益に該当しないとされています。

(2)　挙式費用

　この費用も多額ですが、これについては特別受益に含まれないという考え方が一般

的です。その理由としては、そもそも、挙式は一般的に遺産の前渡しとはいえませんし、挙式の費用は、新郎新婦のための支出というよりも、むしろ親の世間に対する社交場の出費たる性格が強いから、といわれています。

　ただ、被相続人のうち披露宴を行った者と行っていない者とがあり、しかも披露宴を行った者の中でも費用が大きく異なっている（被相続人による援助額も異なっている）場合、それぞれの披露宴の費用を特別受益と算定して解決した調停事件がありました。

　調停事件ですので一概にはいえませんが、被相続人間の不公平の是正という特別受益の趣旨から、公平を図る必要があるという場合には、婚姻費用も特別受益に当たる場合もあるということになります。

(3)　持戻免除の意思表示

　なお、婚姻の費用が特別受益と認められる場合でも、これについて持戻免除の意思表示があったかどうかについては、前述のとおり別途検討する必要があります。

(4)　婚姻費用が特別受益に当たるか争いがある場合に備えて

　婚姻費用を親に出してもらっていないのに、遺産分割において、婚姻費用を親に出してもらったといわれてしまう場合が考えられます。

　そのような場合に備えて、婚姻に関する費用について、ご自身の預金などからその費用が振り込んでいる証拠となる預金通帳や振込証書を保存しておいてください。

◆留学費用と特別受益

(1)　そもそも留学費用が特別受益に当たるのか

　規定上は、留学費用について特に挙げられていません。しかし、普通教育以上の学資は、その本人にとって就職先やそれによる所得に影響が出ることなどから、「③生活の資本としての贈与」に該当する可能性があります。

　もっとも、親の資産、社会的地位を基準にしたならば、その程度の高等教育を受けることが普通と認められる場合、そのような学資の支出は、被相続人（親）の負担すべき扶養義務の範囲内にあるといえます。裁判例でも、申立人（相続人）のうち2名が医学教育を受けたことを考慮しても、被相続人生前の資産収入および家庭事情に照らし、扶養の当然の延長としてこれに準ずるものと見るのが相当と判断したものがあります（大阪家堺支審昭35・8・31家庭裁判月報14巻12号128頁）。

　ですから、被相続人の資産、収入、職業、社会的地位等を考慮して親の扶養義務の一環と見られるかどうかを判断することになります。

　例えば、相続人のうちの1人だけが留学をして、他の相続人は留学をしておらず、

しかもその留学をした相続人の学費等の費用が、そうしなかった相続人との間の学費等の費用と比べて不相応に多額といえるのであれば、留学費用が特別受益に該当する可能性はあります。

(2) 持戻免除の意思表示

留学費用が特別受益と認められる場合でも、これについて持戻免除の意思表示があったかどうかについては、上記のとおり別途検討する必要があります。

(3) 留学費用が特別受益に当たるか争いがある場合に備えて

留学費用を本人が工面していても、相続に際して他の相続人が特別受益として争ってくる場合が考えられます。

そのため、留学費用を本人がどのように工面をしたのかを説明できる資料を保存しておきます。例えば、奨学金を利用した場合はそれに関係する書面を、その他本人が貯金をしていたのであれば、その通帳などを保存しておきます。

◆自宅の贈与と特別受益

(1) そもそも自宅の贈与が特別受益に当たるのか

規定上、特別受益に該当するのは、「①遺贈」と「②婚姻もしくは養子縁組のための贈与を受けた場合」、そして、「③生計の資本としての贈与を受けた場合」とされています。自宅の贈与の評価が問題となりますが、自宅を譲り受ければ、その自宅は生計の基礎として役立ちますから、その自宅の贈与は通常は「生計の資本としての贈与」に該当し、特別受益に該当することになります。

(2) 持戻免除の意思表示

自宅の贈与が特別受益と認められる場合でも、これについて持戻免除の意思表示があったかどうかについては、別途検討する必要があります。

これについては、前述のとおり、平成30年の相続法改正によって、婚姻期間が20年以上の夫婦の一方である被相続人が、他の一方に対し、その居住の用に供する建物またはその敷地について遺贈または贈与をした時は、その被相続人は、その遺贈または贈与について持戻免除の意思表示をしたものと推定されるという規定が置かれました（民法903条4項）。この規定が適用されるかどうかを検討する必要があります。

(3) 補足：土地や建物の無償使用と特別受益

被相続人から自宅を贈与されたわけではないが、被相続人所有の土地を無償で使用してよいといわれ、その土地上に建物を建てる場合や、被相続人所有の建物を無償で使用してよいといわれ、その建物に住み続けるような場合もあります。

この場合、相続人側では、土地や建物の占有権限を与えられるとともに地代や家賃

の支払を免れるという利益を与えられたことになりますが、他方で被相続人側では、使用借権の負担がある分だけ土地や建物の評価額が減少すると考えられます。

そこで、具体的な金額算定に困難はあるにせよ、このような場合にも特別受益は認められ得ると考えられています。

◆親との同居と特別受益

親と同居をしていた場合、その分生活に必要な食費や居住費用などを親から贈与されていたと見ることもできなくもありませんから、規程上の「③生計の資本としての贈与を受けた場合」に該当するかを検討します。

(1)　親の自宅に住まわせてもらっていることは、特別受益に該当するか

被相続人の自宅に住まわせてもらっている相続人、特に被相続人に扶養されている相続人は、独立して別の所に住んでいる相続人と比べて、親から援助を得ているのですから、不公平とも思われます。

しかし、親が子を扶養することは、直系血族間の扶養義務（民法877条1項）として当然のことですので、通常は特別受益には該当しません。小遣いをもらっていたとしても、社会通念上相当といわれる金額であれば、これも扶養義務の一環として、特別受益には該当しません。

ただし、例えば成人になって働こうと思えば働けるにもかかわらず、職に就かずに親に頼りきった生活を続けていたなどの特殊事情がある場合には、その生活費相当額が特別受益に該当する可能性もあります。

(2)　持戻免除の意思表示

親の自宅に住まわせてもらっていることが特別受益と認められる場合でも、これについて持戻免除の意思表示があったかどうかについては、別途検討する必要があります。

◆生命保険金と特別受益

(1)　そもそも生命保険金は相続財産となるのか

生命保険金は、ほとんどの場合、相続財産ではなく、相続人個人の固有の財産になるとされています（Q20参照）。

したがって、相続人の1人が受け取った生命保険は、当然には遺産分割協議の対象とはなりません。

(2)　生命保険金は特別受益に該当しないのか

生命保険金が相続財産ではないとしても、被相続人の生命保険金を、相続人の誰か

１人が相続した場合、他の相続人からすれば、その生命保険金という相続財産を受領した相続人に比べて不公平な取扱いを受けたと思ってしまいます。そのため、生命保険金を受領することが「特別受益」に該当するか別途検討する必要があります。

　民法903条１項の条文を読む限り、生命保険金という文言はありませんし、被相続人の①遺贈にも②③生前贈与にも当たりませんので、生命保険金を民法903条１項が予定する特別受益そのものとして評価することはできません。

　しかし、生命保険金の取得のための費用である保険料は被相続人が生前支払ったものであること、被相続人の死亡により保険金請求権が発生するものであることに鑑みると、これにより相続人間に不公平が生じる可能性も否定できません。

　そのような視点から、「保険金受取人である相続人とその他の共同相続人との間に生ずる不公平が民法903条の趣旨に照らし到底是認することができないほどに著しいものであると評価すべき特段の事情が存する場合」には、同条の類推適用により、生命保険金が特別受益に準じて持戻しの対象となり得ると考えられています。

　また、この特段の事情の判断要素としては、「保険金の額、この額の遺産の総額に対する比率、保険金受取人である相続人及び他の共同相続人と被相続人との関係、各相続人の生活実態等の諸般の事情を総合考慮して判断すべき」とされています（最決平16・10・29判例時報1884号41頁）。

(3)　特別受益に準じて持戻しの対象とされた場合の、持戻しの対象となる金額

　特別受益に準じて持戻しの対象とされた場合、相続財産に生命保険金の財産価値を加算して具体的相続分を計算することになります。

　その際の加算される金額の算定方法については、①受領保険金総額とする見解、②死亡時の解約返戻金相当額とする見解、③受領保険金のうち、保険料負担者である被相続人において、その死亡時までに払い込んだ保険料の保険料全額に対する割合を保険料に乗じて得た金額とする見解などがあり、いまだ確定的な取扱いはありません。

◆死亡退職金と特別受益

(1)　そもそも死亡退職金は相続財産となるのか

　死亡退職金は、相続財産ではなく相続人の固有財産として評価されるのが通常ですが、死亡退職金規程がない場合等については、死亡退職金が相続財産になるのかについていまだ争いがあります（Q21参照）。

　死亡退職金が相続財産に含まれると考えられる場合には、同死亡退職金は遺産分割協議の対象となりますので、相続人間で不公平が生じる事態は発生しません。他方、死亡退職金が相続財産に含まれない場合には、当然には遺産分割協議の対象とはなり

ません。

(2) 死亡退職金が特別受益に該当する場合があるか

死亡退職金が相続財産に該当しないとしても、死亡退職金を受け取った相続人とそうでない相続人の間で不公平が生じているとも思われます。そのため、この死亡退職金を受領することが「特別受益」に該当するか別途検討する必要があります。

民法903条1項の条文を読む限り、死亡退職金という文言はありませんし、被相続人の生前贈与にも遺贈にも当たらないと考えるのが素直な解釈ですので、死亡保険金を民法903条1項が予定する特別受益と考えることはできないようにも思われます。

しかし、死亡退職金が実質的には未払賃金の後払としての性格も有するとすると、死亡退職金を受け取った者は、その未払賃金の贈与を受けたものであると見ることもできそうです。また、死亡退職金を受け取った上に、法定相続分による遺産を受け取るのでは、共同相続人間の公平が害される場合もあることは否めません。

この点については、前述の生命保険金の場合とは異なり、いまだ最高裁判例はありません。事例毎に裁判所の判断は分かれており、共同相続人間の実質的公平の点から特別受益になると判断したもの（神戸家審昭43・10・9判例タイムズ239号308頁）、死亡退職金を特別受益とすると、かえって共同相続人間の公平を欠くことになり、受け取った者の生活保障を奪うような場合には、特別受益にならないと判断するもの（東京家審昭44・5・10判例タイムズ248号311頁）などがあります。

コラム

◆相続時に不動産を売る場合には

相続時には、納税や遺産分割のために被相続人が所有をしていた不動産を売却しなくてはならないケースがよくあります。不動産は、売却時にかけられる時間的な余裕によって大きく価格が変化します。つまり、余裕を持って1年以上時間をかけて売却する場合と、納税期限が迫っておりどうしても1か月以内に売却しなければならないケースでは、その不動産価格は後者の方が時間をかけられない分だけ安い値段設定になってしまいます。

相続時に保有している不動産の売却が発生しそうなケースでは、事前に不動産業者や不動産鑑定士に不動産の価値を概算で計算しておいてもらうと、遺産分割協議の際にスムーズに話ができるようになります。

48　相続財産が建物だけで分けられない場合はどうするのか

 私の母が亡くなりましたが、遺産といっても母の暮らしていた家だけです。私と兄弟が家を相続することになるのですが、分けようがない建物を、どのように相続すればよいのでしょうか。

 建物を各相続人で共有とする方法、建物そのものを売却して金銭を分ける方法、建物を相続人の1人が相続して他の相続人には建物を相続した相続人から金銭を支払う方法があります。

解　説

◆建物を各相続人で共有する方法
(1)　一番簡便な方法

　建物も相続財産に含まれますから、遺産分割の対象となります。しかし、建物のうちそれぞれの部屋を分筆して各相続人が相続するということは、不可能ではないにせよ現実的ではありません。

　そこで、建物を相続分に応じて各相続人で共有とし、その旨の登記をすることが考えられます。相続人が数人いる場合は、相続財産は共有になるのが原則ですから（民法898条)、この原則には合致します。

(2)　デメリット

　この方法では、後に大きな問題が発生する可能性があります。例えば、その建物を賃貸する、または売却する際に、その建物共有者の了解を得る必要があります。この方法では、それぞれの相続人に家族がいて、その家族がまた相続をし続けた結果、建物の共有者数が多くなってしまい、その了解を得るにも、関係が疎遠になってしまって連絡できなくなってしまう事態が発生する可能性があるのです。

　結局、この方法は遺産分割の解決を後の世代に先送りしているに等しいので、一般的にはあまり望ましいものではありません。

◆建物そのものを売却して、金銭を分けて相続する方法
(1)　公平かつ問題を先送りしない解決方法

　建物自体を分けることが現実的ではなく、また前掲した建物共有のデメリットが発

生する可能性が高い場合、建物を売却し、その金銭を各相続人が持分に応じて相続する方法があります。

　この方法ですと、遺産分割の解決を後の世代に先送りすることがありません。

(2)　デメリット

　この方法でも、共同相続人の１人が反対してしまえば建物の売却はできませんし、その建物が先祖伝来の建物となれば、売却すること自体に強い抵抗を感じる共同相続人も多いと思います。ましてや、共同相続人のうちの誰かが、その建物に居住していたのであれば、その共同相続人が住居を失うことになりかねません。

◆相続人の１人が建物を相続し、他の相続人に金銭を支払う方法

(1)　建物を売却せず、かつ居住する相続人が住居を失わない方法

　建物を共有にするデメリットがあり、かつその建物に居住する共同相続人がいて売却するにも不都合があるという場合、相続人の１人が建物全てを相続し、その相続人が、他の相続人に対し、その相続人の相続分に応じた金銭を支払う方法があります。

　この方法ですと、建物の持分を共有名義とすることもありませんし、建物を売却する必要もありませんから、建物に居住する相続人が住居を失うという心配もありません。裁判所の調停でも、相続人の１人が建物に居住している場合、この方法での解決を図ることが多いです。

(2)　デメリット

　この方法では、建物を相続した相続人が、他の相続人に対して、それぞれの相続分に応じた金銭を支払わなくてはなりません。ですから、被相続人の生命保険金や、あるいは本件建物を担保として金融機関から金銭を借りることができるなど、それだけの金銭の手当をすることができなければ、この方法をとることができません。

　また、建物の評価額が適正に行われればよいのですが、その評価額が適正に行われていないとして、他の共同相続人から争われる可能性があります。建物の評価額を鑑定する場合、不動産鑑定士に依頼することになると思いますが、その場合にはもちろん費用がかかります。

第3章　遺産分割後に行う手続

49　不動産の名義変更の仕方は

相続で受け継いだ土地があります。亡くなった父の名義のままになっていますが、名義を変更しておかないと、いろいろな不都合があると聞きました。どのように手続をしたらよいでしょうか。

不動産の名義を変えるには、管轄の法務局に登記をする必要があります。不動産の名義を被相続人のままにしておくと、不動産の売却や担保に入れることもできませんので、早めに登記申請を済ませましょう。

解説

◆相続登記による不動産の名義変更
(1)　相続登記の態様
　土地や建物の不動産を相続した場合は、その権利を被相続人から相続人の名義に移転する登記手続を行います。相続を登記原因とする所有権移転登記のことを相続登記といいますが、これには、①遺言、遺産分割協議、あるいは家庭裁判所における遺産分割調停や審判によって当該不動産を相続する者が決まった後にその者が行う相続登記と、②当該不動産を相続する者が未定の段階における法定相続分による相続登記（共同相続登記）の２つの態様があります。
　②の共同相続登記は、遺産分割協議はまとまっていないが相続税を支払うために相続不動産を売却する必要がある、あるいは、無効と思われる遺言書に基づいて所有権移転登記がなされることを牽制する必要がある、などといった場面において行われています（このような事情がなければあえて共同相続登記を行う意味はなく、①の当該不動産を相続する者が決まった段階で相続登記を行えば十分です。）。
(2)　相続登記の登記申請手続
　上記①の当該不動産を相続する者が決まった後にその者が行う相続登記の場合には、当該不動産取得者が単独で登記申請を行います（不動産登記法63条２項）。
　上記②の共同相続登記の場合には、共同相続人全員が共同して申請するのが通常で

すが、共同相続人の中の1人が全員のために申請することもできます（民法252条ただし書）。ただし、共同相続人の1人が自分の持分だけを相続登記することは認められません。

　いずれの場合も、登記申請は、不動産所在地の管轄法務局に行います。その際の必要書類としては、登記申請書のほか、被相続人が生まれてから死亡するまでの戸籍謄本、被相続人の住民票の除票（本籍地の記載のあるもの）、相続人全員の戸籍謄本、不動産を取得する相続人の住民票の写し、相続不動産の固定資産税評価証明書や、遺言書がある場合は遺言書、遺産分割協議をした場合は遺産分割協議書、調停または審判に基づいて相続登記を申請する場合には、調停調書または審判書の謄本などが必要になります（法務局の相談窓口や法務局のホームページで必要な書式や記載例が提供されていますので、申請の参考にすることができます。）。

　また、登記申請の際には、当該不動産の固定資産税評価額（課税標準額）に応じて登録免許税が課されます（税率：1,000分の4（登録免許税法9条・別表第一））。

◆相続以外の登記原因による不動産の名義変更

(1) 遺贈登記

　相続登記と似て非なるものとして、遺贈を原因とする遺贈登記があります。

　相続人以外の者に不動産を遺贈する場合のほか、相続人に不動産を承継させることを意図していた場合でも、遺言書に「○○に遺贈する」と記載されていた場合には、遺贈登記による不動産の名義変更が必要となります（Q74・75参照）。

　相続登記と遺贈登記の差異として重要なのは、登記申請者の違いです。相続登記の場合には単独での登記申請が可能であるのに対して、遺贈登記の場合には登記権利者（受遺者）と登記義務者（遺言執行者または遺言執行者が指定されていない場合は法定相続人全員）による共同申請が必要となります（不動産登記法60条）。したがって、遺言執行者がおらず、法定相続人間で相続争いがあるような場合には、遺贈登記による不動産の名義変更は困難を極めることになります。

　その他、登録免許税の税率にも違いがあり、遺贈登記の税率は1,000分の20（ただし、受遺者が相続人である場合には1,000分の4）です（登録免許税法9条・別表第一、平15・4・1民二1022 第1−2）。

(2) 遺産分割登記

　同じく相続登記と似て非なるものとして、遺産分割を原因とする遺産分割登記があります。

　これは、共同相続登記を行った後、遺産分割協議が成立するなどして当該不動産を

取得する者が決まった場合において、その取得者の名義に移転する登記手続のことです。

　この場合の登記申請も、当該不動産の取得者を登記権利者、その他の共有名義人を登記義務者とする共同申請が必要となります（不動産登記法60条）。

◆相続登記の申請期限

　相続登記は、相続発生後何か月以内にしなければならないというような規定はありません。しかし、登記をしないまま時間が経つと、必要な書類が集められなくなることもあり、さらに相続人が亡くなって手続が複雑になる場合もあります。登記簿上の所有者となっていなければ、不動産を売却したり、抵当権を設定したりすることもできません。後々にトラブルが生じないようにするためには、早めに登記手続を行っておくことが肝心です。

50 預金の引出しの仕方は

亡くなった母の口座からお金を払い戻そうとしたら、口座が凍結していて応じてもらえませんでした。どのような手続が必要ですか。

原則、遺産分割協議がまとまるまで預金は払い戻せません。ただし、各銀行の預金の金額の3分の1に法定相続分を乗じた金額については、各相続人が単独で払い戻すことができます。

解説

◆預貯金の凍結と引出しの実情

金融機関は、契約者の死亡の事実を知ると、ただちに口座を凍結し、一切の入出金ができないようにします。たとえ相続人であっても、一定の手続を行わないと被相続人の預貯金の引出しはできません。

従前の判例では、普通預貯金のような可分債権は当然分割され、各共同相続人がその相続分に応じて権利を承継する（最判昭29・4・8判例タイムズ40号20頁）としていました。しかし、最高裁平成28年12月19日判決（判例時報2333号68頁）で、「預貯金は法定相続の割合で機械的に分配されず、話し合いなどで取り分を決められる『遺産分割』の対象となる」との判断がなされました。実務上は、それまで銀行は相続人の全員の同意があれば預金債権の払戻しに応じていましたが、判例の変更により、遺産分割手続を経ずして払戻しに応じられないことになりました。

◆遺産分割協議が整う前に預貯金の引出しが必要な場合

それでも遺産分割協議を行う前に、預貯金の払戻しが必要な時もあるでしょう。このような時、下記の範囲は共同相続人が単独で払戻しすることができます（民法909条の2、民法第909条の2に規定する法務省令で定める額を定める省令）。

相続開始時の預貯金債権の額×3分の1×当該払戻しを求める共同相続人の法定相続分（金融機関ごとの限度額150万円）

なお、この方法で払戻しを受けた場合、その相続人は、遺産の一部の分割によって、

払戻しを受けた分の預貯金債権を取得したものとみなされます。

◆預貯金の取引明細、残高証明
　相続人間で預貯金の遺産分割協議を行う際に、その残高や取引明細がわからなければ協議のしようがない場合もありえます。被相続人が取引していた預貯金口座がどこにあるのか、わからないことも多々あることです。この場合は、相続人自ら金融機関に対して、取引口座の有無について調査依頼をし、被相続人の預貯金口座の残高証明書や取引明細を請求する必要があります。この場合は、相続人の地位である人であれば、相続人全員の同意がなくとも請求できます。

　これらの請求手続を行った場合、結果が出るまでには数週間程度の時間がかかり、書類の発行に一定の費用がかかる場合もあるので、事前に確認しておくことが必要です。

◆預貯金の払戻しの方法
　遺言書によって預貯金の分割が指定されている場合は、これに則り遺言執行者が払戻手続をすることが可能です。遺言執行者が払戻しをする場合は、金融機関での手続書類への押印も遺言執行者のものだけで事足ります。

　しかし、そうでない場合は、払戻しをするためには、相続人全員によって協議を行い、全員が分割割合について合意していることが前提となります。また、金融機関所定の払戻請求書には、相続人全員の署名と実印の押印、印鑑証明書の添付が必要になることが通常です。また、死亡の記載がある被相続人の戸籍謄本や、相続人であることが証明できる戸籍謄本の提出も必要となります。

　各金融機関によって所定の書類等が異なるので、遺産分割協議をする前に書類を徴収しておくと手続の際に支障がありません。

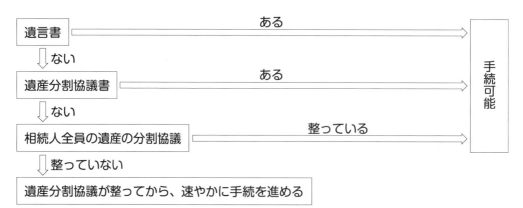

第2編　相続開始後の相続人の対応　　　143

51　株式等の名義変更の仕方は

　相続財産の中に、株式や国債がありました。これらを相続するにはどのような手続をしたらよいでしょうか。

　株式や国債も相続による名義変更の手続が可能です。遺言による相続ではない場合は、遺産分割協議書により、その配分を明示しておきましょう。ただし、非上場の株式の場合は相続であっても株式の譲渡を承認しない定めをしている場合もあるため、確認が必要です。

解説

◆株式の名義変更

(1)　上場株式の名義変更

　上場株式の場合は、取引口座のある証券会社を介して手続を行います。取引口座を相続人名義にする名義変更手続を行うことで、相続することが可能になります。

　名義変更の手続を行うには、遺言書で指定されていない場合は、相続人間で、遺産の分割方法について全員が合意していることが大前提となります。これを証明するため、遺産分割協議書や、協議が整わず遺産分割調停を行った場合は、家庭裁判所の調停調書謄本または審判書謄本の提出を求められます。

　手続には、所定の請求書のほかに、被相続人の戸籍謄本、相続人の戸籍謄本、相続人全員の同意書や印鑑証明書などの添付書類が必要になります。

　請求する会社によって請求書の書式が異なり、用意すべき添付書類も異なります。また、遺言書がない相続の場合は、請求書に相続人全員の署名と実印の押印が必要になることが通常ですので、遺族が一同に会する機会がない場合、順次相続人宛に書類を郵送して押印を求める作業は想像以上に時間と手間がかかることがあります。死亡の届出と合わせて、遺産分割協議が整う前に必要な請求書類を手に入れておくと、支障がありません。

(2)　非上場株式の名義変更

　非上場株式の場合は、取引市場がないため、それぞれの会社によって手続が異なります。該当する株式会社に死亡の連絡と併せて、手続について問い合わせましょう。

その株式会社の定款によっては、相続を原因とする株式の名義変更を承認しない定めをしている場合もあり、その場合には株式そのものを取得するのではなく、会社からの売渡請求に応じて売渡金を取得するのみとなります（会社法174条）。

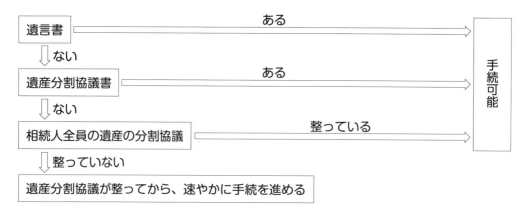

◆個人向け国債の名義変更

いずれの手続も金融機関によって取扱いが異なる場合がありますので、取引のある金融機関には事前に問い合わせた上で手続を進めます。

(1)　個人向け国債の名義変更

もともと、個人向け国債は1万円から1万円単位で譲渡や相続ができます。個人間であればいつでも譲渡できる上、異なる金融機関に口座を開設している個人の方に譲渡することもできます。

国債の保有者が亡くなったときは、相続人の口座へ移管することも、換金することも可能です。

(2)　中途換金禁止期間中の換金手続

中途換金禁止期間中に保有者が亡くなった場合は、特例による中途換金が可能です。手続には、相続人たる地位を証明する書類などが必要となります。

第4章　相続税とは
第1　相続税の申告・納税の仕方

52　相続税の計算の仕方は

相続税はいったいどのように計算するのでしょうか。

相続税は被相続人の相続財産の課税価格が基礎控除額を超える場合にかかります。各相続人が負担する相続税は、①課税価格の合計額の計算、②相続税総額の計算、③各相続人等の納付税額の個別計算の過程を経て計算します。

解　説

◆相続税額の計算

　各相続人等の相続税額の算出は、①課税価格の合計額の計算、②相続税総額の計算、③各相続人等の納付税額の個別計算の過程を経て計算します。

　これは、相続税の課税対象となる課税対象財産の課税価格総額と法定相続分を元に相続税総額を先に決め、その後、各相続人が実際に取得した相続財産額に応じて相続人間で相続税の負担を割り振り、更に、各相続人ごとに諸規定を適用してその相続税額を増減させる仕組みとなっています。

　また、全ての相続について相続税が課税されるものではなく、相続財産の課税価格の合計額が基礎控除額を超える場合にのみ課税されます。

> ①課税価格の合計額の計算
> ⇩
> ②相続税総額の計算
> ⇩
> ③各相続人等の納付税額の個別計算

(1)　課税価格の合計額の計算

　相続や遺贈により財産を取得した者ごとに、次のように課税価格を計算し、これを

合計して課税価格の合計額を算出します。

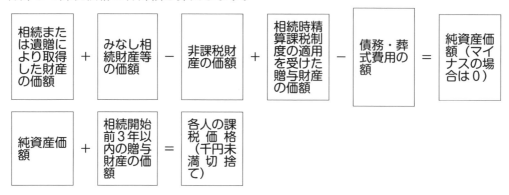

課税価格に加える「相続または遺贈により取得した財産の価額（＝本来の相続財産）」「みなし相続財産等」「相続時精算課税制度の適用を受けた贈与財産」「相続開始前3年以内の贈与財産」、および課税価格に加えない「非課税財産」についてはQ16を参照してください。

また、課税価格から差し引くことのできる「債務・葬式費用」(相続税法13条)のうち、債務とは相続開始の際現存していた被相続人の債務（公租公課を含みます。）、相続人が支払うべき特別寄与料の額のことです（Q28参照）。

葬式費用に含まれるものについては、地域の慣習や宗教ごとに相当とされる範囲が異なり得るために個別の判断を要しますが、香典返戻費用、墓碑および墓地の購入費ならびに墓地の借入料、法会に要する費用、医学上または裁判上の特別の処置に要した費用については、ここにいう葬式費用としては取り扱わないこととされています(相続税法基本通達13－4・13－5)。

(2) 相続税総額の計算

相続税の総額は次のように計算した法定相続人ごとの算出税額を合計して算出します。

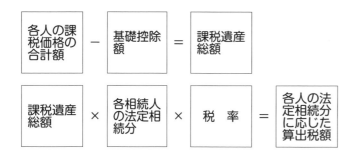

基礎控除額は、「3,000万円＋600万円×法定相続人の数」で計算されます(相続税法15条)。

なお、この場合の法定相続人とは、相続放棄があっても、その放棄がなかったものとした場合の相続人のことをいいます。

また、養子もこの相続人に含まれますが、養子が複数いる場合に計算に加え得る相続人の数は、被相続人に実子がある場合には1人、実子がいない場合には2人までと制限されています（相続税法15条2項）。

相続人の法定相続分については、Q6を参照してください。

【税率表】（相続税法16条）

法定相続分に応ずる取得金額	税　率	控除額
1,000万円以下	10%	—
3,000万円以下	15%	50万円
5,000万円以下	20%	200万円
1億円以下	30%	700万円
2億円以下	40%	1,700万円
3億円以下	45%	2,700万円
6億円以下	50%	4,200万円
6億円超	55%	7,200万円

（例）取得金額5,000万円に対する税額は、5,000万円×20%－200万円＝800万円になります。

(3) 各相続人等の納付税額の個別計算

（相続税法17条～20条の2、相続税法基本通達20の2－4）

「各相続人の税額」は、相続税総額に按分割合（各人課税価格合計額に対する当該相続人が取得した相続財産の課税価格の割合）を乗じて算出します（相続税法17条）。

「相続税額の2割加算」とは、財産を取得した人が被相続人の配偶者、父母、子（代襲相続人となった孫を含みます。）以外の人の場合に、税額控除を差し引く前の相続税額にその20%を加算するものです（相続税法18条）。

「暦年課税分の贈与税額控除」とは、課税価格の合計額の計算において「相続開始前3年以内の贈与財産」が加算された場合に、相続税と贈与税の重複課税を排除するために、当該加算財産に相応する贈与税額を控除するものです（相続税法19条1項、相続税法施行令4条1項）。

配偶者の税額軽減についてはＱ58、未成年者控除・障害者控除についてはそれぞれＱ59・60を参照してください。

「相次相続控除」とは、親が死亡した後、程なくして子も死亡した場合など、前回相続から10年以内に再び相続が生じ、相続財産について短期間のうちに相続税が２回以上課税される場合に、税負担の緩和措置を定めたものです（相続税法20条）。

「外国税額控除」とは、同一財産について国内外で二重課税がなされた場合の調整措置を定めたものです（相続税法20条の２）。

◆相続税計算の具体例

父親が亡くなりました。相続財産（課税対象財産）は２億円ありますが、債務・葬式費用の合計額が2,000万円あります。相続人は母と長男と私（長女）の３人です。財産・債務は法定相続分で相続しました。

この場合に各相続人の納付すべき相続税額は次のとおりになります。

(1) 課税価格の合計額

200,000,000円－20,000,000円＝180,000,000円

(2) 遺産に係る基礎控除額

30,000,000円＋6,000,000円×３人＝48,000,000円

(3) 課税遺産総額

(1)－(2)＝132,000,000円

(4) 相続税の総額

① 132,000,000円×１／２＝66,000,000円

66,000,000円×30％－7,000,000円＝12,800,000円

② 132,000,000円×１／４＝33,000,000円

33,000,000円×20％－2,000,000円＝4,600,000円

③ ①＋②×２人＝22,000,000円

(5) 各人相続人の納付税額

① 母 22,000,000円×１／２－11,000,000円（配偶者の税額軽減額）＝０円

② 長男 22,000,000円×１／４＝5,500,000円

③ 長女 22,000,000円×１／４＝5,500,000円

第2編　相続開始後の相続人の対応　　　　　　　　　　　　　　149

53　相続税は誰が申告するのか

　相続税の申告をする必要がある人は、どういう人でしょうか。

　相続税の申告は、相続により取得した財産の課税価格の合計額が基礎控除額を超える場合において納付すべき税額がある場合に、当該相続により財産を取得した人および相続時精算課税適用者が申告する必要があります。

解　説

◆相続税を支払う者

　相続税は「相続」、「遺贈」、「死因贈与」により被相続人の遺産を取得した者が支払うことになります（なお、相続時精算課税制度の適用を受けた者も含まれます。）（納税義務者（相続税法1条の3））。

　ただし、全ての相続について相続税が課税されるものではなく、相続財産の課税価格の合計額が基礎控除額を超えない場合には相続税は発生しませんし、各相続人ごとに適用される各種税額控除制度の適用の結果、相続税が発生しない場合もあります（Q52参照）。

　なお、法人には相続という概念がありませんので、法人に相続税が課税されることは原則としてありません（例外的に法人を個人とみなして課税を行う場合があります。Q81参照）。「遺贈」、「死因贈与」により遺産を法人が引き継いだ場合には、その引き継いだ法人が法人税を納付することになります。

　また、特別寄与者が支払を受けるべき特別寄与料の額が確定した場合においては、当該相当額を被相続人から遺贈により特別寄与者が取得したものとみなされて相続税が課税されます（相続税法4条2項）。

◆相続税の申告が必要な者

　「相続」、「遺贈」、「死因贈与」により被相続人の財産を取得した者で、納付すべき相続税額がある者については、相続税の申告が必要になります（なお、相続時精算課税制度の適用を受けた者も含まれます。）（申告義務者（相続税法27条））。

ただし、「小規模宅地等の特例」の適用を受けることによって課税価格の合計額が相続財産に係る基礎控除額以下になる場合や「配偶者の税額軽減」の特例の適用を受けた上で納付税額が0円になる場合は、相続税はかかりませんが、相続税申告書の提出は必要になりますので注意が必要です。

その他の注意点として、相続財産の課税価格の合計額は基礎控除額を超えるものの、各相続人ごとに適用される各種税額控除制度の適用の結果、当該相続人について相続税が発生しないという場合には、相続人ごとに申告義務の有無が異なることになります。

もっとも、その場合でも、納付税額ゼロの相続税申告書を提出することは可能であり、後日新たな相続財産が発見されて納付義務が生じるような可能性も考えると、そのような申告書を他の相続人と共に共同提出しておいた方が安全です。

課税価格の合計額 ≦ 基礎控除額（※） ⇒ 相続税はかかりません。

※ 遺産に係る基礎控除額（相続税法15条）

3,000万円＋600万円×法定相続人の数

法定相続人の数	遺産に係る基礎控除額
1	3,600万円
2	4,200万円
3	4,800万円
4	5,400万円

第2編 相続開始後の相続人の対応　　151

54 相続税はいつまでに申告するのか

親の遺産を相続しました。遺産の相続税の課税価格が基礎控除額を超えているので、相続税の申告の必要があると思われます。いつまでに申告すればよいのでしょうか。

相続税の申告書を提出しなければならない者は、その相続があったことを知った日の翌日から10か月以内に、被相続人の住所地を所轄する税務署長に相続税の申告書を提出しなければなりません。

解　説

◆相続税の期限内申告

(1)　相続税申告書の提出期限

　相続または遺贈により財産を取得した者で申告義務のある者は、その相続があったことを知った日の翌日から10か月以内に相続税の申告書を提出しなければなりません（相続税法27条1項）。申告期限の日が日曜日・祝日などの休日、土曜日に該当する時は、これらの日の翌日が相続税の申告期限となります。

　なお、この相続税の申告書を提出すべき者が当該申告書の提出期限前に当該申告書を提出しないで死亡した場合には、その者の相続人は、その相続の開始があったことを知った日の翌日から10か月以内に、その死亡した者に係る相続税の申告書をその死亡した者の納税地の所轄税務署長に提出しなければなりません。

【提出期限の例】

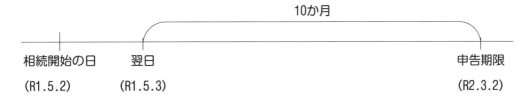

　被相続人が令和元年5月2日に亡くなった場合の相続税申告書の提出期限は、10か月後の応当日である、令和2年3月2日になります。

(2)　相続税申告書の提出先および提出方法

　ア　提出先

　相続税申告書は、被相続人の亡くなった時における住所地を所轄する税務署長に提

出します。相続人の住所地を所轄する税務署長ではありませんので注意が必要です（相続税法附則3項）。

　イ　提出方法

相続税申告書は提出期限までに直接税務署の窓口に提出するか、税務署の時間外収受箱に投函または郵送で提出することも可能です。

なお申告書を郵送する場合は、「郵便物」「信書便物」として送付する必要があり、その場合の提出日は、通信日付印により表示された日になります。それ以外の方法で提出された場合には、税務署に申告書が到達した日が提出日となります。

相続税の申告書は同一の被相続人から相続等により財産を取得した者が共同で申告書を作成して提出することができますが、何らかの理由により共同で作成して提出することができない場合には、別々に申告書を提出することもできます。

◆遺産未分割の場合の相続税の申告期限

(1)　申告書の提出期限

遺産未分割の場合も相続があったことを知った日の翌日から10か月以内に相続税の申告書を納税地の所轄税務署長に提出しなければなりません。分割されていなくても申告期限が延長されることはありません。

(2)　申告書の内容

遺産未分割の場合は、各相続人などが民法の規定による相続分または包括遺贈の割合に従って財産を取得したものとして相続税の計算をし、その申告をすることになります。

なお、遺産未分割の申告では、相続税の特例である配偶者の税額軽減の特例（Q58参照（相続税法19条の2））や小規模宅地等についての相続税の課税価格の計算の特例（Q61・103参照（租税特別措置法69条の4第1項））などの規定は適用できません。

ただし、その申告の際に、今後3年以内に分割する見込みである旨を記載した分割見込書を併せて提出すれば、その後3年以内に遺産分割がなされた場合にこれらの規定を適用することができます。この3年の延長期間については再度の延長も可能ですが、遺産分割調停が係属中である等、分割ができない「やむを得ない事情」が必要とされています（相続税法19条の2第2項ただし書、租税特別措置法69条の4第4項）。

(3)　未分割遺産が分割された場合

相続税について当初は遺産未分割で申告書を提出し、その後共同相続人または包括受遺者によって遺産分割が行われた場合、これにより当初申告の税額が過大となった場合には、遺産分割日の翌日から4か月以内に限り、納税地の所轄税務署長に対し、

その課税価格および相続税額につき更正の請求（相続税法32条）をすることができます。

　上記のとおり、遺産分割成立により配偶者の税額軽減の特例や小規模宅地等の特例が適用可能になりますので、当初申告の税額が過大となる例は多くあります。

◆相続税の期限後申告、修正申告、更正の請求の特則

　未分割遺産が申告期限経過後に分割された場合のほかにも、認知により相続人が増えた、遺言書が発見された、遺贈の放棄があった、あるいは遺留分侵害額が確定したなどの事由により、当初申告税額に過不足が生じる場合や、新たな申告義務が生じる場合が存在します。

　この場合には、申告書の提出期限後でも、期限後申告（新たな申告義務が生じた場合（相続税法30条1項））、修正申告（当初申告額が不足した場合（相続税法31条1項））、更正の請求（当初申告額が過大となった場合（相続税法32条））を行うことができます。

55 相続税はいつまでに納めればよいのか

父が亡くなり、遺産がかなりありましたので相続税の申告が必要であることがわかりました。そこで税理士に相続税の申告書作成を依頼しましたが、相続税はいつまでにどのようにして支払うのでしょうか。

相続税の申告書を提出する場合は、その相続税の申告書の提出期限までに納付しなければなりません。相続税の申告は、その相続があったことを知った日の翌日から10か月以内となっていますので、相続税の納付期限も同様に10か月以内に金融機関や税務署で納付することになります。

解説

◆相続税の納付期限

(1) 相続税の納付期限

相続または遺贈により財産を取得した者で納税義務のある者は、その相続があったことを知った日の翌日から10か月以内、すなわち、申告書の提出期限までに相続税の納税を金融機関や郵便局の窓口、または税務署で行うことになります（相続税法27条・33条）。

平成20年1月21日から、相続税等の国税をコンビニエンスストアで納付することができるようになっています。この場合は事前に税務署でバーコード付納付書を発行してもらう必要があり、納付金額が30万円以下に限定されています。

(2) 未分割申告での納付期限

遺産未分割で相続税を期限内申告した場合の納付期限も、その期限内申告書の提出期限（相続があったことを知った日の翌日から10か月以内）になります。

分割されていなくても納付期限が延長されることはありません。

◆期限後申告・修正申告の場合の納付期限

申告期限経過後において、認知により相続人が増えた、遺言書が発見された、遺贈の放棄があった、あるいは新たな財産が発見されたなどの事由により、納税義務者で

ある相続人等が修正申告書または期限後申告書を提出することとなる場合には、その申告書を提出する日が相続税の納付期限になります。

◆連帯納付義務

　同一の被相続人から相続または遺贈により財産を取得した全ての者は、その相続または遺贈により取得した財産に係る相続税について、当該相続または遺贈により受けた利益の価額に相当する金額を限度として、互いに連帯納付の義務があります（相続税法34条1項本文）。

　例えば、相続人が配偶者と長男、長女の3人で、配偶者には相続税が発生せず、長男と長女が各100万円の相続税が生じ、長女は100万円の相続税を納付しましたが、長男が100万円の相続税を払うことができなくなってしまった場合には、長男が納める100万円の相続税を配偶者と長女が相続した財産の範囲内で連帯して納付する義務が生じます。

　ただし、相続税について、申告期限等から5年を経過した場合（申告期限等から5年経過時点で連帯納付義務の履行を求めているものを除きます。）や納税義務者が延納の許可または納税猶予の適用を受けた場合には、連帯納付義務が解除されます（相続税法34条1項ただし書、相続税法施行令10条の2）。

56 相続税は分割払もできるのか

親の遺産を相続しましたが金融資産が少なく、申告期限までに準備できる金銭がありません。相続税は分割払もできるのでしょうか。

税金は一般的に金銭で一時に納付することが原則ですが、一定の条件を満たせば延納（分割払）によることもできます。

解説

◆延納制度

税金は、金銭で一時に納付することが原則ですが、一定の条件を満たせば延納によることができます（相続税法38条以下）。

この延納の許可を受けるには、①相続税が10万円を超えていること、②金銭で納付することが困難である事由があること、③延納税額が100万円超で延納期間が3年超の場合に担保を提供できること、④一定の期日までに延納申請書に担保提供関係書類を添付して提出すること、などの要件が必要になります。

提供できる延納の担保の種類としては、①国債および地方債、②社債、その他の有価証券で税務署長が確実と認めるもの、③土地、④建物、立木、登記された船舶などで保険に附したもの、⑤鉄道財団、工場財団などの財団、⑥税務署長が確実と認める保証人の保証等があります。これらは相続または遺贈で取得した財産に限らず、相続人固有の財産等も担保として提供することができます。

◆延納期間と延納利子税

延納が認められる場合にも、無制限の延納が認められるわけではなく、また、その間の利子税の負担は免れません。

延納期間や利子税の割合は、その者の相続税額計算の基礎となった財産の価額の合計額のうちに占める不動産等の価額の割合によっておおむね次表のように決まります。なお、各年の延納特例基準割合が7.3％に満たない場合は次表「特例割合」が適用されます。

第2編　相続開始後の相続人の対応　　157

区　　　分		延納期間 （最高）	利子税 （年割合）	特例割合
不動産等の割合が75％以上の場合	①不動産等に対応する税額	20年	3.6%	0.7%
	②動産等に対応する税額	10年	5.4%	1.1%
不動産等の割合が50％以上75％未満の場合	③不動産等に対応する税額	15年	3.6%	0.7%
	④動産等に対応する税額	10年	5.4%	1.1%
不動産等の割合が50％未満の場合	⑤立木に対応する税額	5年	4.8%	1.0%
	⑥立木以外の財産に対応する税額		6.0%	1.3%

※　上記の表の特例割合は、平成31年1月現在の延納特例基準割合（1.6%）で計算しています。

① 特例割合の計算式

特例割合（0.1%未満の端数は切り捨て）

$$＝相続税の利子税の割合 \times \frac{延納特例基準割合}{7.3\%}$$

② 特例割合の計算例

利子税の割合＝3.6%

延納特例基準割合＝1.6%＜7.3%

$$3.6\% \times \frac{1.6\%}{7.3\%} ＝ 0.78904\cdots　⇒　0.7\%$$

なお、延納特例基準割合とは、「各分納期間の開始の日の属する年の前々年の10月から前年の9月までの各月における銀行の新規の短期貸出約定平均金利の合計を12で除して得た割合として各年の前年の12月15日までに財務大臣が告示する割合に、年1%の割合を加算した割合」をいいます。

◆延納件数および金額

近年、相続税の延納を申請して許可や却下を受けた件数やその金額は次のとおりになります。地価や土地取引の変動により年々延納の件数や金額が減少しています。

【相続税の延納処理状況等】

（単位：件、億円）

区分	年度	申請	処　理				処理未済
			許可	取下げ等	却下	小計	
	20	3,030	2,511	443	75	3,029	760

件数	21	2,737	2,221	410	97	2,728	769
	22	2,195	1,941	397	83	2,421	543
	23	1,811	1,369	347	28	1,744	610
	24	1,450	1,282	343	30	1,655	405
	25	1,304	1,011	325	37	1,373	336
	26	1,144	887	253	29	1,169	311
	27	1,376	959	303	28	1,290	397
	28	1,423	1,060	306	26	1,392	428
	29	1,344	1,008	322	43	1,373	399
金額	20	1,053	900	130	21	1,051	315
	21	973	762	175	19	956	332
	22	724	665	145	22	832	224
	23	603	466	112	11	590	237
	24	442	440	98	21	559	119
	25	442	333	82	12	427	133
	26	470	345	133	9	488	115
	27	439	308	100	7	415	139
	28	524	360	119	15	494	169
	29	483	309	115	22	446	206

（出所：国税庁ＨＰ）

57　相続税は現金以外でも支払えるのか

　親の遺産を相続しましたが、不動産ばかりで相続税を支払う金融資産がほとんどありません。相続税は現金以外でも支払えるのでしょうか。

　税金は、金銭で納付することが原則ですが、延納によっても金銭で納付することができない場合は、物納によることもできます。

解　説

◆物納制度

　税金は、金銭で納付することが原則ですが、相続税については、延納によっても金銭で納付することが困難である場合には、一定の相続財産による物納が認められています（相続税法41条以下）（ただし、平成18年の税制改正により手続が厳格化して物納申請が減少しました。）。

　物納の要件として、次のような要件があります。

① 延納でも金銭で納付することが困難であり、その困難である金額を限度としていること
② 物納申請財産は、日本にある相続財産で次の順位によります。
　第１順位　国債、地方債、不動産、船舶、上場株式等
　第２順位　非上場株式等
　第３順位　動産
③ 物納に充てることができる財産は、管理処分不適格財産に該当せず、物納劣後財産に該当する場合には、他に物納に充てるべき適当な財産がないこと
④ 相続税の納期限または納付すべき日（物納申請期限）までに、物納申請書に物納手続関係書類を添付して税務署長に提出すること

　なお、相続税の納付期限または納付すべき日までに物納手続関係書類を提出することができない場合は、物納手続関係書類提出期限延長届出書を提出することにより、１回につき３か月を限度として、最長で１年まで提出期限を延長することができます（相続税法42条4項～6項）。

　物納申請した財産全てが申請に通るわけではなく、物納に不適格な財産（管理処分

不適格財産）として、担保権が設定されている不動産や境界が明らかでない土地などがあります。また他に物納に充てる財産がない場合にのみ物納に充てることができる財産（物納劣後財産）として、違法建築の建物およびその敷地などがあります。

◆物納の許可

　税務署長は、その物納申請に係る要件の調査結果に基づいて、物納申請期限から3か月以内に許可または却下を行いますが、状況によっては、許可または却下までの期間を最長で9か月まで延長することがあります（相続税法42条2項・16項・17項）。

　国が物納財産を収納するときの価額は、原則として相続税の課税価格計算の基礎となったその財産の価額になります（相続税法43条）。

　延納の許可を受けた相続税について、その後に延納条件を履行することが困難となった場合には、申告期限から10年以内に限り、分納期限が未到来の税額部分について、延納から物納への変更を行うことができます（相続税法48条の2）。

　なお、物納申請をした場合には、物納財産を納付するまでの期間に応じて利子税の納付が必要となります。物納申請が却下された場合にも利子税はかかります（相続税法53条）。

【相続税の物納処理状況等】

（単位：件、億円）

区分	年度	申請	処理				処理未済
			許可	取下げ等	却下	小計	
件数	20	698	704	149	27	880	677
	21	727	711	149	54	914	490
	22	448	503	103	46	652	286
	23	364	317	98	27	442	208
	24	209	205	55	45	305	112
	25	167	132	38	29	199	80
	26	120	88	25	18	131	69
	27	130	69	30	12	111	88
	28	140	114	25	36	175	53
	29	68	47	27	13	87	34
	20	564	693	109	23	825	650
	21	654	773	108	32	912	392
	22	302	371	60	38	469	225

金額	23	310	232	76	13	322	212
	24	87	183	47	11	241	58
	25	79	54	18	2	74	62
	26	286	265	20	16	301	47
	27	69	26	11	9	46	70
	28	325	64	33	37	135	260
	29	26	27	223	13	263	23

（出所：国税庁ＨＰ）

第2 遺産分割の方法と相続税額の変動

58 配偶者が相続すると相続税の負担が軽くなるのか

配偶者が相続した財産については相続税が安くなるという話を聞きましたが、本当でしょうか。

遺産分割や遺贈により被相続人の配偶者が取得した財産から債務・葬式費用等を控除した正味遺産額が、1億6,000万円または配偶者の法定相続分相当額のいずれか多い金額までは相続税がかかりません。

解説

◆配偶者の税額軽減

　配偶者の税額軽減とは、遺産分割または遺贈により被相続人の配偶者が取得した正味遺産額が、1億6,000万円または配偶者の法定相続分相当額のいずれか多い金額まで相続税がかからない制度です（相続税法19条の2）。

　ここでいう配偶者とは婚姻の届出をしている者に限られ、内縁関係にある者について適用はありません。

　また、実際に取得した財産を基に計算されるので、相続税の申告期限までに配偶者に分割されていない財産は税額軽減の対象になりません。ただし、「申告期限後3年以内の分割見込書」を相続税の申告書に添付した場合に、その分割されなかった財産が申告期限から3年以内に分割されたときは、税額軽減の対象になります。

　この税額軽減の適用を受けるためには、相続税の申告書に遺言書や遺産分割協議書の写しの添付が必要になります。なお遺産分割協議書の写しには印鑑証明書の添付も必要になります（相続税法基本通達19の2－17）。

◆税額軽減額の計算

　次の算式で計算した配偶者の税額軽減額を、配偶者の相続税額から差し引くことができます（相続税法基本通達19の2－7）。

第2編　相続開始後の相続人の対応

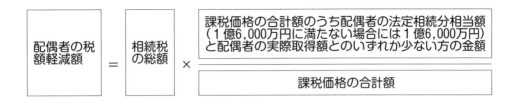

◆**第二次相続まで考慮した配偶者の相続割合**

　被相続人に配偶者がいる場合の相続（第一次相続）では、配偶者の税額軽減を最大限に受けるように遺産分割することが節税につながります。しかし、その相続により取得する財産の種類や金額を慎重に検討しないと、その後配偶者自身に起きる相続（第二次相続）において、その相続人に多額の相続税がかかるおそれがあります。そこで、第一次相続の遺産分割については、第二次相続までの通算の相続税で判断することが重要になります。

【分割例】

　相続人は配偶者と子ども1人で、被相続人の遺産が4億円、配偶者の固有財産が5,000万円の場合の相続税額シミュレーションは次のとおりです。

（単位：千円）

第一次相続割合	第一次相続の税額		第二次相続の税額		合計税額	
配偶者：子	配偶者①	子②	1年未満相続発生③	5年超6年以内相続発生④	1年未満相続発生①+②+③	5年超6年以内相続発生①+②+④
10：0	54,600	0	83,100	110,400	137,700	165,000
9：1	43,680	10,920	79,480	101,320	134,080	155,920
8：2	32,760	21,840	75,860	92,240	130,460	146,840
7：3	21,840	32,760	73,632	84,552	128,232	139,152
6：4	10,920	43,680	71,466	76,926	126,066	131,526
5：5	0	54,600	69,300	69,300	123,900	123,900
4：6	0	65,520	52,600	52,600	118,120	118,120
3：7	0	76,440	36,600	36,600	113,040	113,040
2：8	0	87,360	21,200	21,200	108,560	108,560
1：9	0	98,280	9,200	9,200	107,480	107,480
0：10	0	109,200	1,600	1,600	110,800	110,800

※　小規模宅地等の特例は考慮していません。配偶者の税額軽減、相次相続控除のみ考慮しています。

　このシミュレーションによれば、配偶者が第一次相続で10％の財産を相続すると第一次相続および第二次相続を通算して相続税額が最も少なくなるであろうことがわかります。

　なお、今後の税制改正等による税額の変動も予想されますので、分割の際は慎重に検討する必要があります。

59　未成年者が相続すると相続税の負担が軽くなるのか

　夫が亡くなり、その遺産を妻である私と16歳の子どもで相続することになりました。子どもは学生なのですが、成人の相続人と同じように相続税がかかるのでしょうか。

　相続人が未成年者の場合には、その未成年である相続人が負担する相続税から一定の金額を差し引いた相続税をその未成年者が負担することになります。その未成年者の年齢により差し引く金額は異なってきます。

解　説

◆未成年者の税額控除

　相続人が未成年者である場合には、未成年者である相続人が負担する相続税の額から一定の金額を差し引きます（相続税法19条の3）。

　未成年者の税額控除が受けられる者は、相続または遺贈で財産を取得したときに、20歳（令和4年4月1日以降の相続等により取得した場合は18歳）未満の法定相続人であり、その時に住所が日本国内にある者です。またその財産を取得したときに住所が日本国内になくても、日本国籍を有しており、その者または被相続人が相続開始前10年以内に日本国内に住所を有したことがあれば税額控除が受けられます（相続税法1条の3）。

　なお、婚姻した未成年者や胎児についても、未成年者の税額控除を受けられます（相続税法基本通達19の3－2・19の3－3）。

◆税額控除額

(1)　控除額

　未成年者控除額は、その未成年者が20歳（令和4年4月1日以降の相続等により取得した場合は18歳）に達するまでの年数1年につき10万円で計算し、年数が1年未満または1年未満の端数があるときは、これを1年として計算することとしています（相続税法19条の3第1項）。

　例えば、相続人が16歳5か月で未成年者の税額控除の要件を満たす場合の控除額は

次のとおりになります。

　　20歳－16歳5か月＝3年7か月→4年

　　4年×10万円＝40万円（未成年者控除額）

(2)　税額控除の方法

　ア　未成年者の税額控除は、まず該当する未成年者の相続税額（相続税額の2割加算、贈与税額控除および配偶者の税額軽減後の相続税）から控除します。

　イ　未成年者の税額控除額が、その未成年者の相続税額を超える場合には、その超える部分の金額は、その未成年者の扶養義務者で同じ被相続人から相続または遺贈により取得した者の相続税額から控除することができ、その控除後の税額が扶養義務者の納付すべき相続税額となります。

　ウ　未成年者の税額控除を受けることができる未成年者が、過去に未成年者の税額控除を受けたことがある場合には、その未成年者またはその扶養義務者が税額控除を受けることができる金額は、上記(1)で計算した控除額のうち、既に控除を受けた金額を控除した残額になります。

〔計算例〕

①　当初　平成25年の8歳4か月の時に相続発生

　20歳－8歳4か月＝11年8か月→12年

　12年×6万円＝72万円（うち実際に控除した未成年者控除額は50万円）

②　今回　令和2年の15歳7か月の時に相続発生

　20歳－15歳7か月＝4年5か月→5年

　　5年×10万円＝50万円

　72万円－50万円＝22万円＜50万円

　→22万円（今回の未成年者控除額）

60　障害者が相続すると相続税の負担が軽くなるのか

　夫が亡くなり、その遺産を妻である私と子どもで相続することになりました。しかし、子どもは生まれながらにして障害を持っており、一般の人と同じような生活はできません。このように障害を持つ人とそうでない人は、同じように相続税がかかるのでしょうか。

　相続人が障害者の場合には、その障害者である相続人が負担する相続税から一定の金額を差し引いた相続税をその障害者は負担することになります。その障害者の年齢により差し引く金額は異なってきます。

解説

◆障害者の税額控除

　相続人が85歳未満の障害者である場合には、障害者である相続人が負担する相続税の額から一定の金額を差し引きます（相続税法19条の4）。

　障害者の税額控除が受けられる者は、相続または遺贈で財産を取得した時に、85歳未満の障害者で法定相続人であり、その時に住所が日本国内にある者です。

　障害者のうち一般障害者とは、①精神障害者保健福祉手帳に障害等級が2級または3級である者として記載されている者、②身体障害者手帳に身体の障害の程度が3級から6級までである者として記載されている者等です（相続税法基本通達19の4－1）。特別障害者とは、①精神障害者保健福祉手帳に障害等級が1級である者として記載されている者、②身体障害者手帳に身体の障害の程度が1級または2級である者として記載されている者等です（相続税法基本通達19の4－2）。

　相続開始の時において、精神障害者保健福祉手帳および身体障害者手帳の交付を受けていない者または戦傷病者手帳の交付を受けていない者であっても、相続税の申告書を提出するときにおいて、これらの手帳の交付を受けていることまたはこれらの手帳の交付を申請中であれば一般障害者または特別障害者に該当します（相続税法基本通達19の4－3）。

◆税額控除額

(1) 控除額

　障害者控除額は、その障害者が満85歳に達するまでの年数1年につき10万円（特別

障害者については20万円）で計算し、年数が１年未満または１年未満の端数があるときは、これを１年として計算することとしています（相続税法19条の４）。

例えば、相続人が53歳２か月で障害者の税額控除の要件を満たす場合の控除額は次のとおりになります（一般障害者の場合）。

85歳－53歳２か月＝31年10か月→32年

32年×10万円＝320万円（障害者控除額）

(2)　税額控除の方法

ア　障害者の税額控除は、まず該当する障害者の相続税額（相続税額の２割加算、贈与税額控除、配偶者の税額軽減および未成年者の税額控除後の相続税額）から控除します。

イ　障害者の税額控除額が、その障害者の相続税額を超える場合には、その超える部分の金額は、その障害者の扶養義務者で同じ被相続人から相続または遺贈により取得した者の相続税額から控除することができ、その控除後の税額が扶養義務者の納付すべき相続税額となります。

ウ　障害者の税額控除を受けることができる障害者が、過去に障害者の税額控除を受けたことがある場合には、その障害者またはその扶養義務者が税額控除を受けることができる金額は、上記(1)で計算した控除額のうち、既に控除を受けた金額を控除した残額になります。

〔計算例〕

①　当初　平成11年の32歳４か月の時に相続発生（一般障害者）

70歳－32歳４か月＝37年８か月→38年

38年×６万円＝228万円（うち実際に控除した障害者控除額は140万円）

②　今回　令和２年の53歳２か月の時に相続発生（一般障害者）

85歳－53歳２か月＝31年10か月→32年

32年×10万円＝320万円

228万円－140万円＝88万円＜320万円

→88万円（今回の障害者控除額）

61 土地を誰が相続するかによって相続税の負担が軽くなることがあるのか

父が死亡し、私と弟が相続人となりました。私も弟も親元を離れて暮らしており、私は自宅マンションを購入しましたが、弟は学生時代から賃貸マンションに住んでいます。父が1人で生活していた自宅が相続財産となりますが、私と弟のどちらが相続するかで相続税額に違いはでるのでしょうか。

要件に該当すれば弟が相続する場合には特定居住用宅地等として小規模宅地等の特例が適用され、相続税額が大きく軽減される可能性があります。

解 説

◆小規模宅地等の特例
(1) 対　象

　被相続人等の事業や生活の用に供されていた宅地が相続人や受遺者の生活基盤でもある場合には、これを同人らが承継すべき社会的要請が高いところです。このような宅地について、多額の相続税負担が承継の妨げとならないよう、一定要件の下で土地の評価減が認められています（小規模宅地等の特例（租税特別措置法69条の4、租税特別措置法施行令40条の2））。

　具体的には、①特定事業用宅地等、②特定居住用宅地等、③特定同族会社事業用宅地等、④貸付事業用宅地等について、それぞれ適用要件と評価減の限度面積・減額割合が定められています。

(2) 適用要件

　各特例の適用要件は、被相続人等の土地の利用態様に加え、誰が当該土地を相続し、相続後にどのように利用しているかという点が影響してきます。

　各特例の適用による相続税負担軽減効果は大きいため、相続人としては、同特例が適用可能な態様で遺産分割等を行うことができないかを検討した方がよいことになります。

　なお、相続発生前の段階では、各特例が適用可能な態様で相続人・被相続人の土地

第2編　相続開始後の相続人の対応　　　169

利用状況を整えておくことが重要な相続対策となります（Q103参照）。

◆減額される割合等

　被相続人に係る相続税について、小規模宅地等については、相続税の課税価格に算入すべき価格の計算上、次の表に掲げる区分ごとに一定の割合を減額します。

相続開始の直前における宅地等の利用区分				要　件	限度面積	減額される割合
被相続人等の事業の用に供されていた宅地等	貸付事業以外の事業用の宅地等		①	特定事業用宅地等に該当する宅地等	400㎡	80％
	貸付事業用の宅地等	一定の法人に貸し付けられ、その法人の事業（貸付事業を除きます。）用の宅地等	②	特定同族会社事業用宅地等に該当する宅地等	400㎡	80％
			③	貸付事業用宅地等に該当する宅地等	200㎡	50％
		一定の法人に貸し付けられ、その法人の貸付事業用の宅地等	④	貸付事業用宅地等に該当する宅地等	200㎡	50％
		被相続人等の貸付事業用の宅地等	⑤	貸付事業用宅地等に該当する宅地等	200㎡	50％
被相続人等の居住の用に供されていた宅地等			⑥	特定居住用宅地等に該当する宅地等	330㎡	80％

（※1）　「貸付事業」とは、「不動産貸付業」、「駐車場業」、「自転車駐車場業」および事業と称するに至らない不動産の貸付けその他これに類する行為で相当の対価を得て継続的に行う「準事業」をいいます（以下同じ）。

（※2）　「一定の法人」とは、相続開始の直前において被相続人および被相続人の親族等が法人の発行済株式の総数または出資の総額の50％超を有している場合におけるその法人（相続税の申告期限において清算中の法人を除きます。）をいいます。

（※3）　「特定事業用宅地等」、「特定同族会社事業用宅地等」、「特定居住用宅地等」および「貸付事業用宅地等」のうちいずれか2以上についてこの特例の適用を受けようとす

る場合には、次の算式を満たす面積がそれぞれの宅地等の限度面積となります（租税特別措置法69条の４第２項）。

特例の適用を選択する宅地等	限度面積
「貸付事業用宅地等」を含まない場合	A≦400㎡・B≦330㎡（合計730㎡）
「貸付事業用宅地等」を含む場合	$A \times \dfrac{200}{400} + B \times \dfrac{200}{330} + C \leqq 200㎡$

A：「特定事業用宅地」および「特定同族会社事業用宅地等」の面積の合計
B：「特定居住用宅地等」の面積の合計
C：「貸付事業用宅地等」の面積の合計

（出所：国税庁ＨＰ）

◆特定事業用宅地等

　相続開始の直前において、被相続人等の事業（貸付事業を除きます。）の用に供されていた宅地等で、次の表の区分に応じ、それぞれに掲げる要件の全てに該当する被相続人の親族が相続または遺贈により取得したものをいいます。次の表の区分に応じ、それぞれに掲げる要件の全てに該当する部分で、それぞれの要件に該当する被相続人の親族が相続または遺贈により取得した持分の割合に応ずる部分に限られます。

【特定事業用宅地等の要件】

区　分		特例の適用要件
被相続人の事業の用に供されていた宅地等	事業承継要件	その宅地等の上で営まれていた被相続人の事業を相続税の申告期限までに引き継ぎ、かつ、その申告期限までその事業を営んでいること
	保有継続要件	その宅地等を相続税の申告期限まで有していること
被相続人と生計を一にしていた被相続人の親族の事業の用に供されていた宅地等	事業継続要件	相続開始の直前から相続税の申告期限まで、その宅地等の上で事業を営んでいること
	保有継続要件	その宅地等を相続税の申告期限まで有していること

※　平成31年４月１日以後に相続等により取得する財産に係る相続税について特定事業用宅地等の範囲から、相続開始前３年以内に事業の用に供された宅地等（当該宅地等の上で

第2編　相続開始後の相続人の対応　　　171

事業の用に供されている減価償却資産の価額が、当該宅地等の相続時の価額の15％以上である場合は除かれます。）が除外されます。

（出所：国税庁ＨＰ）

◆特定居住用宅地等

相続開始の直前において、被相続人等の居住の用に供されていた宅地等で、次の区分に応じ、それぞれに掲げる要件に該当する部分で、それぞれの要件に該当する被相続人の親族が相続または遺贈により取得したものをいい、（減額の対象は）取得した持分の割合に応ずる部分に限られます。なお、その宅地等が2以上ある場合において、主としてその居住の用に供していた一の宅地等に限ります。

また、次に掲げる場合にも特定居住用宅地等に該当します。

(1)　二世帯住宅に居住していた場合

被相続人と親族が居住するいわゆる二世帯住宅の敷地の用に供されている宅地等について、二世帯住宅が構造上区分された住居であっても、区分所有建物登記がされている建物を除き、一定の要件を満たすものである場合には、その敷地全体について特例の適用ができます。

(2)　老人ホームなどに入居または入所していた場合

次のような理由により、相続開始の直前において被相続人の居住の用に供されていなかった宅地等について、一定の要件を満たす場合には、特例の適用ができます。ただし、被相続人の居住の用に供さなくなった後に事業の用または被相続人等以外の者の居住の用とした場合を除きます。

①　要介護認定または要支援認定を受けていた被相続人が次の住居または施設に入居または入所していたこと

　ⓐ　認知症対応型老人共同生活援助事業が行われる住居、養護老人ホーム、特別養護老人ホーム、軽費老人ホームまたは有料老人ホーム

　ⓑ　介護老人保健施設または介護医療院

　ⓒ　サービス付き高齢者向け住宅

②　障害支援区分の認定を受けていた被相続人が障害者支援施設などに入所または入居していたこと

(3)　自宅を有しない親族が取得した場合

次の要件の全てを満たす宅地等については、特例の適用ができます。

①　相続開始前3年以内に日本国内にある自己、自己の配偶者、自己の三親等内の親族またはその親族と特別の関係のある一定の法人の所有する家屋に居住したことが

なく、かつ、相続開始時に自己の居住している家屋を相続開始前のいずれの時においても所有していたことがない親族であること

② 相続開始時から申告期限まで引き続き宅地等を有していること

③ 被相続人の配偶者がいないこと

④ 相続開始直前において被相続人と同居していた親族がいないこと

※ 経過措置として、平成30年３月31日において旧租税特別措置法69条の４第３項２号ロの要件を満たした宅地等を令和２年３月31日までに相続等により取得する場合には、特例が適用されます。

【特定居住用宅地等の要件】

区　分	特例の適用要件	
	取得者	取得者等ごとの要件
被相続人の居住の用に供されていた宅地等	被相続人の配偶者	「取得者ごとの要件」はありません。
	被相続人の居住の用に供されていた一棟の建物に居住していた親族	相続開始の直前から相続税の申告期限まで引き続きその建物に居住し、かつ、その宅地等を相続開始時から相続税の申告期限まで有していること
		(1) 平成30年３月31日以前の相続または遺贈により取得した宅地等の場合 次の①〜⑤の要件を全て満たすこと ① 居住制限納税義務者または非居住制限納税義務者のうち日本国籍を有しない者ではないこと ② 被相続人に配偶者がいないこと ③ 相続開始の直前においてその被相続人の居住の用に供されていた家屋に居住していた被相続人の相続人（相続の放棄があった場合には、その放棄がなかったものとした場合の相続人）がいないこと ④ 相続開始前３年以内に日本国内にある取得者または取得者の配偶者が所有する家屋（相続開始の直前において被相続人

	上記以外の親族	の居住の用に供されていた家屋を除きます。）に居住したことがないこと ⑤　その宅地等を相続開始時から相続税の申告期限まで有していること
		(2)　平成30年４月１日以後の相続または遺贈により取得した宅地等の場合（一定の経過措置があります。）
		次の①～③の要件を全て満たすこと ①　(1)①～③および⑤の要件 ②　相続開始前３年以内に日本国内にある取得者、取得者の配偶者、取得者の三親等内の親族または取得者と特別の関係がある一定の法人が所有する家屋（相続開始の直前において被相続人の居住の用に供されていた家屋を除きます。）に居住したことがないこと ③　相続開始時に、取得者が居住している家屋を相続開始前のいずれの時においても所有していたことがないこと
被相続人と生計を一にしていた被相続人の親族の居住の用に供されていた宅地等	被相続人の配偶者	「取得者ごとの要件」はありません。
	被相続人と生計を一にしていた親族	相続開始前から相続税の申告期限まで引き続きその家屋に居住し、かつ、その宅地等を相続税の申告期限まで有していること

（出所：国税庁ＨＰ）

◆特定同族会社事業用宅地等

　相続開始の直前から相続税の申告期限まで一定の法人の事業（貸付事業を除きます。）の用に供されていた宅地等で、次の表の要件の全てに該当する被相続人の親族が相続または遺贈により取得したものをいいます（一定の法人の事業の用に供されている部分で、次の表に掲げる要件の全てに該当する被相続人の親族が相続または遺贈により取得した持ち分の割合に応ずる部分に限られます。）。

　なお、一定の法人とは、相続開始の直前において被相続人および被相続人の親族等が法人の発行済株式の総数または出資の総額の50％超を有している場合における、その法人（相続税の申告期限において清算中の法人を除きます。）をいいます。

【特定同族会社事業用宅地等】

区　分	特例の適用要件	
一定の法人の事業の用に供されていた宅地等	法人役員要件	相続税の申告期限においてその法人の役員（法人税法2条15号に規定する役員（清算人を除きます。）をいいます。）であること
	保有継続要件	その宅地等を相続税の申告期限まで有していること

（出所：国税庁ＨＰ）

◆貸付事業用宅地等

相続開始の直前において被相続人等の貸付事業の用に供されていた宅地等で、次の表の区分に応じ、それぞれに掲げる要件の全てに該当する被相続人の親族が相続または遺贈により取得したものをいいます（次の表の区分に応じ、それぞれに掲げる要件の全てに該当する部分で、それぞれの要件に該当する被相続人の親族が相続または遺贈により取得した持分の割合に応ずる部分に限られます。）。

【貸付事業用宅地等の要件】

区　分	特例の適用要件	
被相続人の貸付事業の用に供されていた宅地等	事業承継要件	その宅地等に係る被相続人の貸付事業を相続税の申告期限までに引き継ぎ、かつ、その申告期限までその貸付事業を行っていること
	保有継続要件	その宅地等を相続税の申告期限まで有していること
被相続人と生計を一にしていた被相続人の親族の貸付事業の用に供されていた宅地等	事業継続要件	相続開始の直前から相続税の申告期限まで、その宅地等に係る貸付事業を行っていること
	保有継続要件	その宅地等を相続税の申告期限まで有していること

※　平成30年4月1日以後の相続または遺贈により取得した宅地等については、その相続の開始前3年以内に新たに貸付事業の用に供された宅地等を除きます。ただし、平成30年3月31日までに貸付事業の用に供された宅地や相続開始前3年を超えて事業的規模で貸付

事業を行っている場合はこの限りではありません。

（出所：国税庁ＨＰ）

◆留意点

　小規模宅地等の特例が適用されるかどうかは、相続税額に非常に大きな影響を与えますが、この特例は、相続税の申告書の提出期限までに相続人等によって分割されていない宅地等には適用されません。

　ただし、相続税の申告書と一緒に「申告期限後３年以内の分割見込書」を提出していた場合に、その宅地等が申告期限後３年以内に分割された場合には、特例の適用を受け相続税の還付を受けることも可能ですので、遺産分割協議が長引く場合には、この手続をとっておくことが不可欠となります（この伸長期間の再度の延長も可能ですが、遺産分割調停が係属中である等、分割ができない「やむを得ない事情」が必要とされています（租税特別措置法69条の４第４項)。）。

コ ラ ム

◆特殊な土地評価の実務

　相続財産の中で大きな割合を占めるのが土地です。その土地の標準的な評価方法は、路線価地域で「正面路線価×地積」と計算します。その評価額に対して奥行距離や間口距離による若干の補正や不整形地による補正が入ることはあります。

　さらに、その標準的な評価額に対して、土地の特殊事情によっては評価額を下げることができます。例えば、①地積規模の大きな宅地に該当する場合、②セットバックが必要な場合、③土地が平面ではなく崖地になっている場合、④道路に接していない無道路地である場合、⑤都市計画道路予定地である場合、⑥高圧線の下に土地がある場合、⑦墓地に隣接している場合、⑧鉄道や高速道路に隣接している場合等の土地の個別的要因により評価額を減額することができます。いうまでもなく、これら特殊事情は机上で判断するのではなく、現地調査が必要になります。

62 土地の分割の仕方によって相続税の負担が軽くなることがあるのか

 相続財産の中に空き地があり、自由に分けることが可能なのですが、分け方によって土地の評価額は変わってくるのでしょうか。

 土地の形状や分割の仕方によって土地の評価額は異なってきます。

解 説

◆土地の形状や分割の仕方による評価の違い

同じ土地でも、相続人が1人で相続する場合と、相続人2人で分筆して相続する場合では分割の仕方によっては評価額に差が生じることがあります。正面や側方または裏面の路線価に違いがある場合、間口が狭いまたは奥行が長い場合に差が生じることが多いので一筆の土地を分筆して相続することも検討する余地はあります。

◆事例1

①相続人が1人で300㎡を相続した場合と、②相続人2人で分筆して相続した場合とを比較してみます。

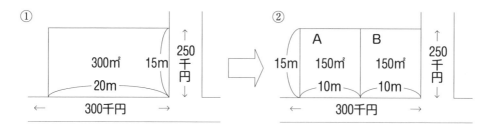

① （300千円＋250千円×0.03）×300㎡＝92,250,000円
② A：300千円×150㎡＝45,000,000円
　　B：（300千円＋250千円×0.03）×150㎡＝46,125,000円
　　A＋B＝91,125,000円
①－②＝1,125,000円

1人の相続人で相続するより、2人の相続人で分割して相続した方が評価額を

1,125,000円低くすることができます。

◆事例2

①相続人が1人で300㎡を相続した場合と、②相続人2人で分筆して相続した場合とを比較してみます。

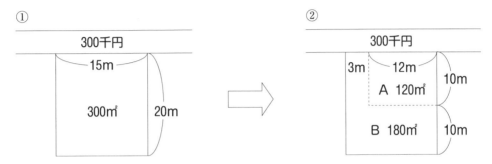

① 300千円×1.00（奥行価格補正率）×300㎡＝90,000,000円
② A：300千円×1.00（奥行価格補正率）×120㎡＝36,000,000円
   B：300千円×1.00（奥行価格補正率）×0.90（間口狭小補正率）×0.90（奥行長大補正率）×180㎡＝43,740,000円
   A＋B＝79,740,000円
①－②＝10,260,000円

1人の相続人で相続するより、2人の相続人で分筆して相続した方が評価額を10,260,000円低くすることができます。

◆注意点

土地を分割して相続する場合には、登記上にもこれを示す必要があり（これを「分筆」といいます。）、そのためには測量費用・登記費用等がかかります。

したがって、節税目的のために土地を分割取得する場合には、それらの諸費用も合わせて計算する必要があります。

63 相続人が財産を寄附した場合にはどのように扱われるのか

相続した財産の一部を地方自治体や公益法人に寄附をしたいと考えています。この場合には相続財産の計算はどうなりますか。

相続や遺贈によって取得した財産を、国や地方公共団体または特定の公益法人などに寄附をした場合、あるいは特定の公益信託の信託財産とするために支出した場合には、その寄附した財産は相続税の課税価格の計算の基礎に算入しないとする特例があります。

解　説

◆相続財産を国・地方公共団体・その他公益法人等に寄附する場合
(1)　寄附をした場合の特例

　相続や遺贈によって取得した財産を国や地方公共団体、または特定の公益法人などに寄附した場合には、その寄附をした財産は相続税の課税価格の計算の基礎に算入しないとする特例があり（租税特別措置法70条1項）、その結果、相続税の負担は軽くなります。

(2)　適用要件

　同特例を受けるための要件は次のとおりです。

①　寄附した財産は、相続や遺贈によって取得した財産であること。

　　なお、相続や遺贈で取得したとみなされる生命保険金や退職手当金も含まれます（租税特別措置法（相続税の特例関係）の取扱いについて70−1−5）。

②　相続財産を相続税の申告書の提出期限までに寄附すること。

③　寄附した先が、「国若しくは地方公共団体又は公益社団法人若しくは公益財団法人その他の公益を目的とする事業を行う法人のうち、教育若しくは科学の振興、文化の向上、社会福祉への貢献その他公益の増進に著しく寄与するものとして政令で定めるもの」であること（租税特別措置法70条1項、租税特別措置法施行令40条の3）。

　　注意点として、寄附の時点で既に設立されている団体である必要があり、公益法人設立のための財産の提供では要件を満たしません（租税特別措置法（相続税の特例関係）の取扱いについて70−1−3）。

(3) 注意点

　注意点としては、寄附先の団体が、寄附後２年以内に(2)③の要件に該当しなくなった場合や、寄附した財産を公益目的事業の用に使っていない場合には、特例が適用されなくなります（租税特別措置法70条２項・７項）。

　また、不当な課税回避のために同特例を利用することは許されず、例えば寄附をした相続人やその親族と寄附先の団体に特別の利益供与関係があるような場合には、同特例が適用されなくなります（租税特別措置法70条１項）。

◆公益信託の信託財産とするために支出する場合の特例

　相続財産について、寄附ではなく特定の公益信託の信託財産とするために支出をした場合にも同様の特例があります（租税特別措置法70条３項以下、租税特別措置法施行令40条の４）。

◆これらの特例を得るための手続

　相続税を申告する際の申告書に、寄附あるいは支出した財産の明細書や一定の証明書類を添付することが必要になります（租税特別措置法70条５項）。

第 3 編
相続開始前の
被相続人の準備

182

第1章　相続争いの防止
第1　遺言の活用

64　どのような場合に遺言をしておくとよいのか

遺言をしておいた方がよいとよく勧められますが、必要性がよくわかりません。具体的には、どのような場合に遺言をしておくとよいのでしょうか。

遺言を活用し得る場面は様々ですが、相続人が大人数となる場合、相続人の中に判断能力を欠く者や行方不明者がいる場合、相続人間の感情的対立が予想される場合、相続人の相続割合を調整したい場合、相続人以外の者に財産を渡したい場合などが典型的です。

解　説

◆遺言について
(1)　遺言とは
　遺言とは、遺言者の死亡後にその意思を実現するための制度です（民法第5編第7章）。遺言をするためには、口頭で誰かに意思を伝えるだけでは足りず、書面を作成する必要があり、その書面を遺言書といいます。
(2)　法律上、遺言することができるとされている事項（法定遺言事項）
　法律上、遺言することができる事項は限定されており、主なものは次のとおりです。
①　認知（民法781条2項）
②　推定相続人の廃除・廃除の取消し（民法893条・894条2項）
③　祭祀財産の承継者の指定（民法897条1項）
④　相続分の指定・指定の委託（民法902条）
⑤　特別受益の持戻免除（民法903条3項）
⑥　遺産分割方法の指定・指定の委託と遺産分割の禁止（民法908条）
⑦　遺贈（民法964条）
⑧　遺言執行者の指定・指定の委託（民法1006条）

(3) 法定遺言事項以外の記載事項

　法律上遺言できる事項は上記のとおり限定されていますが、それ以外のことを書いてはいけないということではありません。遺言しようと思った動機や相続人に対する感謝の気持ちなどが記載されることも多く、相続人の心情との関係では、重要な役割を果たしています。

◆遺言をしておいた方がよい場面

(1) 遺言をしておいた方がよい場面

　法律上・事実上遺言できる事項は既に述べたとおりですが、相続対策という観点からみた場合、特に遺言をしておいた方がよいと思われるのは次の場合です。

① 相続人が大人数となる場合
② 相続人の中に判断能力を欠く者や行方不明者がいる場合
③ 相続人間の感情的対立が予想される場合
④ 被相続人との関与の程度に応じて相続人の相続割合を調整したい場合
⑤ 相続人以外の者に財産を渡したい場合

(2) 相続人が大人数となる場合

　ア　具体的場面

　親世代の相続関係が未分割のまま放置されている場合や、子がおらず兄弟姉妹に代襲相続が生じているような場合などには、相続人が大人数となりがちです。例えば、次の相続関係ではとりあえず7人が相続人となりますが、もしも父方の祖父・祖母の遺産分割も未了であり、父に兄弟姉妹がいる場合には、相続人がさらに増えることになります。

　全国に散らばった、世代も異なる相続人間では、話合いの機会を設けること自体も一苦労です。

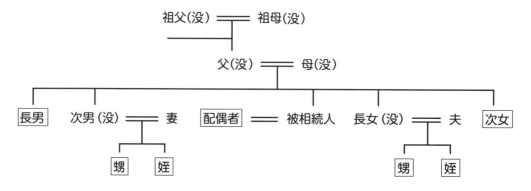

イ　遺言の活用

このような場合、被相続人が何を誰に相続させるかについて遺言書を書いておけば、相続人間で話合いをする必要もなく、各相続人の負担を大幅に軽減させることができます。

(3)　相続人の中に判断能力を欠く者や行方不明者がいる場合

ア　具体的場面

例えば、姉・兄（認知症）・弟（行方不明）が相続人となる場合、事実上姉しか相続財産を管理することができませんが、それでも、兄と弟を除外して遺産分割を行うことはできません。

この場合、兄については成年後見人等を選任する必要があり、また、弟については不在者財産管理人を選任する必要がありますが、これらの手続を全て相続人の姉が行わねばならず、その負担は大変なものがあります。

イ　遺言の活用

このような場合、被相続人が姉に遺産を相続させる旨の遺言書を書いておけば、少なくとも相続の段階では、成年後見人の選任や不在者財産管理人の選任は不要であり、相続人の負担を大幅に軽減させることができます。

(4)　相続人間の感情的対立が予想される場合

ア　具体的場面

相続人となる兄弟同士の仲が良くないなど、既に相続人間の不仲が顕在化している場合には、遺産分割を巡って争いが生じるであろうことは容易に想像がつきます。

そうでない場合でも、配偶者と被相続人の兄弟が共同相続人となるような場合など、普段あまり接点のなかった者同士が相続人となる場合には、遺産分割協議の過程で話合いがこじれることが少なくありません。

イ　遺言の活用

このような場合、被相続人が何を誰に相続させるか、どのような考えでそのような遺産分割の仕方を決めたのかについて遺言書を書いておけば、熾烈な相続紛争の大半を回避することができます。

(5)　被相続人との関与の程度に応じて相続人の相続割合を調整したい場合

ア　具体的場面

例えば、相続人の1人には既に自宅購入資金を援助しているので、相続させる割合を減らしたい、相続人の1人にはずっと介護をしてもらっているので、相続させる割合を増やしたい、などの被相続人の希望があったとします。

この場合、何もしなければ相続割合は平等となるので、被相続人の希望が叶うことはありません。むしろ、これらの事情について相続人間で寄与分や特別受益の主張がなされ、相続紛争が生じてしまう可能性もあり得ます。

イ　遺言の活用

このような場合、被相続人が何を誰に相続させるか、どのような考えで各相続人の相続割合を増減させたのかについて遺言書を書いておけば、被相続人の意思を実現できるとともに、熾烈な相続紛争の大半を回避することができます。

(6)　相続人以外の者に財産を渡したい場合

ア　具体的場面

例えば、実の息子とは音信不通であり、自宅で内縁の妻にずっと面倒を見てもらっていたので、内縁の妻に遺産を渡したい、という被相続人の希望があったとします。

この場合、何もしなければ相続人は息子となるので、内縁の妻に相続権はありません。具体的事情にもよりますが、最悪の場合、内縁の妻は、自宅を相続した息子から追い出されてしまう可能性もあります。

イ　遺言の活用

このような場合、被相続人が内縁の妻に遺産を相続させる旨の遺言書を書いておけば、内縁の妻を守り、被相続人の意思を実現することができます。

第3編　相続開始前の被相続人の準備　　187

65　遺言執行者とは何か

　遺言執行者とは、どのような役割の者で、いつ、誰がなるのでしょうか。遺言があれば常に遺言執行者が必要なのでしょうか。

　遺言執行者は、遺言者に代わり、遺言の内容実現に向けて必要な一切の事務を行う者であり、遺言者が遺言で指定しますが、その指定がない場合には、相続人等の選任請求に基づいて家庭裁判所が選任することになります。遺言執行者の要否は、遺言の内容によって異なります。

解　説

◆遺言執行者の立場

　遺言が効力を持つのは遺言者が亡くなった後であり、当然ながら、遺言者が自ら遺言内容実現のために動くことはできません。この場合に、遺言者に代わって遺言の内容を実現させることを「遺言執行」といい、そのような役割を担う者を遺言執行者といいます（民法1006条以下）。

　遺言執行者は、相続財産の管理その他遺言の執行に必要な一切の行為をする権利義務を有し、遺言執行者がいる場合には、相続人であっても相続財産の処分を行うことは一切できません（例えば、遺言執行者がいる場合には、遺産の一部に預金があっても相続人がこれを引き出すことは許されません。）（民法1012条1項・1013条）。

　このように、相続手続における遺言執行者の権限はとても強力です。

◆遺言執行者の要否
(1)　遺言執行者の要否

　遺言執行者は遺言内容実現のために動く者ですが、遺言事項の中には、有効な遺言があればそれだけで目的を達し、それ以上何かを行う必要がないものもありますし、相続人全員で協力できるならばあえて第三者を遺言執行者として選ぶまでもないものもあります。

　したがって、遺言執行者が常に必要ということではなく、遺言内容との関係で、①遺言執行者が常に必要な場合、②遺言執行者が遺言執行に当たるが、いなくても相続

人全員の協力があれば遺言執行できる場合、③有効な遺言があればそれで足り、それ以上の遺言執行自体が不要である場合の3通りがあります。

(2) 遺言執行者が常に必要な場合

このような場合としては、認知（民法781条2項、戸籍法64条）、推定相続人の廃除・取消（民法893条・894条2項）があります。

(3) 遺言執行者が遺言執行に当たるが、いなくても相続人全員の協力があれば遺言執行できる場合

このような場合としては、特定の遺産を特定の相続人に相続させる場合（民法908条）、遺贈（民法964条）などがあります。

(4) 有効な遺言があればそれで足り、それ以上の遺言執行自体が不要な場合

このような場合としては、未成年後見人の指定（民法839条）、特別受益の持戻免除（民法903条3項）などがあります。

◆遺言執行者の指定・選任

遺言執行者は遺言者が遺言で指定することができます（民法1006条1項）。

他方、遺言で遺言執行者を定めなかったなどの理由により遺言執行者がいない場合には、相続人その他利害関係人が家庭裁判所に選任を請求し、家庭裁判所が遺言執行者を選任することになります。

未成年者や破産者は遺言執行者になれませんが（民法1009条）、それ以外の資格制限は特になく、親族でも弁護士などの第三者でも、相続人でも遺言執行者になることはできます。

報酬の有無も自由に決定できますが、専門家の第三者を遺言執行者とした場合には報酬が必要となることが通常です。その場合、報酬は相続財産の中から差し引かれることになります。

66　遺言の方法にはどのような種類があるのか

　遺言をしておきなさいとよく言われますが、そもそも、遺言をするにはどのようにすればよいのでしょうか。

　遺言には「普通の方式」（自筆証書遺言・公正証書遺言・秘密証書遺言）と、特殊な状況下において行う「特別の方式」があり、それぞれ、法律で方式が定められています。

解　説

◆遺言の方法
(1)　遺言の方式が法定されている趣旨

　遺言は、その内容次第では大きな法的効果を持つものですが、効力を生じる時には遺言者は亡くなっていますので、その遺言の内容が本当に遺言者の真意であったのかを確かめることはできません。

　そこで、遺言が真意に基づくものであったことを担保する意味で、遺言の方式は法律で定められており、それ以外の方式では法的効果を生じないこととされています（民法960条）。

(2)　法定されている遺言の方式

　民法では、遺言の方式として、「普通の方式」と「特別の方式」を定めています。

◆普通の方式
(1)　普通の方式による遺言の種類

　「普通の方式」としては、自筆証書遺言・公正証書遺言・秘密証書遺言の3種類があり、いわゆる遺言書を作成する形での遺言です（民法967条）。

　自筆証書遺言は、文字どおり、自筆で遺言書を作成する方式の遺言です。

　公正証書遺言は公証人に遺言書を作成してもらう方式の遺言です（公証人とは、事実の証明などを職務とする公務員のことであり、その公証人がいる場所を公証役場といいます。公証役場は全国各地に存在し、東京だけでも40か所以上存在します。）。

　秘密証書遺言は、自分が作成した遺言書に封をして、これを公証人に提出する方式の遺言です。

(2)　利用状況

　自筆証書遺言と公正証書遺言は一般に広く利用されています。

　他方、秘密証書遺言は、遺言したこと自体は明らかにしておきたいが、その遺言の内容は公証人にも立会者にも知られたくない、という場合の利用を想定した方式ですが、あまり利用件数は多くありません。

◆特別の方式

(1)　特別の方式による遺言の種類

　「特別の方式」としては、死亡の危急に迫った者の遺言（民法976条）、伝染病隔離者の遺言（民法977条）、在船者の遺言（民法978条）、船舶遭難者の遺言（民法979条）の各方式が定められています。

　いずれも、題名のとおり特殊な状況下における遺言の方式を定めたものです。

　伝染病隔離者の遺言、在船者の遺言は、公証役場に行けない状況下において、準公的な遺言書を作成したい場合の利用を想定した方式であり、前者では警察官立会いの下、後者では船長等の立会いの下で遺言書を作成することとされています。

　死亡の危急に迫った者の遺言は、立会人の1人に遺言の趣旨を口頭で述べ、その立会人がこれを筆記して遺言書を作成するものであり、緊急時ゆえに簡易な方式を認めたものです。また、船舶遭難者の遺言では、更に手続が簡略化され、口頭の遺言で足るとされています。

　どちらも、その内容が遺言者の真意であったかどうかについて、後日家庭裁判所の確認を受けることが必要とされています。

(2)　利用状況

　いずれの方式も通常は経験しないものですが、死亡危急時の遺言作成については、そのような手続が必要になる場面に遭遇することはあり得ます。

　ただ、その場合でも、自筆証書遺言の方式を利用すること、あるいは公証人を病院まで呼んで公正証書遺言を作成することは可能であり、実際にもそのような方式が選択されることの方が多いと思われます。

67 自筆証書遺言の作り方は

 遺言書を自分で作ることはできるのでしょうか。その場合、どのようなことに気を付ければよいのでしょうか。

 遺言内容の全文・日付・氏名を自書で記載し、押印することが要件となります。また、記載の修正方法も法定されています。

解説

◆自筆証書遺言の原則要件

自筆証書遺言では、「遺言書全文の自書」「日付の記載」「氏名の記載」「押印」が要件となっています（民法968条1項）。

また、記載内容の加除訂正の場合にも、遺言者が当該箇所を指示し、その箇所を変更した旨を付記して署名すると共に、その変更箇所に押印することが必要です（民法968条3項）。

◆「遺言書全文の自書」について

自書とは、遺言者が自分で書くことであり、遺言が真意に基づくことを担保するために、これが要件とされています。したがって、他人の代筆は認められませんし、ワープロで作成することも認められません。録音・録画も、法的に有効な遺言とはなりません。他方、自書さえあれば、記載されている紙は何でもよく、便箋でもメモ用紙でも構いません。

ただし、その例外として、自筆証書遺言に財産目録を添付する場合には、その財産目録のみ自書でなくても構わないとされています。この場合、その目録の毎葉（記載が両面にある場合には、その両面）に署名押印が必要とされます（民法968条2項）。

このように、自書が要求されていることから、病気その他の理由で文字を書くことができない場合には、自筆証書遺言を作成することはできず、その場合には公正証書遺言を利用することになります。

◆「日付の記載」について

日付の記載は、遺言作成日時を明確にするためであり、複数遺言書が存在する場合

の優先関係などを判断する上で、重要な意味を持っています。

日付の記載方法については、端的に作成日時を記載すれば足ります。

議論としては、例えば「吉日」との記載では不十分、「60歳の誕生日」との記載であればよい、などと考えられていますが、あえてそのような紛らわしい記載をする必要はありません。

◆「氏名の記載」について

氏名の記載は、遺言者が誰かを特定するために必要とされます。

氏名の記載方法については、戸籍上の氏名を記載するのが確実ですが、旧姓や通称の記載でも有効と考えられています。

◆「押印」について

押印については、実印でもその他の印鑑でも、法的効力に違いはありません。

もっとも、後日仮に遺言内容が争われた場合に、実印が使用されていた場合には、（その他の印鑑が使用されていた場合と比べて）本人の真意に基づくものであったと認められやすい一面があります。その意味で、実印を使用する方が安全です。

なお、遺言書が複数枚になった場合に、契印が押されることがありますが、これは自筆証書遺言の要件として要求されるものではなく、少なくともそのうちの１枚に押印があれば、自筆証書遺言の要件は満たします（ただし、財産目録を自書によらず作成した場合には、その毎葉に署名押印が必要です。）。

もっとも、遺言書の落丁や差替えを防ぐという意味では、やはり契印があった方が安全です。

◆記載内容の加除修正について

遺言書の加除修正が認められないわけではありませんが、その方式も法定されており、既述のとおり、遺言者が当該箇所を指示し、その箇所を変更した旨を付記して署名するとともに、その変更箇所に押印することが必要です（民法968条３項）。

一般の文書では、二重線で文書を抹消して押印する方法などもとられていますが、遺言書では上記以外の修正方法は認められませんので、注意が必要です。

68 どのような場合に自筆証書遺言が無効となってしまうのか

 親が遺言書を自筆で書いていたのですが、これが本当に有効なのかどうか、心配です。

 自筆証書遺言の要件を満たしていない場合、遺言書作成当時の遺言者に遺言能力がない場合に、自筆証書遺言が無効となります。また、遺言の記載内容が不明確な場合にも、その記載内容は法的効力を有しないこととなります。

解　説

◆自筆証書遺言の要件を満たしていない場合

　自筆証書遺言では、「遺言書全文の自書（ただし、財産目録については例外あり）」「日付の記載」「氏名の記載」「押印」が要件となっており、これらが１つでも欠けると、自筆証書遺言は無効となります（Q67参照（民法968条１項・２項））。

　例えば、故人が手元の紙に日常の思いをしたためていた中に、「御世話になった嫁に家を譲る」などと書いてあった場合に、これが遺言書として認められるかどうかが後日問題となることがありますが、このような場合には日付や押印がないことが多く、いかに故人の思いに溢れた文章であっても、残念ながら、遺言書としては無効となります。

　また、自筆証書遺言では、加除修正の方法も法定されているので（Q67参照（民法968条３項））、これに従わず、単に捨印方式で修正してしまったような場合には、その修正は効力を持ちません。その結果、文章全体が意味をなさなくなるような場合には、やはり遺言書は無効となってしまいます。

◆遺言能力がない場合

　遺言は遺言者の真意に基づくものである必要がありますので、遺言当時、遺言者にある程度の判断能力が備わっている必要があります（民法963条）。

　このような遺言を作成することができるだけの判断能力のことを遺言能力といい、15歳以上の者には基本的に遺言能力が認められるのですが（民法961条）、認知症や何ら

かの精神疾患によって判断能力が失われた場合には、その時作成した遺言書も無効となってしまいます（民法963条）。

特に高齢者の方が遺言をする場合には、この遺言能力が疑われることが多く、この点が相続人間で争点となった場合には、過去のカルテや入院履歴などを取り寄せての詳細な検討が必要になります（なお、遺言能力が無いと判断された一例を、Q70において紹介しています。）。

なお、遺言能力はあくまで遺言当時に必要なものであり、遺言後に認知症が進んで遺言能力が失われた場合でも、作成済の遺言の効力に影響はありません。

◆遺言の記載内容が不明確な場合

自筆証書遺言の場合には、遺言の方式に不備がなく、遺言能力も問題がなかったとしても、その記載内容が不明確で特定し得ない、ということがしばしばあります。例えば、単に「財産を譲る」とだけ書いてある場合、どの財産を渡す趣旨なのか分かりません。このような場合には、遺言が有効であったとしても、その記載内容が特定できず、結局、その部分については遺言内容を実現することはできなくなってしまいます。

特に、不動産の登記手続との関係では、不動産の表記方法などの不備ゆえに、相続手続ができない事例が頻繁に見受けられます。

◆遺言の無効を主張する方法

自筆証書遺言が無効であると主張したい場合、まずは、他の共同相続人や同遺言で財産を受け取ることとされている第三者などの利害関係人にその旨を説明することになります。その結果、全員が納得した場合には、遺言は無効という理解で差し支えなく、その前提で遺産分割を行うことになります。

他方、自筆証書遺言の有効性について、他の共同相続人や利害関係人と意見が一致しなかった場合には、裁判で解決を図るほかなく、遺言無効確認訴訟を提起することになります。

◆遺留分減殺請求との関係

なお、遺言書が有効であったとしても、その内容が相続人の遺留分を侵害している場合には、相続人が遺留分を主張すれば、その限度で受遺者・受贈者は金銭支払義務を負うことになります（民法1046条1項）（Q74参照）。

第3編　相続開始前の被相続人の準備

69　公正証書遺言の作り方は

　公正証書遺言の作成を人から勧められたのですが、どのようにして作ればよいのでしょうか。

　証人2名以上の立会いの下、公証人に遺言の内容を伝えた上で、公証人に遺言書を作成してもらい、その内容を確認した上で、証人と共に署名押印することになります。なお、公証人への費用支払が必要です。

解　説

◆公正証書遺言の要件

　公正証書遺言では、「証人2名以上の立会い」「遺言の趣旨を公証人に口授」「公証人による筆記・読み聞かせ・閲覧」「遺言者および証人の署名押印」（「公証人の付記・署名・押印」）が要件となっています（民法969条）。

　公証役場に赴いて作成することが通常ですが、公証人に病院や自宅に来てもらい、そこで作成することも可能です。

◆証人2名以上の立会い

　未成年者および利害関係人（推定相続人・受遺者およびその親族、公証人の配偶者およびその親族など）は証人になれないとされています（民法974条）。

　それ以外であれば、誰でも証人になることができます。

　実務的には、証人を頼みやすい親族は利害関係人であることが多く、また、後日仮に遺言内容が争われた場合には紛争に巻き込まれる可能性があることから、弁護士・行政書士などの第三者が証人となることが多くあります。

◆遺言の趣旨を公証人に口授、公証人による筆記・読み聞かせ・閲覧

　「口授」とは、遺言内容の概略を公証人に口頭で伝えることです。

　実務的には、事前に公証人に遺言内容を伝えて案文を作成してもらっておき、作成当日にその内容を再度確認する、という流れになることが通常です。

　これらの要件は、主に公証人の業務に関する事柄であり、遺言者のすることは遺言

内容を公証人に伝えることだけです。ただ、この時に遺言内容を上手く公証人に伝えることができないと、遺言能力に疑問があるということで公正証書遺言の作成ができなくなることがありますので、それなりの準備が必要です。

なお、遺言者が言語・聴覚機能障害者の場合には、通訳の利用が可能です（民法969条の2）。

◆遺言者および証人の署名押印

署名・押印とも、遺言者・証人各自が自分で行うのが原則ですが、遺言者の署名については、病気その他の理由で文字を書くことができない場合には、公証人がその旨を付記することで、署名を省略することができます（民法969条4号ただし書）。

押印については、実印でもその他の印鑑でも、法的効力に違いはありません。

ただし、実務上、少なくとも遺言者については、印鑑証明で本人確認や住所確認を行う関係上、実印での押印が必要となることが通常です（この点は、公証役場ごとに運用が異なりますので、事前の確認が必要です。）。

◆遺言書の保管

遺言書は原本・正本・謄本の3部が作成され、原本は公証役場において保管、残りの正本と謄本は遺言者が保管することになります（一方を遺言者が、もう1部を証人が保管することが通常ですが、誰が保管しても構いません。）。

◆費　用

公正証書遺言を作成する場合には、公証人に諸費用を支払うことになります。

基本的な手数料は、遺言の対象となる目的財産の価値によって異なります（例：目的財産が200万円を超え500万円以下の場合には11,000円、5,000万円を超え1億円以下の場合には43,000円　詳細は日本公証人連合会のホームページで公開されています。）。これに、遺言書の枚数に応じた手数料加算などが行われて金額が決定します。

公証人に病院等まで来てもらう場合には、交通費・出張日当が必要となり、基本手数料も50％加算となりますので、それだけ費用は高額となります。

実務的には、遺言書の案文を事前に作成してもらう際に、費用総額についても伝えてもらい、その金額を当日現金で支払う流れになることが通常です。

70　どんな場合に公正証書遺言が無効となってしまうのか

親が公正証書遺言を作ったのですが、これが本当に有効なのかどうか、心配です。

当時の遺言者に遺言能力がない場合に、公正証書遺言が無効となる場合があります。

解説

◆理論上、公正証書遺言が無効となる場合

理論上、公正証書遺言が無効となる場合としては、公正証書遺言の要件である「証人2名以上の立会い」「遺言の趣旨を公証人に口授」「公証人による筆記・読み聞かせ・閲覧」「遺言者および証人の署名押印」（「公証人の付記・署名・押印」）のいずれかが欠けた場合、遺言書作成当時の遺言者に遺言能力がない場合、その他、遺言の記載内容が不明確な場合が考えられます（民法969条）。

もっとも、公正証書遺言は、公証人が作成するものであるため、要件を満たさないまま遺言書が作成される事態はあまり想定できませんし、遺言の記載内容が不明確になることも考えられません。

遺言能力の点についても、遺言者が遺言の趣旨を説明する際の態度等から、遺言能力の有無を公証人が確認しますので、公証人によって遺言能力が担保されており、やはりこの点が問題になることは多くありません。

このように、総じて、公正証書遺言が無効となる場合は多くありません。

◆公正証書遺言作成時の遺言能力が問題となる場合

(1)　遺言能力が問題になり得る理由

それでも、公正証書遺言が無効とされた例がないわけではなく、その場合の理由としては、実は遺言能力がなかったと指摘されることがほとんどです。

上記のとおり、公証人によって遺言能力が担保される仕組みではありますが、この遺言能力の点をどこまで確認するかの判断には公証人ごとに随分と差があるというのが実態でもあり、その結果、実は遺言能力に問題があったにも関わらず、そのことを見過ごしてしまうということが生じ得ることになります。

(2) 具体例

遺言能力の有無を問題とする場合には、遺言者の年齢、病状の推移と遺言作成時・死亡時の時間的関係、遺言内容と日頃の言動の関係、遺言内容の難易度、遺言者と受遺者の関係、などの検討が必要であり、過去のカルテや入院履歴などを取り寄せての詳細な検討を行うことになります。

一例として、東京高裁平成22年7月15日判決（判例タイムズ1336号241頁）では、以下のような事実認定を行い、公正証書遺言を無効と判断しています。

「（平成17年12月の）本件公正証書作成当時は、少なくとも平成17年3月及び5月時点より認知症の症状は進行していたものと認められる。認知症の程度として亡春子（＊遺言者の仮名）に出る症状は、金銭管理が困難であること、被害妄想的であること等であり、（＊立会者の）司法書士に話した内容、すなわち、被控訴人らから虐待を受けている、被控訴人らには絶対財産をやらない、財産を控訴人にあげたいと盛んに述べたということ自体、被害妄想の1つの表れとみることができる。」

「そして、本件公正証書による遺言の内容は、長年亡春子と同居して介護に当たり、養子縁組もしている被控訴人らに一切の財産を相続させず、控訴人に遺贈するという内容であり、特に亡春子の財産に属する本件不動産には被控訴人らが居住していることも合わせ考えると、このような認知症の症状下にある亡春子には、上記のような遺言事項の意味内容や当該遺言をすることの意義を理解して遺言意思を形成する能力があったものということはできない。」

◆遺言の無効を主張する方法

公正証書遺言の無効を主張する方法は自筆証書遺言の場合と同様であり（Q68参照）、公正証書遺言の有効性について、他の共同相続人や利害関係人と意見が一致しなかった場合には、裁判で解決を図るほかなく、遺言無効確認訴訟を提起することになります。

◆遺留分侵害額請求との関係

なお、遺言書が有効であったとしても、その内容が相続人の遺留分を侵害している場合には、相続人が遺留分を主張すれば、その限度で受遺者・受贈者は金銭支払義務を負うことになります（民法1046条1項）（Q74参照）。

第3編　相続開始前の被相続人の準備　　　　　　　　　　　　199

71　公正証書遺言と自筆証書遺言それぞれの長所・短所は

　これから遺言を作ろうと思いますが、公正証書遺言と自筆証書遺言のどちらの方式がよいでしょうか。

　遺言を作成する目的次第であり、遺言内容を確実に実現したいという見地からは、公正証書遺言の方が優れています。他方、気持ちを伝えたいというだけであれば、自筆証書遺言でも十分です。

解　説

◆自筆証書遺言の長所・短所
(1)　長　所

　自筆証書遺言の長所は、いつでもどこでも、費用をかけずに自分で作成できるという気軽さにあります。

　用意するのは筆記用具と紙と印鑑だけですので、遺言を作成するということ自体大げさに感じられる方にとっては、この点は大きな魅力となります。

　また、もちろん内容次第ではありますが、故人の肉筆の文面には何にも代え難い重みがあり、心情に訴える説得力も大きなものがあると感じられます。

(2)　短　所

　他方で、手軽さの反面として、自分だけで遺言書を作成した場合、自筆証書遺言の要件を満たしていなかったり、記載内容が不明確などの理由で、遺言が無効となってしまう可能性が高くなります（Q68参照）。

　特に、遺言作成当時の遺言能力の有無については誰も確認していませんので、遺言によって不利益を受ける相続人が、遺言能力がなかったと主張して紛争になる可能性が生じます。このように、自筆証書遺言があったがゆえにかえって紛争が生じてしまうという事例は非常に多く見受けられるところです。

　また、自筆証書遺言の場合には、家庭裁判所での検認手続が必要になりますので、相続人の側にとっては手軽な手続ではありません（Q44参照）。

　加えて、自筆証書遺言は遺言者が自分で保管しておくものなので、紛失の危険もあります（ただし、令和2年7月10日以降、申請すれば法務局で自筆証書遺言を保管してくれる制度が始まります。（法務局における遺言書の保管等に関する法律））。

最後に、自筆証書遺言は原則として全文自書が要件なので、病気その他の理由で文字を書けない人の場合には、自筆証書遺言を作成することができません。

◆公正証書遺言の長所・短所

(1)　長　所

公正証書遺言の長所は、後日無効となりにくく、遺言内容の実現が期待できるという確実性にあります（Q70参照）。

家庭裁判所での検認手続が不要なので相続人にも便宜である点、公証役場に1通保管されるので、紛失の危険がないという点も長所に挙げられます。

(2)　短　所

他方で、作成までに公証人との打合せが必要であり、費用もかかるという意味で、手続の手軽さには欠ける一面があります。

◆自筆証書遺言と公正証書遺言の使い分け

以上のとおり、確実性という意味では公正証書遺言の方が圧倒的に優れており、相続人間の対立が予想される場合であれば、是非とも、公正証書遺言の方式で遺言書を作成すべきです。

ひとたび遺言の有効性をめぐる紛争が発生してしまった場合には、これを解決するためには膨大な時間・費用を要します。それとの比較で考えれば、公正証書を作成するための手間は微々たるものにすぎません。

他方、特に相続人間の対立が予想されるということではなく、気持ちを伝えたいという側面の方が大きい場合には、自筆証書遺言であっても問題はないと思われます。

また、別の観点として、遺言書を全文自書することができない人の場合には、原則として自筆証書遺言を作成することができませんので、必然的に公正証書遺言を選択することになります。

72 前に書いた遺言書を変更したい場合はどうするのか

以前遺言書を作成したのですが、事情が変わり、内容を変更したいと考えています。遺言書の内容は息子たちにも話してしまっているのですが、今からでも変更は可能でしょうか。

遺言書の変更はいつでも可能ですが、その変更の仕方には注意する必要があります。

解　説

◆遺言撤回の自由と、遺言撤回の方法
(1)　遺言撤回の自由

自筆証書遺言・公正証書遺言のいずれであっても、遺言者はいつでも遺言を撤回・変更することができます（民法1022条）。

これは、遺言書の内容を相続人その他の利害関係人に知らせた後であっても同様です。遺言は撤回しないと約束していた場合であっても、そのような約束は無効であり、やはり撤回することはできます（民法1026条）。

(2)　遺言撤回の方法

もっとも、遺言撤回の方法については制限があります。

すなわち、遺言に法定の方式が要求されていることとの関係上（Q66参照）、遺言の撤回も、単に口頭で撤回するだけでは足らず、先の遺言を撤回する旨の遺言を再度作成する必要があります（民法1022条）。

実務的には、遺言書の最初に、「先に作成した令和〇〇年〇〇月〇〇日付遺言書を下記の通り訂正します」（自筆証書遺言の場合）、あるいは「先に作成した〇〇法務局公証人〇〇作成令和〇〇年第〇〇号遺言公正証書を下記の通り訂正します」（公正証書遺言の場合）などと記載した後、変更後の遺言の内容を記載することが通常です。

◆遺言撤回の擬制
(1)　遺言撤回の擬制

遺言撤回の正式な手続は以上のとおりですが、それ以外にも、「前の遺言が後の遺言と抵触する場合」「前の遺言がその後の遺言者の処分行為等と抵触する場合」「遺言者

が遺言書を故意に破棄した場合」にも、明らかに先の遺言を撤回する趣旨であるとして、遺言撤回の効力が認められます。

もっとも、何が「抵触」「破棄」なのかについて微妙な判断を要することも多いので、上記の正式な手続をとる方が安全です。

(2) 前の遺言が後の遺言と抵触する場合

例えば、前の遺言書で「自宅を長男に相続させる」と書いてあったのに、その後作成した遺言書で「自宅を次男に相続させる」と書いてあったような場合に、特に前の遺言を撤回するとは記載されていないが、後に作成された遺言内容が前の遺言内容と矛盾する場合には、後の遺言書で前の遺言書を撤回したとみなされます（民法1023条1項）。

(3) 前の遺言がその後の遺言者の処分行為等と抵触する場合

例えば、前の遺言書で「自宅を長男に相続させる」と書いてあったのに、その後遺言者が自宅を次男に贈与した場合のように、特に前の遺言を撤回するとは記載されていないが、その後の遺言者の行動が前の遺言内容と矛盾する場合には、前の遺言書は撤回されたとみなされます（民法1023条2項）。

(4) 遺言者が遺言書を故意に破棄した場合

自筆証書遺言を破り捨てたような場合が典型例であり、そのような場合には、その遺言は撤回されたとみなされます（民法1024条）。

他方、公正証書遺言の場合には、手元の公正証書遺言を破り捨てたとしても、原本が公証役場に保管されているので、それだけでは遺言書の撤回に当たらないと考えるのが通常です。

◆遺言撤回行為の撤回

遺言を撤回・変更した後で、更に、やはり元の遺言内容の方がよかったと再度考え直す場合もないわけではありません。その場合に、遺言の撤回行為自体を撤回するということは、もちろん可能です。

ただし、その場合の注意点として、撤回行為を撤回したとしても、原則として自動的に元の遺言内容が復活するわけではないとされていますので、撤回行為の撤回と併せて、再度、遺言者が望む遺言内容を含む遺言書を作成しておく必要があります（民法1025条）。

73 前に書いた遺言書をなくしてしまった場合はどうなるのか

以前遺言書を作成したのですが、引っ越しの際に紛失してしまったようです。どうすればよいでしょうか。

自筆証書遺言の場合には、再度遺言書を作成する必要があります。公正証書遺言の場合には、紛失してしまったとしても特段の問題は生じません。

解説

◆自筆証書遺言の場合

　自筆証書遺言の場合、遺言書は遺言者自身が保管するものであり、遺言者が遺言書を紛失してしまった場合には、事実上、遺言書が存在しないのと同じ状態に戻ってしまいます。

　したがって、遺言者としては、遺言書を再度作成する必要があります。

　もっとも、その後、紛失したと思われていた遺言書が発見された場合、どちらが有効な遺言書として扱われるべきか、不分明な事態が生じかねません。特に、紛失後に作成した遺言書と以前の遺言書とで内容が異なる場合には、大きな問題となります。

　そのような事態を避けるために、遺言書を再度作成する場合には、遺言書を紛失したので再度作成することとした経緯、および先の遺言書ではなく、再度作成する遺言書の記載内容の方が優先する旨を、遺言書の冒頭に明記しておいた方が安全です。なお、令和2年7月10日以降、申請すれば法務局で自筆証書遺言を保管してくれる制度が始まります（法務局における遺言書の保管等に関する法律）。

◆公正証書遺言の場合

　公正証書遺言の場合、遺言書は3部作成され、1部は公証役場に保管されています。したがって、遺言者が遺言書を2通とも紛失してしまったとしても、少なくとも公証役場に遺言書1通は残っており、遺言書の効力に影響はありません。

　また、公正証書遺言については、公証役場で遺言検索システムが利用可能であり、遺言者が亡くなった後は、相続人が公証役場で公正証書遺言の有無を検索することが

でき、謄本を請求することもできます。

　したがって、公正証書遺言の場合には、遺言者が遺言書をなくしてしまったとしても法的効力に影響はなく、相続人にも不都合はないので、法的には特段の問題は生じません。

コラム

◆遺言を書いたことは知らせておいた方がよいか

　遺産分割手続の途中で遺言書が見つかり、遺産分割協議が白紙に戻ってしまう事例、突然遺言書が出てきたことに不審を抱き、遺言の有効性が争われてしまう事例など、遺言書の存在が当初明らかでなかったことにより紛争が生じる例は多くあります。

　そのことを考えると、遺言書の存在はあらかじめ相続人に知らせておいた方がよいのですが、他方で、生前直接に伝えられない事柄だからこそ遺言書を作成するような例もありますので、難しいところです。

第3編　相続開始前の被相続人の準備　　205

74　相続財産の分け方を決めて遺言書を作る時に何か決まりはあるのか

　遺産分割で揉めないよう、あらかじめ相続財産の分け方を遺言書で決めておきたいのですが、表現方法や分け方自体について、何か決まりはありますか。

　不動産の特定の方法や、「相続させる」という表現に注意しましょう。また、どのように分けるかについて、遺留分への配慮が必要です。

解説

◆相続財産の分け方の表現方法について
(1)　表現方法の決まり
　相続財産の分け方の表現方法については特に決まりはありません。
　例えば「〇〇銀行普通預金口座（口座番号〇〇〇〇）を長男に相続させる」というように、個々の財産ごとに誰に相続させるのかを記載する形でも構いませんし、「長男に相続財産の2分の1を相続させる」というように、単に相続割合のみを指定する形でも構いません。「長男に全財産を相続させる」というシンプルな記載でも有効です。
　また、必ずしも相続財産の全てを網羅しておく必要はなく、相続財産の一部のみについて記載する形でも構いません（ただし、その場合、残りの財産について遺産分割協議が必要となり、相続人の負担が増えてしまいますので、例えば「自宅土地建物は長男に相続させ、その余の遺産は全て次男に相続させる。」という形で、全ての財産を網羅しておいた方が望ましいと思われます。）。
(2)　相続財産に不動産が含まれる場合
　ただし、相続財産中に不動産が含まれている場合には、登記名義を変更する手続との関係上、どの不動産を誰に相続させるのかを明示しておくことが必要です。
　そして、その場合の不動産の特定方法ですが、不動産の表示の仕方には、都市部で普段住所を説明する時に使われる住居表示とは別に地番表示というものがあり、不動産登記の関係では地番表示の方が使われます（地番表示については、現地の法務局に聞けば教えてくれることが多く、また、法務局や一部の図書館などに備えられている

ブルーマップというもので調べることもできます。）。

　したがって、遺言書でも、地番表示を用いて不動産を特定し、その不動産を誰に相続させるのかを明示しておくことが必要になります。

(3)　「相続させる」趣旨の遺言の効力

　ところで、財産の分け方を記載する場合の表現方法としては、「遺贈する」「相続させる」など、様々な表現があり得ますが、そのうち「相続させる」という語句には単なる遺贈とは異なる特別の法的意味があります。

　「○○を相続させる」と記載した場合、その財産については直ちに相続人に承継されることになり、他相続人との遺産分割協議を要しません。不動産の登記名義の変更についても、当該遺言書さえあれば、他の相続人の協力を経ずとも手続を行うことが可能です（最判平3・4・19判例時報1384号24頁、最判平14・6・10判例時報1791号59頁等）（他方で、「遺贈する」と記載した場合には、他相続人との協議が必要となります。）。

　その他、相続財産が農地の場合に農業委員会等の許可（農地法3条）が不要である点、相続財産が賃借権の場合に賃貸人の承諾（民法612条1項）が不要である点でも「相続させる」との記載には利点がありますので、基本的には、「相続させる」という表現を用いて遺言書を作成した方が便利です。

　ただし、相続人ではない第三者に財産を譲る場合には、「相続させる」との表現はできず、この場合には「遺贈する」と書くほかありません。

(4)　「相続させる」趣旨の遺言の留意点

　なお、「相続させる」趣旨の遺言そのものについては民法に直接の定めはなく、登記実務が先行し、その後判例によりその法的性格が位置づけられてきたものです。

　一般的には、「相続させる」趣旨の遺言は遺産分割方法の指定（民法908条）であり、かつ、何らの行為を要せずして被相続人の死亡により直ちに相続人に承継される効果を有するものとして理解されており、具体的には上記のような利点を有するものとされていますが、これはあくまでも遺言者の意思をそのように解釈するのが通常であろうということに過ぎません。

　したがって、「相続させる」との文言が用いられていても、その他の遺言書の記載から、単なる遺贈と解釈される場合もありますし、直ちに相続人に承継される効果が認められないこともありますので、留意が必要です。

◆相続財産の分け方自体について

(1)　遺留分による制限

　相続財産の分け方については、遺留分についての配慮が必要となります。

遺留分とは、遺言者の財産のうち、相続人に残さなければならない割合のことであり、相続人に最低限の相続権を確保する機能を有しています（民法1042条以下）。

したがって、遺留分を侵害する場合には受遺者・受贈者は同侵害額に応じた金銭支払債務を負うことになり、その限度で相続財産の分け方も制限されることになります。

(2)　遺留分の割合

遺留分は、次のとおり、誰が相続人となるかで割合が異なります。

> 兄弟姉妹が相続人となる場合の兄弟姉妹の遺留分：なし
> 直系尊属（親・祖父母）のみが相続人となる場合の直系尊属の遺留分
> 　：3分の1
> それ以外の場合の遺留分：2分の1

例えば、妻子が相続人である事例において、遺言で「子に全財産を相続させる」と定めた場合、妻がこれに不服の場合には遺留分を主張することができます。その場合、本来の相続割合（2分の1）の2分の1、すなわち4分の1については妻が金銭支払を請求することができることになります。

ただし、遺留分を主張するかどうかは妻の意思次第であり、遺言内容について妻が納得するのであれば、遺言内容どおり子が全財産を相続することになります。

また、兄弟姉妹には遺留分はありませんので、例えば妻と兄弟姉妹が相続人となる事例において、遺言で「妻に全財産を相続させる」と定めた場合、兄弟姉妹が不服を述べることはできません。

(3)　相続財産の分け方の留意点

以上のとおり、遺留分への配慮といっても、遺言によって不利益を受ける相続人が異議を唱えないと想定されるのであれば、あえて遺留分を無視して相続財産の分け方を定めても構いません。また、兄弟姉妹には遺留分がありませんので、相続財産の分け方を定める場合には、兄弟姉妹の意向は無視しても法的には問題ありません。

他方、それ以外の場合には、せっかく相続財産の分け方を定めたとしても、他相続人の遺留分を侵害していること自体が新たに問題となりかねないので、そもそも遺言書を作る時点で相続財産全てについて大まかな価値を把握した上、他相続人の遺留分を侵害しないような相続財産の分け方を定めておくことが重要となります。

75 遺言書で孫などの相続人でない者に財産を渡すこともできるのか

私の財産の分け方を考えていますが、相続人の息子たちは既に自立しており、他の誰かに財産を渡した方がよいような気もしています。
そのような遺言書を作ることは可能でしょうか。

相続人以外の者に財産を譲ることも可能であり、包括遺贈の方法と特定遺贈の方法があります。ただし、遺留分への配慮は必要です。

解　説

◆包括遺贈と特定遺贈
(1)　相続財産の分け方
　相続財産の分け方について、遺言書で共同相続人間での遺産分割方法を指定したり（民法908条）、各相続人の相続分を指定すること（民法902条）は当然可能ですが、相続人以外の第三者に財産を譲ると定めることも可能です（「遺贈」）（民法964条）。
　その方法としては、包括遺贈と特定遺贈の２種類があります。
(2)　包括遺贈
　包括遺贈とは、相続財産の全部、あるいは何分の１という割合で財産を譲る方式です。この場合、相続財産の譲受人として指定された者（「受遺者」）は、共同相続人との遺産分割協議によって、具体的にどの財産を譲り受けるかを自ら決定することになります。
　包括遺贈の注意点として、受遺者は相続人と同一の権利義務を有するとされているので（民法990条）、指定された割合に応じて、積極財産だけでなく消極財産も受遺者に移転してしまうことになります。
(3)　特定遺贈
　特定遺贈とは、相続財産中の特定の財産を指定して同財産を譲る方式です。
　この場合には、受遺者が関わるのは当該対象財産のみであり、その他の相続財産について共同相続人間の遺産分割協議に加わることはありません。

◆遺留分との関係

　包括遺贈・特定遺贈とも、遺贈がなされた結果として相続人の遺留分を侵害する場合には、その受遺者は相続人からの遺留分侵害額請求の相手方となります（民法1047条）。

　したがって、遺留分侵害額請求を巡る相続人との紛争を防止するためには、遺言書を作成する段階で、あらかじめ、相続人の遺留分を侵害しないような配慮が必要となります（Q74参照）。

◆課税関係

(1)　相続税課税

　遺贈によって財産を譲り受ける場合、受遺者には相続税が課税されることになります（相続税法1条の3）。

　相続人以外の第三者への財産譲渡行為という外形からすると、贈与税なのではないかとの誤解もあり得るところですが、そうではありません。

(2)　注意点

　なお、例えばある財産が子へ相続され、更にその子が死亡して孫へ相続されたような事例を考えた場合、相続税課税される事例であれば、子への相続時と孫への相続時の合計2回相続税が課税されることになります。

　他方、遺言で財産を孫に遺贈した場合には、相続税の課税は1回だけですので、このような遺贈には、相続税の節減という効果が生じる可能性があります。

　もっとも、このような遺贈の場合には相続税が2割加算されますので（Q52参照（相続税法18条））、必ず相続税の節減につながるというものではなく、綿密なシミュレーションが必要となります。

76 妻の老後の面倒をみなければならないという遺言書は有効か

相続人は妻と長男ですが、長男と妻は不仲なので、妻の弟に妻の老後の面倒を見てもらいたいと考えています。そのような内容の遺言書を作成することはできるのでしょうか。

遺言書を作ることはできますが、老後の面倒を誰が見るかという点は法定遺言事項ではないので、法的な効力はありません。もっとも、負担付遺贈の形にするなどの工夫の余地はあります。

解説

◆**法定遺言事項以外の遺言**

法律上、遺言することができることは限定されていますが（Q64参照（法定遺言事項））、老後の面倒を誰が見るか、という点は法定遺言事項ではありません。したがって、これを遺言書に書いたとしても法的な効力はありません。

もっとも、法定遺言事項以外のことを書いてはいけないということではなく、遺言者の気持ちを伝えることも遺言書の重要な役割となります。

したがって、妻の老後を心配する気持ち、特に親族の1人に妻の老後を委ねたいという気持ちを遺言書に書いておくことは当然にできますし、その記載は、相続人との心情との関係では重要な意味を持つことになります。

◆**負担付遺贈**

(1) 負担付遺贈

もっとも、負担付遺贈の方式をとることで、事実上の強制力を持たせることができる場合があります。

負担付遺贈とは、相続財産を受け取る者（受遺者）に一定の法律上の義務を課す遺贈のことです。

例えば、妻の弟に妻の老後の世話を見てもらうこととし、そのために、遺言者名義の預金を全部弟に遺贈することとした場合に、「弟に全預金を遺贈することの負担として、妻が死亡するまで、生活費として妻に毎月5万円を支払うとともに、妻を扶養

しなければならない。」などと遺言書で定めることができます。

この場合、妻の弟には妻に毎月5万円を支払うとともに妻を扶養する義務が生じ、この義務を怠った場合には、相続人（この場合には長男）の請求により、遺贈が取り消される可能性が生じます（民法1027条）。

このように、妻の面倒をみなければ遺贈が取り消されてしまうというペナルティがありますので、妻の弟が妻の面倒をみることについて、事実上の強制力を期待できることになります。

(2)　負担付遺贈の注意点

負担付遺贈の方式をとる場合には、負担の内容を可能な限り具体的にしておくことが必要です。例えば、義務の内容を単に「妻の面倒を見ること」と抽象的に記載するだけにしてしまうと、後日、例えば「施設に入れることは面倒を見ていることになるのか」などといった評価の争いが生じることになり、無用の紛争を惹起してしまいます。

また、負担付遺贈によって生じる義務は、遺贈で受け取る財産の金額の限度にとどまります（民法1002条）。例えば、上記の負担付遺贈の例において、弟に譲った全預金額が100万円であった場合、弟が毎月5万円の生活費を20か月分送金すれば、法的義務としてはそれ以上生活費を送る必要は無くなります。

◆「負担付相続させる遺言」

なお、ご質問の場合は相続人以外の第三者への負担付遺贈の例ですが、相続人に負担付きで財産を相続させる、いわゆる「負担付相続させる遺言」も有効であり、民法上の明文はありませんが、負担付遺贈と同様の規制に服すると考えられています。

77 息子が先に亡くなってしまう場合も考えて遺言書を作れるのか

 私には長男と長女がいますが、長男夫婦にお世話になっていますので、自宅を長男に譲ることとし、万一長男が私より先に亡くなった場合には長男の妻に譲りたいと考えています。このような内容を遺言書に記載することは可能でしょうか。

 遺言書に、予備的に次の相続人を指定することで、意図する内容を実現することができます。

解　説

◆推定相続人が先に亡くなった場合の遺言書の効力

　遺言書で相続財産の分け方を定めた場合でも、不慮の事故や病気によって、同相続財産を受け取ることとした推定相続人の方が先に死亡してしまうこともあります。

　このような場合、同相続人に関する遺言書の記載内容は無効となります（同時存在の原則（民法994条1項））。

　先に死亡してしまった推定相続人の相続人が、遺言によって財産を取得する権利を相続するのではないか、とも考えたくなるところですが、遺言書が無効となる以上、そのようなことにはなりません。

　したがって、ご質問の場合でも、自宅を譲るつもりであった長男が先に亡くなってしまった場合には、遺言書は失効します。その場合、自宅は長女が相続することになり、遺言者の相続人ではない長男の妻は、自宅に対する権利を失ってしまいます。

　したがって、一般に、このような不慮の事態が生じた場合には、遺言書を作り直す必要があります。

◆相続人・受遺者の予備的指定

　もっとも、遺言書において、「仮に長男が遺言者より先に死亡した場合には、長男の妻に自宅を遺贈する」と記載しておけば、改めて遺言書を作成せずとも、長男の妻に自宅を譲ることができます。

　不慮の事態には遺言書の作り直しで対応するのが基本ではありますが、遺言者の状

態いかんでは遺言書の作り直しができない場合も考えられます。したがって、推定相続人に健康上の不安があるなど、万一の場合がある程度想定し得る場合には、あらかじめ、このような相続人・受遺者の予備的指定を行っておくと安心です。

なお、このような相続人・受遺者の予備的指定の記載がない場合でも、遺言書全体の文脈として、推定相続人が先に死亡した場合にはその相続人に財産を譲る趣旨と読める場合がないわけではなく、黙示的にそのような予備的指定があったと認定した判例もあります。

その意味で、相続人・受遺者の予備的指定の記載がないまま不慮の事故で推定相続人が亡くなってしまった場合でも、推定相続人の相続人としては、全く権利を主張する可能性がないわけではありません。ただ、そのような扱いはあくまで例外的なものであり、当然に認められるものではありません。

◆後継ぎ遺贈

ご質問の場合とは場面を異にしますが、遺言によって長男に自宅を相続させたいものの、その遺言にしたがって自宅を相続した長男が亡くなった場合に、その自宅が長男の妻に相続されることまでは望まないという場合もあります。

このような場合に、例えば「長男が死亡した場合には長女に自宅を相続させる」という遺言を作ることはできるかどうか、という問題があります（このような遺言のことを「後継ぎ遺贈」と呼びます。）。

このような後継ぎ遺贈の有効性については議論がありますが、一般的には、長男が亡くなった後の権利関係まで遺言者が定めることはできず、長女に自宅を相続させるという部分は、法的強制力のない遺言者の希望にすぎないと考えられています。

78 遺言信託という言葉を聞くけれど何のことか

　信託銀行に口座を開設しているのですが、最近、よく遺言信託というものを勧められます。これは何でしょうか。

　法的用語としては、信託の方法の1つという意味ですが、その本来の意味とは無関係に、信託銀行の遺言関連サービスの名称として呼称されています。

解説

◆法的意味における遺言信託

(1) 信託とは

　信託とは、「特定の者が一定の目的（中略）に従い、財産の管理又は処分及びその他の当該目的達成のために必要な行為をすべきものとすること」（信託法2条1項）と定義されています。

　その具体的な活用場面は様々ですが、相続の場面についていえば、被相続人（委託者）が、信頼している特定の者（受託者）に対して、相続人（受益者）の扶養や教育などのために財産を利用することを目的として、自分の財産の管理処分を委ねるような活用例が典型的です。

　このような信託を行う方法として、信託契約・遺言・自己信託の3つの方法が法定されており（信託法3条）、このうち遺言によって行う信託のことを遺言信託といいます。

(2) 意義・機能

　信託は、例えば第一次受益者が死亡した場合の第二次受益者を定めることで、遺言では実現できない後継ぎ遺贈（例：「長男が死亡した場合には（長男の妻ではなく）長女に自宅を相続させる」（Q77参照））が可能になるなど、遺言とは異なる意義・機能を有しています。

　ただ、日本では、信託銀行以外の者が信託業を行うことは禁止されていることとの関係で（信託業法3条・7条）、相続対策に信託を取り入れることができる場面は多くありません。

　もっとも、例えば、委託者が賃貸用不動産について、遺言で受益者と受託者を定め

て、賃貸用不動産から入る賃料収入を受益者の生活費や医療費・介護費の支払に充て、受益者死亡後にその不動産を寄附する等を定めることもできます。

ですから、相続対策で信託を用いることも可能ではあります。

◆信託銀行の商品名としての遺言信託

信託銀行は、遺言に関する相談や、遺言書の作成援助、遺言書の保管、遺言内容の執行などの業務を行っており、これを「遺言信託」と呼称しています。

これは、信託という名称が付されているものの、上記の法的意味での信託とは無関係な遺言関連サービスであり、何か通常の遺言書とは異なる特別な法的効果が付与されるというものでもありません。

このような信託銀行の商品としての遺言信託では、遺言書保管時の取扱手数料・年間保管料・遺言執行手続完了時の遺言執行報酬などの諸費用がかかり、信託銀行が関与する意味で安心感がある反面、費用が比較的高額となる傾向があります。

コラム

◆保険加入と健康状態

生命保険の申込みには、その金額の大小を問わず自身の健康状態についての申告が求められます。これを「告知」といい、書面のみで済む場合と、専門の医師による場合とがあります。

この健康状態について、みなさんが考える「健康」と保険会社の考える「健康」とは違います。例えば、少し血圧が高いので念のため降圧剤を飲んでいる、ちょっと心配事があったので安定剤をもらっている、などは病気であるとはいえませんが、保険会社的には「健康」ではありません。

上記のようなことだけで加入できないというわけではありませんが、告知の内容によっては思わぬ条件が付くことはよくあります。だからといって、加入したいがために治療歴をごまかしたりするよりは、包み隠さず正直に、具体的（例えば血圧などの数値）に申告した方が、実は引受けの可能性は高まります。

79 相続対策として信託をどう利用すればよいのか

最近遺言信託というものを聞きますが、遺言による相続対策と、信託を利用した相続対策で、何か違いがあるのでしょうか。

信託契約を締結することで、遺言による相続対策よりも柔軟な対策をとることができる場合もあります。

解説

◆相続対策としての信託の利用

遺言信託について、賃貸用不動産を例にしてQ78で説明しました。遺言と異なり、信託はあくまでも契約ですから、契約内容を被相続人がある程度自由に決めることができます。その結果、遺言による相続対策よりもより柔軟に、被相続人の要望に合致した対策をすることができる場合もあります。

◆受益者連続型信託

受益者連続型信託とは、委託者が受託者に信託財産を信託するときの信託契約に、特約として、受益者の死亡により他の者が新たに受益権を取得する旨の定めをすることができます（信託法91条）。

特約を定めなければ、受益者が死亡した場合、その保有する受益権が相続されて、受益者の相続人が受益者となります。しかし、この特約によって、委託者は、信託財産の将来の行く方を先々まで決めておくことができ、委託者が死亡した後も、委託者の意思によって、契約上の受益者の次の受益者まで指定できます。

例えば、子供のいない夫婦で、夫が委託者兼受益者となって信託財産を受託者に信託した場合、夫は、夫の姉の娘が障害などで金銭的に不自由であるとして、「自分が死亡した後の受益者は妻、妻が死亡した後の次の新たな受益者は姉の娘」と定めることもできます。この特約が無ければ、妻が死亡した場合、妻の法定相続人に受益権が承継されてしまいます。しかし、特約があることで、先々の受益権者をも委託者が指定できるのです。

遺言では、受遺者の次の受遺者を遺言で指定することはできません。ですから、受益者連続型信託では、遺言では不可能な先々の受益権者をも委託者が指定できるとい

うメリットがあります。

　もっとも受益者連続型信託も、法律上、信託後30年経過後、新たに受益権を取得した者が亡くなれば、そこで有効期限が切れます。また、受益者が存命中でも、もともと決められていた信託期間が満了するなどして受益権が消滅すれば、当然に終了します。

　それに、受益者連続型信託をしても、民法の相続規定には従わなければなりませんから、遺留分減殺請求権などの問題は残ります。

◆遺言代用信託

　遺言代用信託とは、遺言と同様に本人の死亡によって開始される信託です。

　委託者の死亡時に受益者となるべき者として指定された者が受益権を取得する旨の定めのある信託（信託法90条1項1号）では、受益者となるべき者が指定されているだけで、委託者死亡の時までは受益者がいないことになります。このときは、信託はスタートしているものの、委託者に受益権があり、委託者が自分の死後の信託財産の受益者を生前に指定していることに、信託の目的があります。

　委託者の死亡の時以後に受益者が信託財産に係る給付を受ける旨の定めのある信託（信託法90条1項2号）では、委託者が存命中から受益者は存在するものの、その受益者は、委託者が存命中は信託財産に係る給付を受けることができません。

　いずれの場合も、委託者の死亡によって信託の実質的な効力が発揮されるので、遺言の代わりになります。

　また、遺言代用信託では、委託者が受益者を変更する権利が留保されていますので、遺言の書き直しができるのと同じことができます。

80 後見信託とは

 高齢者となった私としては、まだ財産の管理能力はありますが、今後私のその能力が衰えたときの財産管理が不安です。相続対策の一環として、信託を利用することができる場合があると聞きましたが、後見との関係でも信託を利用することができますか。

 認知症対応のための任意後見契約付きの信託を活用することが考えられます。

解説

◆任意後見契約と信託契約

　高齢者が財産の管理能力を喪失すると、本人が培ってきたファイナンシャル・リテラシー（お金に関して理解し、適切な決定と行動ができるようになるためのスキルと知識）が失われ、資産運用経験に乏しい相続人に財産移転が行われ、結果として資産運用の失敗による財産喪失のおそれが生じます。

　そこで、信託を活用することで、ファイナンシャル・リテラシーの承継者をあらかじめ指定し、かつ相続争いを回避しながら被相続人の財産承継に係る意思の実現が可能になります。

　そして、認知症対応のために任意後見契約を締結するのであれば、その際に前述した内容の信託契約も締結してしまいます。その際の信託契約としては、まずは委託者自身の財産の運用を信託し、運用成果の支払を委託者自身が受け取ることにする（自益信託）で開始をし、委託者が認知症を発症した時点で任意後見契約が開始され、任意後見人が委託者の代わりに運用成果の支払を受けて金銭の日常管理を行い、委託者の身上監護も行うこととします。そして信託契約締結時に、委託者が死亡した場合の受益者も指定してしまうのです。

　これによって、財産管理を信託で、身上監護は任意後見で行うことにより、思いどおりの相続対策が可能となります。特に信託によって、財産承継もスムーズに行うことができます。

◆信託と成年後見制度の違い

　上記の対策について、任意後見契約のみでも問題がないのではないかと思われる方

がいらっしゃるかもしれません。しかし、信託の受託者と成年後見人とでは次のような権限等の違いがあります。

(1) 財産の運用や処分について

信託契約があれば、受託者は、契約に基づいて委託者の希望どおりに財産の運用や処分ができます。

しかし、成年後見人は、原則として、生前贈与など本人の財産を減らす行為ができません。また、財産の積極的な運用や処分も自由にできないため、相続対策がままならない場合があります。

(2) 委託者本人の死亡後の事務や財産整理について

信託契約の受託者は、信託契約に基づいて、受益権を受益者に配分することができますし、委託者が葬儀費用を信託しておくこともできます。

しかし、任意後見制度は、本人が死亡した時点で任意後見人の任務は終了となります。そのため、本人死亡後の事務処理がスムーズに行えない可能性があります。

81 遺言による寄附をした場合、どうなるのか

相続に当たり自分の財産の一部を相続人以外へ寄附したいと考えています。この場合、相続税はかかるのでしょうか。

相続税課税の有無は寄附をした相手先、およびその相手先での財産の運用方法によって異なります。

解説

◆個人に遺贈した場合

(1) 原則的取扱い

個人に遺言で寄附（遺贈）を行った財産は、相続税の課税対象となります。

(2) 公益を目的とする事業の用に使われる場合

個人が相続財産を取得した場合でも、その取得した人が公益を目的とする事業を行っている場合には、その財産は非課税となる場合があります。具体的には、「宗教・慈善・学術などの公益事業を行う者が相続や遺贈により取得した財産で公益事業に使われることが確実なもの」に対しては相続税は課されません（相続税法12条1項3号）。非課税となる事業には社会福祉事業や更生保護事業、学校の運営などが該当します。ただし、取得者がその財産を取得日から2年以内に公益事業の用に使用しない場合には、その財産には相続税が課税されます。

◆人格のない社団等に遺贈した場合

代表者・管理者の定められている社団・財団で法人格を持たないもの（人格のない社団等）に対して遺言で寄附を行った財産も、相続税の課税対象となります。PTAや社交クラブ、法人格のない活動団体などが人格のない社団等に該当します。人格のない社団等を設立するために寄附を行う財産も同様に課税対象となります（相続税法66条1項・2項）。

また、個人の場合と同様、寄附を受けた人格のない社団等が公益を目的とする事業を行っている場合には、その財産は非課税となる場合があります。

◆法人に遺贈した場合

(1)　原則的取扱い

法人に遺言で寄附を行った財産は、相続税の対象にはなりません。国や地方公共団体に寄附を行った場合も同様です。これは財産を受領した法人側で、その法人の形態に即した法人税課税が行われるためです（Q53参照）。

また、現金以外の現物資産を寄附した場合には、その資産を法人に譲渡したとみなされ、被相続人の譲渡所得税の対象となります。この場合の資産の譲渡価額は相続税評価額ではなく通常の時価となるので注意が必要です（所得税法59条1項1号）。

(2)　法人への遺贈が相続税の対象となる場合

法人への寄附でも、その法人が個人とみなされて相続税の課税対象となってしまう場合があります。簡単にいうと次の2つの要件に該当する場合です（相続税法66条4項）。

① 持分の定めのない法人への寄附、または同法人を設立するための寄附の場合
② その寄附により遺贈者等の親族やこれらの人の特別関係者たちの相続税や贈与税が不当に減少するような場合

「持分の定めのない法人」とは社団・財団法人や医療法人でその法人の社員や構成員に残余財産の請求権がないものをいいます。これは親族に実質的に支配されているような当該法人を傘にして個人の課税を免れようとする租税回避行為に対しての措置になります。

◆遺贈を行う場合の注意点

上記のケースで相続税が課税されることとなる場合、その税額は相続税額の加算の適用を受け、通常よりも2割増しの金額となるので注意が必要です（相続税法18条）。

また当該遺贈については、相手先から受取を拒否される可能性もあります（民法986条）。特に寄附する財産が地方の山林等である場合には受取辞退、あるいは土地の整備費用を逆に要求されるといったケースが多くあります。こうなると寄附財産が宙に浮いてしまい遺言の意味がなくなってしまいます。寄附を行う場合には相手先の了解を事前に得ておくことも重要なポイントになります。

第2　配偶者保護とは

82　配偶者保護の制度として、どのようなものがあるか

　相続法の改正で、配偶者を保護する制度が新設されたとのことですが、どのような制度がありますか。

　配偶者を保護するものとして、配偶者短期居住権、配偶者居住権が新設されたほか、遺産分割に関して持戻免除の意思表示の推定規定が定められました。

　配偶者を保護する政策として配偶者の居住権を保護するものと、遺産分割において配偶者を有利に扱うものとがあります。

解説

◆配偶者の居住権を保護する制度

　配偶者の居住権保護のための制度として、遺産分割が終了するまでの間といった比較的短期間に限りこれを保護する「配偶者短期居住権」と、配偶者がある程度長期間その居住建物を使用することができるようにするための「配偶者居住権」とがあります。これらについては、既にQ39で詳しく説明をしておりますので、そちらをご参照ください。ここでは概略にとどめます。

(1)　配偶者短期居住権（民法1037条以下）

　居住建物について配偶者を含む共同相続人間で遺産の分割をすべき場合の規律として、配偶者は、相続開始の時に、被相続人所有の建物に無償で居住していた場合には、遺産分割によりその建物の帰属が確定するまでの間、または相続開始の時から6か月を経過する日のいずれか遅い日までの間、引き続き無償でその建物を使用することができます。

　遺贈などによる配偶者以外の第三者が居住建物の所有権を取得した場合や、配偶者が相続放棄などをした場合は、配偶者は、相続開始の時に被相続人所有の建物に無償で居住していた場合には、居住建物の所有権を取得した者は、いつでも配偶者に対し配偶者短期居住権の消滅の申入れをすることができますが、配偶者はその申入れを受

けた日から6か月を経過するまでの間、引き続き無償でその建物を使用できます。

(2) 配偶者居住権（民法1028条以下）

配偶者が相続開始時に居住していた被相続人の所有建物を対象として、終身または一定期間、配偶者にその使用または収益を認めることを内容とする法定の権利を新設し、遺産分割における選択肢の1つとして、配偶者に配偶者居住権を取得させることができることとしたほか、被相続人が遺贈等によって配偶者に配偶者居住権を取得させることができることにしました。

◆遺産分割に関する見直し

平成30年の相続法改正で、婚姻期間が20年以上である夫婦の一方配偶者が、他方配偶者に対し、その居住用建物またはその敷地（居住用不動産）を遺贈または贈与した場合については、民法903条3項の持戻しの免除の意思表示があったものと推定し、遺産分割においては、原則として当該居住用不動産の持戻しの計算は不要とされました（民法903条4項）。

これに関する詳細な説明は、Q83を参照してください。

83 持戻免除の意思表示とは

 相続法の改正で、長期間婚姻している夫婦間での居住用建物の贈与についてはどのような保護がされるのか。

 婚姻期間が20年以上である配偶者の一方が他方に対し、その居住の用に供する建物またはその敷地（居住用不動産）を遺贈または贈与した場合、原則として、計算上遺産の先渡し（特別受益）を受けたものとして取り扱わなくてよいことになります。

解説

◆遺産分割について、持戻免除の意思表示の推定規定（民法903条4項）

遺産分割について、もともと特別受益者の相続分について、その受益分を遺産の中に含めることとされていました。共同相続人中に、被相続人から遺贈を受け、または婚姻もしくは養子縁組のためもしくは生計の資本として贈与を受けた者があるときは、被相続人が相続開始の時において有した財産の価額にその贈与の価額を加えたものを相続財産とみなし、当該相続人の相続分の中からその遺贈または贈与の価額を控除した残額をもってその者の相続分とすることです（民法903条1項）。

しかし、被相続人が持戻しをしないでいいという意思表示をしていた場合は、受益分を遺産の中に含めないで良いこととされていました。

平成30年の相続法改正で、配偶者についてこの持戻免除の意思表示が推定される旨の規定が置かれました（民法903条4項）。これによって、その居住用不動産の価格を特別受益として扱わずに計算をすることができるようになります。

◆配偶者の持戻免除の意思表示の推定規定が適用されるための要件と効果

配偶者の持戻免除の意思表示が推定されるためには、①婚姻期間が20年以上の夫婦の一方である被相続人が、他の一方に対し、②その居住の用に供する建物またはその敷地について遺贈または贈与をしたとき、という事情が必要です。

これは、配偶者の生活保障を図るという観点から合理性が認められるとともに、贈与等を行った被相続人の意思としても、持戻しの計算の対象としない意図であるとするのが合理的であることによります。

ここにいう、「婚姻期間の20年間」は、結婚と離婚を繰り返している場合には、婚姻期間を通算されると考えられます。この配偶者は、内縁関係では含まれません。

また、「居住の用に供する建物またはその敷地について遺贈または贈与をしたとき」は、遺贈・贈与時を基準として判断されます。なお居宅兼店舗は居住部分が対象となります。

ただし、この規定はあくまで推定規定です。つまり、被相続人が遺言などでこれと反対の意思表示をしていた場合は、この規定は適用されません。なお、本規定は、配偶者居住権の遺贈にも準用されます（民法1028条3項）。

この推定規定が適用されれば、被相続人が配偶者に自宅不動産を得させるほかに、この自宅不動産の価格を除いた遺産の分割においても、配偶者がより多くの相続財産を相続できるようになります。

84　配偶者短期居住権や配偶者居住権、居住建物の持戻免除の意思表示の推定が認められるためには、どのような準備をしたらよいのか

　配偶者である私が配偶者短期居住権や配偶者居住権、居住建物の持戻免除の意思表示の推定が認められるようにするには、相続開始前からどのような準備をしたらよいでしょうか。

　相続開始時に配偶者として被相続人と居住していることが必要です。また、被相続人が遺贈等によって配偶者に配偶者居住権を取得させるようにしておく必要もあります。

解　説

◆大前提として法律上の「配偶者」になっていること

　配偶者短期居住権や配偶者居住権は、居住建物の持戻免除の意思表示の推定が認められるためには、いずれも「配偶者」、つまり入籍して戸籍上夫婦となっている必要があります。ですから、内縁関係のままではこれらの方策が適用されません。この点はご注意ください。

◆配偶者短期居住権が認められるための事前準備

　相続開始の時に被相続人の財産に属した建物に無償で居住することが必要です（民法1037条１項）。

　被相続人名義の建物でなければなりませんので、建物の登記名義が被相続人になっている必要があります。被相続人名義となっていない（先祖から相続していても相続登記がされていない）場合は、被相続人名義に登記をしてください。

　また、相続開始時点にその建物に無償で居住していたことを証明するのではなく、ずっとその建物に住み続けているという実績があった方がよいので、できれば住民票の住所地がその建物の所在地になっていることが望ましいです。そうでなくとも、水道やガス、電気などの請求書がこの建物宛てに送付されているということがあれば、居住実態があると認められやすくなりますので、これらの請求書を保管しておくとよいでしょう。

あとは廃除等されるなどの相続権を失うようなことをすれば、配偶者居住権が認められなくなりますのでご注意ください（民法1037条1項ただし書）。

◆配偶者居住権が認められるための事前準備

前述した配偶者短期居住権の場合と同じように、相続開始の時に被相続人の財産に属した建物に無償で居住することが必要です（民法1028条1項）。

その他に、配偶者居住権が遺産分割で取得された時か、遺贈の目的とされた時という要件が必要です。そのため、あらかじめ遺言書等で配偶者居住権を与える旨の記載があると望ましいです。この際その期間を定めるかどうかという事になりますが、配偶者保護という点からすると、期間を定めない方がよいでしょう。

◆持戻免除の意思表示の推定が得られるための事前準備

婚姻期間が20年以上の夫婦という条件があります（民法903条4項）ので、20年以上夫婦であるという実績が必要です。

その上で、その居住建物またはその敷地の遺贈または贈与を受けている必要があります。ですから、遺言書でその旨の記載があるとよいでしょう。

第3　生前贈与の活用

85　どのような場合に生前贈与をしておくとよいのか

　私には長男と次男がいますが、普段から折り合いが悪く、私の死後に相続争いが生じないか心配です。遺言書を書くよう勧められるのですが、他に何か方法はないでしょうか。

　生前に各相続人に財産を贈与して分配してしまうことで、死後の相続人間の相続争いを未然に防止することができます。

解説

◆生前贈与
(1)　相続準備における生前贈与の意義
　生前贈与とは、被相続人が存命中に財産を相続人やその他の者に贈与することです。普通の贈与と何ら異なるところはありませんが、特に相続の場面において、遺言や死因贈与（後掲）と対比する意味で、生前贈与という表現が使われています。
　生前贈与は、相続財産を減少させる点で相続税対策としての意味を持つほか、相続財産の分け方を生前に決定してしまうという点で、相続紛争予防としての意味を持っています。
(2)　遺言による遺産分割方法を指定するという方法との比較
　相続財産の分け方を決定するという点では、遺言書で遺産分割方法を指定するという方法もありますが、この場合には、遺言の効力発生の時点で遺言者は死去しているため、遺言が本当に遺言者の真意に基づくものなのかという点が問題となる余地があります。
　この点、生前贈与の場合には、被相続人の真意に基づくものであることが明白なので、より確実に相続争いを予防することができます。
　他方、被相続人の生活資金を確保しなければならないので、相続財産の全てについて生前贈与をしてしまうことはできないという限界があります。
(3)　死因贈与との比較
　なお、相続財産の分け方を定めておく方法としては、死因贈与という方法もありま

す。

　死因贈与とは、相続人が死ぬことを条件として財産を贈与することであり、例えば「自分が死んだら、自宅を贈与する」などという贈与がこれに当たります。

　遺贈と類似していますが、遺贈が受遺者の同意なくできる単独行為であるのに対して、死因贈与は受贈者との同意の下で行われる契約であるという法的な違いがあります。これに伴う方式の差異等はあるものの、基本的な性格は遺贈と同様であり、生前贈与と比べたメリット・デメリットは(2)の場合と同様です。

◆生前贈与において検討しなければいけない点

(1)　ライフプランニング

　生前贈与を行ったことで被相続人の生活資金が無くなってしまっては意味がないので、生前贈与に当たっては、被相続人が想定する今後の生活と、それに要する生活資金についての検討が不可欠です。

(2)　税金面

　生前贈与は、相続財産が減少する点で相続税の節税につながりますが、他方で贈与税の負担が生じる可能性がありますので、双方への配慮が必要となります（Q86・93参照)。

(3)　特別受益による持戻しへの配慮

　生前贈与を行った場合、これが特別受益に当たるかどうかが問題となる余地がありますので、生前贈与の趣旨を明確にし、必要であれば持戻免除の意思表示を行っておくなどの配慮が必要となります（Q47参照)。

86 贈与税を気にせず生前贈与をすることはできないのか

自分が死んだ後で相続争いが起こるのは嫌なので、先に財産を贈与してしまいたいと思っています。手持ちの財産は多くないのですが、贈与税を気にしなければならないのでしょうか。

1年間に贈与する金額が110万円以下の場合、あるいは生前贈与時点の相続財産の総額が相続税の非課税限度額以下の場合には、贈与税の負担なく生前贈与を行うことができます。

解説

◆贈与税について

(1) 生前贈与の活用と贈与税

一般に、生前贈与は相続財産を減少させる点で相続税の節税の意味を持ちますが、相続財産が相続税課税されるような金額でなかったとしても、紛争予防の見地から、生前贈与を活用する場面は大いに考えられるところです（Q85参照）。

とはいえ、その場合でも贈与税は発生し得るので、配慮が必要です。

この点、贈与税の課税制度には、「暦年課税」と「相続時精算課税」の2つがあり、それぞれ、贈与税額の計算方法が異なります。

両制度において、それぞれ、贈与税が課税されない控除額が定められており、その範囲内であれば、贈与税の負担なく生前贈与を行うことができます。

(2) 注意点

ただし、贈与税を負担してもなお相続税課税より有利な場合や、生前贈与の事実を明らかにするためにあえて贈与税を納税した方がよい場合もありますので、生前贈与に際しては、これらの点も勘案した総合衡量が必要となります。

◆暦年課税

(1) 暦年課税とは

暦年課税は、贈与税の原則的な課税形態であり、1月1日から12月31日までの1年間に贈与により受け取った財産の価額を合計し、その合計額から基礎控除額110万円を差し引いて、その残額に税率を掛けて贈与税額を算出します（Q94参照（相続税法21条の7、租税特別措置法70条の2の4））。

したがって、1年間に生前贈与する金額が110万円以下であれば、贈与税の負担は発生しません。

(2) 注意点

なお、この基礎控除額は、贈与者が複数人いても変わらず110万円なので、被相続人が生前贈与額を110万円以下に止めたとしても、他に当該相続人が贈与を受けた場合には、贈与税が発生する余地があります。

◆相続時精算課税

(1) 相続時精算課税とは

相続時精算課税は、贈与者が贈与した年の1月1日において60歳以上の親または祖父母、受贈者が20歳以上（令和4年4月1日以後の贈与は18歳以上。以下同じ）の推定相続人である贈与を受けた年の1月1日において20歳以上の子または贈与を受けた年の1月1日において20歳以上の孫である等の要件を満たした場合に、受贈者が任意で選択することができます（Q95参照（相続税法21条の9））。

これを選択した場合、特別控除枠2,500万円を超える贈与財産額についてのみ贈与税の課税対象となります。そして、その贈与者が亡くなった場合には、贈与財産と相続財産の合計額を元に相続税額を計算した上で、既払の贈与税額を相続税額から控除する形で精算することになります（相続税法21条の12・21条の15・21条の16）。

(2) 注意点

この特別控除枠2,500万円は、暦年課税の基礎控除額110万円とは異なり、相続時精算課税制度選択時から贈与者が亡くなるまでの通算金額です。

また、相続時精算課税制度は特定の贈与者との関係で選択するものであり、他の贈与者からの贈与については、暦年課税制度が引き続き適用となります。

なお、その他、住宅購入資金等の贈与については更に特例があります（Q96参照）。

(3) 相続税・贈与税の負担を免れる場合

相続時精算課税制度を選択した場合、生前贈与時点の財産総額が相続税の非課税限度額（3,000万円＋600万円×法定相続人の数）以下の場合には、生前贈与後に財産額が増加しない限り、贈与者が亡くなった場合に相続税が課税されることはありません。

したがって、この条件下で特別控除枠2,500万円以下の財産を生前贈与する場合には、贈与税も相続税も課税されません。

また、この条件下であれば、特別控除枠2,500万円以上の財産を生前贈与した場合でも、一時的に贈与税を負担することにはなりますが、相続時に既払の贈与税額が精算されるので、最終的には贈与税の負担はありません。

87 生前贈与を受けた相続人と受けない相続人間の利益調整はどうなるのか

相続対策として長男に自宅を生前贈与しましたが、もう1人の相続人である次男は不満そうです。どのように対処すればよいでしょうか。

必要に応じて持戻免除の意思表示を行っておくとともに、少なくとも次男の遺留分を侵害しない程度の財産を確保しておくことが必要です。

解説

◆相続人間の平等を欠く生前贈与のリスク

(1) リスクの内容

生前贈与が相続人間の平等を欠く場合、不利益を被る相続人が不満を持ち、遺産分割協議が円滑に進まない危険があります。

このような感情面の問題に加えて、法的にも、不利益を被る相続人から特別受益の主張や遺留分減殺請求がなされることで、紛争が深刻化する危険があります。

(2) 特別受益とは

特別受益とは、相続分の前渡しと見られる生前贈与や遺贈を受けた相続人がいる場合に、その財産額を含めて具体的な相続割合を計算する制度です（Q47参照（民法903条1項））。

例えば、相続財産が4,000万円で、自宅の価値が2,000万円の場合、自宅の生前贈与を特別受益と考えると、長男と次男の具体的相続分は次のとおりであり、このような遺産分割を次男が主張する可能性があります。

```
長男：(4,000万円+2,000万円)÷2－2,000万円
                              ＝1,000万円
次男：(4,000万円+2,000万円)÷2＝3,000万円
```

(3) 遺留分とは

遺留分とは、遺言者の財産のうち、相続人に残さなければならない割合のことです

が（Q74参照）、この計算の際にも生前贈与の有無は考慮されます（民法1044条）。具体的には、相続人に対する贈与については、相続開始前10年間になされた、「婚姻もしくは養子縁組のため、または生計の資本として受けた贈与」が考慮の対象となります。

　例えば、相続財産が100万円で、自宅の価値が2,000万円の場合、自宅の生前贈与が10年以内に行われ、かつそれが生計の資本としての贈与と考えると、次男の遺留分は次のとおりであり、相続財産100万円全額を充ててもなお不足する425万円について、次男が遺留分を主張する可能性があります。

> （100万円＋2,000万円）÷4＝525万円

◆特別受益に対する配慮

(1)　持戻免除の意思表示

　生前贈与を行った場合において、贈与者は、その贈与財産を特別受益として扱わない旨の意思表示を行っておくことができます（持戻免除の意思表示（民法903条3項）、Q47参照）。この場合、後日の遺産分割において、贈与財産は考慮の対象外となり、特別受益をめぐる争いを防止することができます。

　この持戻免除の意思表示は、どのような方式で行っても構いませんが、贈与契約書や遺言書に記載するなどして明確にしておくことが望まれます（婚姻期間が20年以上の夫婦間の自宅土地建物の贈与については持戻免除が推定されますが（民法903条4項）、それでも明確にしておいた方が望ましいことに違いはありません。）。

(2)　注意点

　なお、何が特別受益に当たるのかについて、民法903条1項では、「（被相続人から）遺贈を受け、又は婚姻若しくは養子縁組のため若しくは生計の資本として贈与を受けた者があるときは」と定められています。

　ただ、形式的にこれに該当したとしても、単なる親族間の扶養義務の範囲内の援助であったり、実質的に対価を支払っているような場合には特別受益とは認められないので、何が特別受益に当たるのかは大きな争点となりがちです。

　このような争点を増やさないためにも、特別受益となるのかどうかについて贈与者の意思を明確にしておくことは大切です。

◆遺留分に対する配慮

(1)　相続財産の価値の把握

　遺留分との関係では、遺留分侵害をめぐる争いを増やさないためにも、相続財産全

てについて大まかな価値を把握した上、他相続人の遺留分を侵害しないような生前贈与を行うことが重要です（Q74参照）。

(2)　注意点

　なお、生前贈与について持戻免除の意思表示を行っていたとしても、遺留分を侵害しているかどうかの計算においては、贈与財産の金額を含めて遺留分が計算されます（民法1044条）。

第4　生命保険の活用

88　遺産分割対策としてどんな場合に生命保険を活用できるのか

「生命保険は相続に有効」とよく聞きますが、遺産分割の場面では、どんな場合に生命保険に入っておくとよいのでしょうか。

生命保険が有効な場面はいろいろとありますが、相続財産に土地・建物のように分割しにくい財産がある場合や、子供が多い場合の相続争い回避のために生命保険を活用することができます。

解　説

◆相続における生命保険の活用

相続において生命保険が有効な場面はいろいろとありますが、主なケースは次の3つです。
① 相続税の納税が予想される場合（節税対策）
② 納税資金が不足する場合（納税資金対策）
③ 相続財産に土地・建物のように分割しにくい財産がある場合や子供が多い場合の相続争い回避（争族対策）

本設問では、③の場面における生命保険の活用について説明します（①②については、Q109参照）。

◆争族回避のための生命保険
(1)　生命保険金は受取人を自由に指定できる財産（遺産分割協議の対象外）

財産の多少に関わらず、分割し難い財産（自宅やその敷地）があり、相続人が複数いるような場合は遺産分割争いになる可能性があります。このような場合、自由に分割でき、かつ現金で支払われる生命保険の利用は非常に有効です。

例えば、相続財産として自宅と土地があり、相続人が3人の息子、という場合、自宅やその敷地は長男、次男・三男には生命保険（＝現金）というようにします。契約形態としては次のとおりです。

契約者	被保険者	受取人
被相続人	被相続人	次男・三男

(2) 代償分割を利用する場合

被相続人が会社経営者または個人事業主などの場合で、後継者に特定の財産（自社株やお店など）を相続させたい場合に代償分割を行う場合がありますが、この代償交付金の原資に生命保険金を充てる方法もあります。この時の契約形態は、相続人が上記と同様のケースであれば、

契約者	被保険者	受取人
被相続人	被相続人	後継者（長男）

となり、後継者は受け取った生命保険金を次男、三男へ代償交付金として支払います。

(3) 注意点

設定保険金額は、次男・三男の想定遺留分以上の金額に設定しましょう。例えば、遺留分が次男・三男それぞれ2,000万円あるのに、長男からの代償交付金（保険金）が1,000万円ずつしかなければ、不足する金額分を請求される可能性があります（遺留分侵害額請求（民法1046条1項））。

設定保険金額についてもう1つ注意が必要なのは、非課税枠を超える生命保険金は、「みなし相続財産」として相続税が課税されます。したがって、その税額分も考慮の上保険金額を設定する必要があります。

◆具体的な保険商品

いずれのケースも、いつ相続が発生しても大丈夫なように終身保険を利用します。ただし、終身保険は保険料が高めですので、保険料が負担なようであれば長期の定期保険（保険期間が90歳以上）を利用してもよいでしょう。

89　いつでも誰でも生命保険に入れるのか

 相続対策として生命保険の利用を考えていますが、加入に当たっての条件などはあるのでしょうか。加入できないのはどのような場合ですか。

 生命保険に加入できるかどうかの判断基準は保険会社によって異なりますが、一般的には年齢・健康状態・職業・収入の有無などによります。

解　説

　相続対策で利用される生命保険とは主に「終身保険（一生涯の死亡保障）」、または「長期平準定期保険（90～100歳までの死亡保障）」です。したがって、下記で述べる加入可否の目安は上記保険についてのものです。また、保険会社によっても異なりますので、あくまでも目安としてお考えください。

◆基本的な加入資格・要件について
(1)　年　齢
　終身保険ですとおおむね80歳くらいまでは加入可能です。保険会社によっては、90歳でも加入できるところもあります。
(2)　職業・収入
　保険会社の定める危険な職業（とび職、スタントマン等）の従事者は保険金額について制限が設けられている場合があります。また、無職者や、年収に対して著しく高額な保険金額であったりすると、加入できない場合もあります。
(3)　住所・国籍
　海外在住の方でも加入は可能ですが、郵便物の配送先として日本国内の住所と国内の保険料振替口座が必要です。
　また、外国人も加入は可能ですが、永住の意思とパンフレット・約款等の内容を理解できるだけの日本語能力が求められます。

◆健康状態等について
(1)　身長・体重
　ＢＭＩ（Body Math Index）という肥満の程度を示す指標を基準とする保険会社が

多いです。計算は「体重(kg)÷身長(m)÷身長(m)」で、痩せ過ぎ・太り過ぎのいずれも加入は難しくなる傾向にあります。

(2) 病歴・持病

主に5年以内の入院・手術歴や、2年以内の健康診断の結果、数か月以内の診察・投薬歴等について、自己申告または医師の審査を求められ、その内容で加入可否を判断されます。

生活習慣病や血液等に関する疾病、あるいは神経・精神疾患等は加入が難しい傾向にあります。

◆契約申込みの意思確認について

(1) 書類手続

病気や障害などで書類が書けないというような場合、申込み自体ができないか、あるいは、保険会社の担当者による意思確認等を行い、本人の代わりに代理人に書いてもらう等の手続で加入が可能な場合もあります。

(2) 意思能力の欠如

認知症や、事故・病気の後遺症などで保険加入の意思確認ができない状態では基本的には保険加入はできません（そもそも契約行為自体が不可能と思われます。）。

◆注意点

以上のように、相続対策として保険の利用をしようと思っても、必ずしも思いどおりに加入できるとは限らず、加入できたとしても「保険料の割増」や「保険金削減」等の不利な条件を提示される場合もあります。

また、相続対策に保険を利用するかどうかは別にしても、病気などで体調を崩してしまったり、最後に述べたような状態ではその他の対策についても実行は困難になると思われます。したがって、少しでも早く対策を打ち始めることが肝要です。

第3編　相続開始前の被相続人の準備

第5　先に亡くなった者の遺産分割

90　被相続人の遺産分割を済ませておかないとどうなるのか

　私には3人の兄妹がおり、それぞれ2人の子がいます。私にも妻と子がいます。自宅土地建物の登記名義が亡くなった父のままになっていますが、このままでよいのでしょうか。

　亡くなった父の相続人が枝分かれして遺産分割協議が困難になり、自宅土地建物の名義変更ができなくなる可能性がありますので、早めに遺産分割協議をして名義変更しておくことが必要です。

解　説

◆相続人・推定相続人の死亡と相続を受ける権利の帰趨
(1)　相続人・推定相続人の死亡
　遺産分割未了のまま相続人が亡くなったり、被相続人より先に推定相続人が亡くなった場合には、誰が相続資格を持つのか分かりにくい状態が生じます。
　死亡の先後関係次第で相続人の範囲が変わってくるので、戸籍と照らし合わせた慎重な調査が必要になります。
(2)　遺産分割未了のまま相続人が亡くなった場合
　遺産分割未了の状態では、相続人は法定相続分に応じた抽象的な相続分を有しますが、これも財産的権利として、相続の対象となります。
　例えば、次の例では、父には祖父について4分の1の割合の相続権があり、この相続権を子が相続することになります。

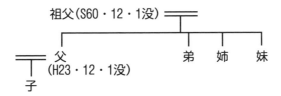

(3)　被相続人より先に推定相続人が亡くなった場合
　例えば、父より先に一人息子が亡くなったという例において、孫がいた場合には、

父の相続人は配偶者とその孫になります（代襲相続（民法887条2項））。

他方、孫がいなければ、父の相続人は配偶者と父親の親となり、親もいなければ兄弟姉妹となります（民法889条1項）。そして、この場合に兄弟姉妹が亡くなっていたとすると、その兄弟姉妹に子がいればその子が相続人となりますが（代襲相続（民法889条2項））、子もいない場合には、結局相続人はいないということになります。

(4) 相続人の代替わり・枝分かれ

以上のとおり、相続人・推定相続人が亡くなったとしても、相続資格は消滅することなく転々と受け継がれ、その過程で複数の子や兄弟姉妹が相続資格を持つことになって、相続人の枝分かれが生じていくことになります。

◆亡くなった親の遺産分割を済ませておかなかった場合

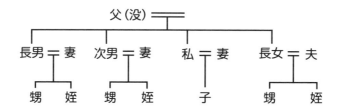

(1) ご質問の場合

ご質問の場合では、父の相続人は「私」と3人の兄妹であり、この時点であれば、遺産分割協議に特段の支障はないことが通常でしょう。

ところが、後日「私」が亡くなった場合には、妻と子が相続資格を承継することになり、父の相続については妻と子が「私」の3人の兄妹と遺産分割協議を行うことになります。さらに、3人の兄妹が亡くなった場合には、それぞれ2人の子とその配偶者が相続人となり、「私」の妻と子が、甥姪たち6人および兄妹の配偶者らと遺産分割協議を行うことになります。この段階に至ると、普段の付き合いが希薄である、誰かが遠隔地に住んでいるといった事情から、遺産分割協議は困難となりがちです。

実際には、さらに世代交代が進んで、相続人が数十名に達してしまう事例も稀ではありません。

(2) 事実上の対応の可否

相続財産が動産や現金であれば、相続人が枝分かれしたとしても、保管者が事実上何らかの処分をしてしまうということができないわけではありません（もちろん、法律上正当な手続ということではありませんが、利害関係人の誰も不満がないような場合には、結果として許容される余地があります。）。

ところが、不動産の名義変更の場面では、法務局が関与する関係上、そのような事

第3編　相続開始前の被相続人の準備　　241

実上の処理が許される余地がないので、相続人の枝分かれの結果、不動産の売却処分
などが事実上不可能になってしまう危険があります。
　下の世代にこのような負担を課さないためにも、親の遺産分割は早めに済ませてお
くことが必要です。

第2章　相続税対策
第1　相続税対策とは

91　そもそも相続税対策とは何か

 そもそも相続税対策ってどういうことでしょうか。

 相続が発生した時に相続税納付が困難となるのを防ぐために、事前に納税資金対策や節税対策が必要になります。

解　説

◆相続対策

　相続対策とは、「相続人間での争いを防ぐ対策」と「相続税対策」に大別されます。
(1)　相続人間での争いを防ぐ対策

　「相続人間での争いを防ぐ対策」とは、相続発生時に相続人間の争いにより遺産の分割や納税がスムーズにいかなくなることを事前に防ぐことを目的とした対策をいい、この点は第3編第1章で扱っています。

　なお、相続税がかからず申告の必要のない場合でも、遺産の分割の問題は生じますので相続対策は必要になります。
(2)　相続税対策

　「相続税対策」とは、相続税額そのものを軽減するための①節税対策と、納税資金を確保するための②納税資金対策とに大別されます。いずれも、相続が発生した時に相続税納付が困難となることを防ぐための対策となります。本設問では、この①②の概略を紹介します。

　なお、その他、遺産分割時の分割方法の工夫によっても相続税額は大きく変動しますので（第2編第4章第2）、そのような効果的な遺産分割が可能なように財産状況を整え、場合によっては遺言書で遺産分割方法を指定しておくことも、広い意味では、被相続人によって準備可能な相続税対策となります。

◆相続税対策① 節税対策

　節税対策とは、相続が発生した時の相続税の負担をできるだけ抑えるように主に次のような対策を行うことをいいます。

(1) 生前贈与の活用

　生前贈与は節税対策の中心になります。生前に財産を子や孫に贈与することにより相続財産を減少させることができ、相続税を軽減させることができます。

　その際、贈与税基礎控除110万円の活用（Q94参照）、相続時精算課税制度の活用（Q95参照）、住宅取得等資金の贈与税の非課税の活用（Q96参照）、贈与税の配偶者控除の活用（Q99参照）といった諸制度の活用のほか、収益不動産の贈与（Q102参照）、保険料の贈与（Q109参照）といった贈与対象財産の選択などの場面において、工夫の余地があります。

(2) 財産の評価額の引下げ

　財産の保有の仕方を工夫することにより、財産の評価額を引き下げることができ、相続税を軽減させることができます。

　中心となるのは不動産関連の諸規定の活用であり、不動産と現預金の評価額の差異を利用した評価額の引下げ（Q100・101参照）、不動産の利用方法に着目した評価額の引下げ（Q102参照）、小規模宅地等の特例を利用した評価額の引下げ（Q103参照）などが主要な手段となります。特に、小規模宅地等の特例の適用の有無は相続税額に極めて大きな影響を与えることになります。

　これらに加え、非課税財産の購入（Q104参照）や、生命保険の活用（Q109参照）なども、財産の評価額の引下げの手段となります。

(3) その他

　その他、養子縁組の活用（Q105参照）、法人制度の利用（Q106参照）によっても相続税の負担を軽くすることができます。

◆相続税対策② 納税資金対策

　相続財産に不動産や未上場株などすぐに換金できない遺産が多いと相続税の金銭一時納付が困難となります。そこで生前に自身の遺産の棚卸を行い相続税のシミュレーションを行います。そこで試算された相続税が保有する金融資産だけだと不足する場合には、納税資金の対策が必要となります。

　納税資金対策としては、相続税額を軽減する節税対策や生命保険の活用、不良資産の売却等が考えられますが、それでも金銭での一時納付が困難な場合には、延納や物納・納税猶予制度の活用可能性も検討する必要があります（Q107参照）。

コラム

◆契約者の権利と受取人の権利

　保険契約において、契約上のあらゆる権利は基本的に保険契約者にあります。保険金受取人の指定・変更についても、保険契約者はいつでも行うことができますが、受け取る権利の確定した保険金の受取人に関しては、いかに保険契約者でも変更することはできません。

　例えば、契約者＝被保険者の方が離婚・再婚をしていて、保険金受取人が前妻のままというケースはよく見受けられますが、このままの状態で被保険者の方が亡くなってしまうと、生前どんなに後妻に保険金を渡したいと思っていても、その権利は前妻で確定してしまい、一切変更することはできなくなります。この場合の保険金は、受取人である前妻の固有財産となるからです。平成22年4月に施行された保険法によって、遺言によっても受取人の変更ができることが明記（保険法44条）されましたが、できれば変更する必要が生じた際に速やかに変更しておくことをお勧めします。

92　税制改正リスクとは何か

　相続税対策をよく勧められるのですが、法改正によってこれまでの相続税対策が無駄になることはないのですか。

　税制改正は毎年行われるものであり、現行税制を前提とした相続税対策が、税制改正によって無意味となる可能性はあります。

解　説

◆税制改正リスク
(1)　税制改正の流れ

　税制は時の政策の影響を受けやすく、毎年何らかの改正が行われています。

　具体的には、毎年12月に翌年度の税制改正の原案である税制改正大綱が発表され、年明けにこれが税制改正法案として国会審理の対象となり、国会を通過した税制改正に関する法律が4月1日までに公布・施行されるというのが通常の流れとなります。

(2)　税制改正の影響

　相続対策は「相続人間での争いを防ぐ対策」と「相続税対策」に大別されますが（Q91参照）、後者の相続税対策はいずれも現行税制を前提とするものですので、将来の税制改正によって無意味となる可能性があります（税制改正リスク）。

　諸制度ごとに税制改正リスクの濃淡はありますので一概にはいえませんが、特に、法の抜け穴を狙ったような節税対策については、実際の相続開始までの間に税制改正によって手当てされ、意味を失う可能性が多分にあります。

　節税効率を追い求めることにはこのような潜在的限界があり、また、節税のために複雑な諸手当を施したことが相続人間の不信をあおり、相続紛争を勃発させてしまう危険もあります。

　相続税対策は相続対策の一部にすぎないと心得て、過度に技巧的な相続税対策は避けることが賢明です。

◆税制改正によって意味を失った過去の相続税対策の実例
(1)　養子縁組制度

　養子縁組を行った場合、基礎控除額の増加、累進課税の緩和、生命保険金および死

亡退職金の非課税金額の増加という影響があり、これらに伴う節税効果があります。古い話になりますが、この節税効果の活用を狙って、何人も養子縁組をするという節税対策が行われた時期がありました。

しかしながら、昭和63年の税制改正により、基礎控除額や非課税金額の増加の対象となる養子の数に制限が加えられたため、このような節税対策は意味を失いました（相続税法15条2項）。

(2) 定期金権利の評価

年金などの形式で一定期間現金の給付を受ける権利のことを定期金といいますが、この定期金を受ける権利の評価方法が、実際の受取金額の現在価値と著しくかい離していたために、一時払個人年金保険に加入して相続税評価額を下げるという節税対策が行われていました。

しかしながら、平成22年の税制改正により、この評価方法が是正され、最低でも解約返戻金相当額を基準として評価額を計算することとされたため、このような節税対策はほぼ意味を失いました（相続税法24条）。

(3) 小規模宅地等の特例

同じく平成22年の税制改正により、居住用宅地等について大幅な評価減を認める小規模宅地等の特例の適用範囲が大幅に縮小されました。

その影響は広範囲にわたりますが、被相続人による相続税対策の一例としては、従前、1棟の建物の一部でも被相続人の居住の用に供されていれば、その他を賃貸していた場合でも、土地全体について（被相続人が居住していたことに対応する）80％の減額が認められていました。そのため、このような被相続人の居住場所の選択により相続税評価額を下げるという節税対策が行われていました。

しかしながら、同税制改正により、このような場合に80％の減額が認められるのは居住部分に対応する土地に限られ、その他の賃貸部分に対応する土地については、50％の減額（相続人が申告時まで不動産貸付業を継続しない場合には減額なし）にとどまることとされました。そのため、このような節税対策の効果は限定的なものとなりました（租税特別措置法69条の4、租税特別措置法施行令40条の2）。

(4) 基礎控除の減少

これまでは、基礎控除は「5,000万円＋1,000万円×法定相続人の数」とされていました。

しかし、平成27年1月1日より、この基礎控除が「3,000万円＋600万円×法定相続人の数」となり、4割減少しました。

ですから、平成27年1月1日よりも前の基礎控除を前提に相続税対策をしていた場合、対策の見直しをする必要があるでしょう。

第3編　相続開始前の被相続人の準備　　247

第2　生前贈与の活用

93　生前贈与でかかる贈与税と相続でかかる相続税はどちらが高いのか

妻と子どもが1人いる70歳男性です。不動産と金融資産を足すと相続税のかかる範囲であるということが分かりました。それなら生前にいくらかでも妻や子どもに贈与をした方がよいのではと思うのですが、その際の贈与税と相続でかかる相続税はどう違うのでしょうか。

贈与税は基礎控除が110万円と低く税率が高いのが特徴です。そこで贈与税と相続税の有利不利を考えた場合に、まず贈与税の実効税率と相続税の実効税率を比較します。贈与税の実効税率が相続税の実効税率より低い範囲で贈与を行えば有利に贈与を行うことができます。

解　説

◆贈与税と相続税の比較

　生前に財産を贈与した場合の贈与税と財産が相続された場合の相続税で、同じ財産にかかる税金を比較してどちらが有利かを考える場合には、贈与税の実効税率（贈与財産の価額に対する贈与税の割合（相続税法21条の7、租税特別措置法70条の2の4））と相続税の実効税率（相続財産の合計額に対する相続税額の割合（相続税法16条））を比較検討する必要があります（後掲表参照）。

◆計算例
(1)　実効税率の比較

　例えば、相続財産が2億円で相続人が配偶者と子ども1人の場合はどうなるのでしょうか。

　この点、遺産を法定相続分で取得する場合の相続税の実効税率は後掲図表より8.4%になります。一方、贈与税の実効税率が8.4%に該当する贈与額は、後掲図表より400

万円未満と読み取れます。

そこで、毎年400万円未満の水準で贈与を行った場合には、各年の贈与税の実効税率が相続税の実効税率を下回る結果、次のとおり、最終的な税負担を低くすることができます。

(2)　税負担額の比較

具体的に、①何も対策をせずに相続が発生した場合と、②仮に年200万円の贈与を10年間2人にした場合を比較すると、次のとおりであり、生前に相続税の実効税率以下の贈与を行うことにより428万円税負担を軽くすることができます。

　ア　何も対策をせずに相続が発生した場合

　相続税　2億円×8.4％＝1,680万円

　イ　年200万円の贈与を10年間2人にした場合

①　贈与税　9万円×10年×2人＝180万円

②　相続税　1億6,000万円×6.7％（1億6,000万円の実効税率）＝1,072万円

③　①＋②＝1,252万円

　ウ　税負担差額（ア－イ）＝428万円

◆留意点

以上は暦年課税（特例税率）方式を前提とした計算ですが、これに代えて相続時精算課税制度を利用することもでき、どちらの制度を選択すべきかについて検討が必要となります。

また、現金贈与ではない場合の贈与税には納税資金の確保が必要になります。

【贈与税の実効税率】

（単位：千円）

贈与額	税率	贈与税額	実効税率
2,000	10％	90	4.5％
3,000	10％	190	6.3％
4,000	15％	335	8.4％
6,000	20％	680	11.3％
8,000	30％	1,170	14.6％
10,000	30％	1,770	17.7％
15,000	40％	3,660	24.4％

20,000	45%	5,855	29.3%
30,000	45%	10,355	34.5%
40,000	50%	15,300	38.3%
50,000	55%	20,495	41.0%

※　実効税率は小数点2位以下四捨五入

　　税率は特例贈与の場合

【相続税の実効税率】

(単位：千円)

遺産額	相続人が配偶者と子1人	相続人が配偶者と子2人	相続人が子1人	相続人が子2人
100,000	3.9%	3.2%	12.2%	7.7%
120,000	4.8%	4.0%	15.2%	9.7%
160,000	6.7%	5.4%	20.4%	13.4%
200,000	8.4%	6.8%	24.3%	16.7%
250,000	9.8%	7.9%	27.7%	19.7%
300,000	11.5%	9.5%	30.6%	23.1%
350,000	12.7%	10.7%	32.9%	25.5%
400,000	13.7%	11.5%	35.0%	27.3%
500,000	15.2%	13.1%	38.0%	30.4%
600,000	16.4%	14.5%	40.0%	32.9%

※　実効税率は小数点2位以下四捨五入

　　法定相続分で取得し配偶者の税額軽減の特例適用後

94 毎年少しずつ贈与しておくと贈与税の負担が軽くなるのか

生前に長男や長女に贈与すると税金が安くなると聞きました。一度にまとめて贈与するのではなく、毎年贈与する方がよいのでしょうか。

贈与税は税率が高いのが特徴です。そこで一度に多額の贈与をするのではなく、毎年贈与税の税率の低い金額を贈与することによって税負担を低く抑えて財産を子どもたちに移すことができます。

解説

◆贈与税（暦年課税）

贈与税とは、個人から財産をもらった時にもらった者にかかる税金です。もらった者が1月1日から12月31日までの間に、もらった財産の合計額（1年間に2人以上から贈与を受けた場合、それらの贈与を受けた財産の合計額）から基礎控除額の110万円を差し引いた後の金額に贈与税がかかります（相続税法21条の7、租税特別措置法70条の2の4）。

【贈与税の税率】（暦年課税）

基礎控除後の課税価格	一般税率 税率	一般税率 控除額	特例税率（※） 税率	特例税率（※） 控除額
200万円以下	10%	−	10%	−
300万円以下	15%	10万円	15%	10万円
400万円以下	20%	25万円	15%	10万円
600万円以下	30%	65万円	20%	30万円
1,000万円以下	40%	125万円	30%	90万円
1,500万円以下	45%	175万円	40%	190万円
3,000万円以下	50%	250万円	45%	265万円
4,500万円以下	55%	400万円	50%	415万円
4,500万円超	55%	400万円	55%	640万円

※　直系尊属（父母や祖父母）からの贈与により財産を取得した受贈者（財産の贈与を受けた年の１月１日において20歳以上の者に限ります。）については、「特例税率」を適用して税額を計算します。

〔計算例〕

同じ年に母から300万円、兄から200万円の現金贈与を受けた20歳以上の弟の場合

①　基礎控除後の課税価格（300万円＋200万円－110万円）＝390万円

②　母からの贈与に対応する税額部分　（390万円×15％－10万円）×（300万円／500万円）＝29.1万円

③　兄からの贈与に対応する税額部分　（390万円×20％－25万円）×（200万円／500万円）＝21.2万円

④　贈与税額②＋③＝50.3万円

◆基礎控除額を意識した贈与の工夫

(1)　基礎控除額の活用

贈与税には税金のかからない基礎控除額110万円（年間）があります。これを利用して長男に110万円の贈与を10年間行うと1,100万円（110万円×10年）を無税で移すことができます。同じように長女にも110万円の贈与を10年間行うと２人合計2,200万円を10年間無税で移すことができます。

(2)　贈与の工夫

贈与の金額と相手にも工夫が必要です。①500万円の贈与を考えている場合に、長男１人に対して500万円を贈与すると48.5万円の贈与税がかかります。これを長男と長女に250万円ずつ分けて贈与すると、贈与税は28万円（14万円×２人）の贈与税負担で済みます。

②同じく500万円の贈与を考えている場合に、一度に贈与すると48.5万円の贈与税がかかりますが、今年250万円、翌年250万円と年度を分けて贈与すると28万円（14万円×２年）の贈与税で済みます。

(3)　贈与の時期

なお、相続開始前３年以内の贈与は相続税の計算上持戻され、贈与税ではなく相続税の課税対象として扱われます（相続税法19条）。

したがって、基礎控除額を利用した節税を試みる場合には、被相続人の容態が危うくなってから慌てて生前贈与を試みても意味はないことになります。ただし、その場合にも、同規定は相続人ではない子供の配偶者や孫に対する贈与には適用されませんので、これらの者への贈与は検討の余地があります。

◆生活費や教育費の援助の非課税

基礎控除額の利用とは別の観点として、扶養義務者に対して行った通常必要と認められる範囲内の生活費や教育費に充てるための贈与については贈与税がかかりません（相続税法21条の3第1項2号）。

ただし、あくまでも生活費や教育費に充てるための資金であり、その資金を預金したり、株式や不動産等の購入資金に充てる場合には贈与税がかかります。

◆生前贈与の注意点

(1) 贈与の証拠

所轄税務署の税務調査や相続人間の遺産分割において、生前贈与の有無自体が争われることが多くあります。そこで生前贈与の証拠を残すことが重要になりますが、その手段の1つとして、あえて贈与税の課税対象となる水準の贈与を行い、贈与契約書を作成して贈与税の申告を行うことも有効です。

その場合でも、相続税と比較検討して実効税率が低い水準での贈与であれば、なお節税としてのメリットがあります（Q93参照）。

(2) 連年贈与の注意点

例えば110万円を10年間贈与するような場合、本来であれば、いずれの年も基礎控除額の範囲内なので、贈与税は発生しないことになるはずです。

しかしながら、所轄税務署の税務調査との関係では、このように毎年同じ金額を贈与している場合、もともと最初の年に1,100万円を贈与するつもりだったとみなされて1,100万円に対する贈与税を指摘される可能性があります（連年贈与）。この場合、最初の年の基礎控除額しか適用がないため、残額990万円について贈与税が課税されることになってしまいます。

このような事態を避けるためには、各年ごとに契約書を作成することは当然として、各年ごとの贈与額に差異を設けるなどの工夫も必要となります。

(3) 不動産の贈与

贈与し得るのは現預金に限られず、不動産も贈与可能ですので、将来不動産の売却を予定していたり、相続税対策を考えている場合には、不動産を贈与することも検討して判断すべきです。

95 一度に大きな金額を贈与しても贈与税の負担が軽くなる場合があるのか

　生前に子どもたちにある程度まとまった金額を贈与したいと考えているのですが、贈与税がかかると思うと踏み切れません。知り合いに贈与にも2種類の贈与があると聞いたのですが、どういった贈与なのでしょうか。

　贈与を受けた人は、暦年課税による贈与と相続時精算課税による贈与を選択することができます。一定の要件がありますが、相続時精算課税でしたら60歳以上の親から20歳以上の子や孫へ2,500万円までなら贈与税の負担なく贈与することができます。

解　説

◆相続時精算課税
(1)　制度の概要
　相続時精算課税とは、60歳以上の親または祖父母から20歳以上（令和4年4月1日以後の贈与は18歳以上）の子どもまたは孫への贈与で2,500万円までの贈与なら贈与税がかからない制度です（相続税法21条の9）。2,500万円を超える贈与については超える部分に一律20％の贈与税がかかります。贈与者が亡くなった場合には、その贈与者の相続税の申告の際に、相続財産に相続時精算課税を適用した贈与財産の価額を加算して相続税を計算することになります。
　贈与者の相続税の申告が必要ない場合でも、相続時精算課税に係る贈与税相当額については、申告をすることにより還付を受けることができます。
　なお、住宅取得資金の贈与については、60歳未満の親でも相続時精算課税を利用することができます（Q96参照（租税特別措置法70条の3））。
(2)　適用を受けるための手続
　相続時精算課税の特例を受けるためには、贈与を受けた年の翌年2月1日から3月15日までの間に、相続時精算課税選択の特例の適用を受ける旨を記載した贈与税の申告書に、相続時精算課税選択届出書、住民票の写し（令和2年1月1日以後の贈与については不要）、戸籍謄本等一定の書類を添付して、納税地の所轄税務署に提出する必

要があります(相続税法21条の9第2項、相続税法施行令5条、相続税法施行規則10条1項・11条1項)。

〔計算例〕

70歳の父親から40歳の子どもへ金銭3,000万円の贈与の場合

暦年課税

課税価格　3,000万円－110万円＝2,890万円

贈与税額　2,890万円×45％－265万円＝1,035.5万円

相続時精算課税

課税価格　3,000万円－2,500万円＝500万円

贈与税額　500万円×20％＝100万円

◆暦年課税と相続時精算課税の選択

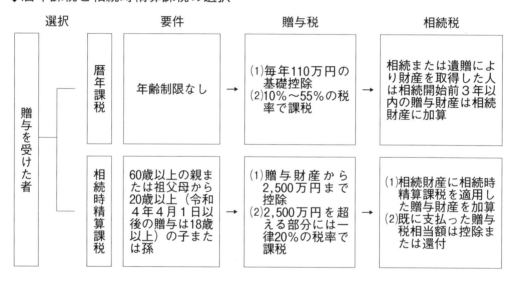

(1) 相続時精算課税選択のポイント

相続時精算課税は贈与者ごとに110万円の基礎控除がある暦年課税との選択になり、相続時精算課税を一度選択すると暦年課税に戻ることはできませんので、慎重な検討が必要です。

この点、相続時精算課税は、相続税と贈与税を一体的に課税する課税方式であり、最終的な課税総額を変更しようとする制度ではありません。

したがって、節税目的で利用するというものではありませんが、推定相続人に現時点でまとまった資金が必要な場合に、当面の贈与税の負担なく財産移転し得るという点で利用価値があります。

(2)　相続時精算課税選択の留意点

　ただし、留意点として、相続時精算課税を選択した者は、将来、贈与をした者が亡くなり相続税の申告が必要になった場合には、相続財産に相続時精算課税で申告した財産の価額を加算することになりますが、ここで加算される金額は申告時の価額となります（相続税法21条の15）。したがって、不動産のような価額変動のある財産を贈与した場合には、相続時に価額が高騰していたような場合には、結果的に相続税を低く抑えることができます。

　他方、贈与した不動産について、小規模宅地等の特例は使えませんので、同特例による節税はできません。

　そこで例えば、地域の開発が決まって値上がりが見込める不動産などがあり、かつ、小規模宅地等の特例を利用する予定がないようであれば、これについて相続時精算課税を利用して贈与すれば、結果として節税となる可能性があります。

96 子や孫の住宅購入を援助することで贈与税や相続税の負担が軽くなるのか

 子や孫に住宅購入資金を援助することで税金が安くなる制度があると聞きましたが、具体的にはどのような制度なのでしょうか。

 住宅取得等資金の贈与を受けた場合の税金の特例として、「住宅取得等資金の贈与税の非課税の特例」と「住宅取得等資金の贈与を受けた場合の相続時精算課税の特例」の2種類があり、この特例は併用して適用を受けることができます。ただし、前者には節税効果がありますが、後者には必ずしも節税効果があるわけではありません。

解 説

◆住宅取得等資金の贈与税の非課税の特例
(1) 制度の概要

　父母や祖父母などの直系尊属から住宅取得等資金の贈与を受けた20歳以上の者で、その年の合計所得金額が2,000万円以下である者が、贈与を受けた年の翌年3月15日までにその住宅取得等資金をもって自己の居住の用に供する一定の家屋の新築や増改築または取得等をし、その日までに居住の用に供した時は、その住宅取得等資金のうち一定の額まで非課税となります。平成28年中の贈与の場合は最大3,000万円までが贈与税の非課税になります（租税特別措置法70条の2）。

(2) 平成27年から令和3年12月までの住宅取得等資金の贈与税の非課税限度額

契約締結期間	消費税率10%が適用される場合		左記以外の場合	
	良質な住宅用家屋	左記以外の住宅用家屋	良質な住宅用家屋	左記以外の住宅用家屋
〜平成27年12月	—	—	1,500万円	1,000万円
平成28年1月〜令和2年3月	—	—	1,200万円	700万円
平成31年4月〜令和2年3月	3,000万円	2,500万円	—	—
令和2年4月〜令和3年3月	1,500万円	1,000万円	1,000万円	500万円

| 令和3年4月～令和3年12月 | 1,200万円 | 700万円 | 800万円 | 300万円 |

※　良質な住宅用家屋とは、省エネルギー性、耐震性、バリアフリー性の高い一定の住宅をいいます。

※　東日本大震災の被災者に適用される非課税限度額は、①平成31年4月1日～令和2年3月31日の契約で、かつ消費税率10％が適用される場合、省エネ等住宅は3,000万円、それ以外の住宅は2,500万円（令和2年4月1日～令和3年12月31日の契約で、かつ消費税率10％が適用される場合、省エネ等住宅は1,500万円、それ以外の住宅は1,000万円）、②①以外の場合、省エネ等住宅は1,500万円、それ以外の住宅は1,000万円です。

(3)　この特例のメリット

　この特例を用いた場合、最大3,000万円まで贈与税が非課税となり、相続時に相続税の課税対象にもなりませんので、相続税・贈与税が安くなることになります。

◆住宅取得等資金に係る相続時精算課税の特例

(1)　制度の概要

　令和3年12月31日までに、親または祖父母から住宅取得等資金の贈与を受けた20歳以上（贈与を受けた年の1月1日において20歳以上の者に限られます。）の子または孫が、贈与を受けた年の翌年の3月15日までにその住宅取得等資金を自己の居住の用に供する一定の家屋の新築もしくは取得または増改築等の対価に充てて、その家屋を同日までに自己の居住の用に供したときまたは同日以後遅滞なく自己の居住の用に供することが確実であると見込まれるときには、住宅取得等資金の贈与者である親または祖父母が60歳未満であっても2,500万円特別控除の相続時精算課税を選択することができます。

　住宅取得等資金の贈与税の非課税の特例の適用を受ける場合には、贈与税非課税の特例適用後の住宅取得等資金について贈与税の課税価格に算入される価額がある場合に限り、この特例の適用があります（租税特別措置法70条の3）。

(2)　この特例のメリット

　この特例の性格は通常の相続時精算課税制度と同様であり、節税目的で利用するというものではありませんが、推定相続人に現時点でまとまった資金が必要な場合に、当面の贈与税の負担なく財産移転し得るという点で利用価値があります。

【住宅取得等資金の贈与に係る特例の適用要件】

項　目	暦年課税	相続時精算課税		住宅取得等資金の贈与
		一　般	住宅取得等資金	
贈与者	個人	その年1月1日現在60歳以上の親または祖父母	親または祖父母（年齢制限なし）	親または祖父母（年齢制限なし）
受贈者	年齢制限なし	その年の1月1日現在20歳以上（令和4年4月1日以後の贈与は18歳以上）の子または孫		その年の1月1日現在20歳以上の子または孫で合計所得が2,000万円以下の者
非課税枠	110万円／年	2,500万円		最大3,000万円
税率	10％〜55％	非課税枠を超えた額に一律20％		非課税枠を超えた場合には暦年課税か相続時精算課税の税率
相続発生時の相続財産への加算	相続開始前3年以内の贈与財産は加算	贈与を受けた全ての贈与財産を加算		なし
相続発生時の贈与税額の扱い	相続税額から控除	相続税額から控除または還付		―

◆計算例

　例えば、平成28年時点で2億4,000万円の相続財産を有していた被相続人が令和2年中に亡くなり、相続人が配偶者と未成年の子1人という事例において、①何も生前贈与をしなかった場合、②子が平成28年から令和元年まで毎年1,000万円の贈与を受け、平成29年の贈与については住宅取得等資金の贈与税の特例の適用を受けた場合、③子が平成29年中に住宅取得等資金として4,000万円の贈与を受け、うち2,500万円は相続時精算課税を選択し、1,000万円を住宅取得等資金の贈与税の特例の適用を受けた場合の贈与税と相続税は次のようになります。

（単位：円）

	①生前贈与なし（※）	②暦年課税による贈与税	③相続時精算課税
相続財産	240,000,000	200,000,000	200,000,000

第3編　相続開始前の被相続人の準備　　259

生前贈与加算（※）	—	20,000,000	30,000,000
課税価格	240,000,000	220,000,000	230,000,000
算出税額（※）	26,481,800	21,488,700	23,964,400
贈与税額控除額	—	△3,540,000	△1,000,000
差引相続税額ⓐ	26,481,800	17,948,700	22,964,400
贈与税ⓑ	—	5,310,000	1,000,000
税合計（ⓐ＋ⓑ）	26,481,800	23,258,700	23,964,400

※　「算出税額」は子が負担すべき配偶者の税額軽減後の相続税額です（未成年者の税額控除は考慮していません。）。

　「生前贈与加算」は相続開始前3年以内の贈与を含み、「住宅取得等資金の非課税分」は除いています。

　相続財産の取得者および取得額は上記①配偶者1億円、子1億4,000万円、上記②および③は配偶者1億円、子1億円です。

　上記①〜③の計算式は次のとおりです（十円単位を切り捨て）。

①の算出税額

　{240,000,000円－（30,000,000円＋2×6,000,000円）}／2×30％－7,000,000円

　＝22,700,000円

　140,000,000円÷240,000,000円≒0.5833

　22,700,000円×2×0.5833＝26,481,800円

②の算出税額

　{220,000,000円－（30,000,000円＋2×6,000,000円）}／2×30％－7,000,000円

　＝19,700,000円

　120,000,000円÷220,000,000円≒0.5454

　19,700,000円×2×0.5454＝21,488,700円

②の贈与税

　（10,000,000円－1,100,000円）×30％－900,000円＝1,770,000円

　贈与税額控除額　　1,770,000円×2年＝3,540,000円

　贈与税　　　　　　1,770,000円×3年＝5,310,000円

③の算出税額

　{230,000,000円－（30,000,000円＋2×6,000,000円）}／2×30％－7,000,000円

　＝21,200,000円

　130,000,000円÷230,000,000円≒0.5652

　21,200,000円×2×0.5652＝23,964,400円

③の贈与税額控除額

$(30,000,000円 - 25,000,000円) \times 20\% = 1,000,000円$

　このシミュレーションによれば、②暦年課税による贈与税を利用した方が節税になるとも思われますが、相続開始前3年以内贈与財産加算の有無等が税額に影響してきますので、一概にはいえません。

第3編　相続開始前の被相続人の準備

97　子や孫の教育資金を援助することで贈与税の負担が軽くなるのか

　孫に学校の入学金や授業料などの教育資金を一括して贈与したいと考えています。この場合の贈与税はどうなりますか。

　子や孫（30歳未満）の教育資金に充てるため、直系尊属（祖父母など）が金融機関等との契約で行う一括贈与の場合、1,500万円までの金額に相当する部分は贈与税が非課税になります。

解説

◆制度の概要

　平成25年4月1日から令和3年3月31日までの間に、30歳未満の子や孫（以下「受贈者」といいます。）が、教育資金に充てるため、金融機関等との教育資金管理契約に基づき、受贈者の直系尊属（祖父母など）から①信託受益権を付与された場合、②書面による贈与により取得した金銭を銀行等に預入れをした場合または③書面による贈与により取得した金銭等で証券会社等で有価証券を購入した場合には、信託受益権または金銭等の価額のうち1,500万円までの金額に相当する部分の価額については、金融機関等の営業所等を経由して教育資金非課税申告書を受贈者の納税地の所轄税務署長に提出することにより贈与税が非課税となります（租税特別措置法70条の2の2）。

　ただし、受贈者の信託等をする日の属する年の前年の合計所得金額が1,000万円を超える場合には非課税の適用はありません。

◆教育資金の範囲
(1)　学校等に対して直接支払われる次のような金銭をいいます。
①　入学金、授業料、入園料、保育料、施設設備費または入学・入園試験の検定料など
②　学用品の購入費、修学旅行費や学校給食費など学校等における教育に伴って必要な費用
(2)　学校等以外に対して直接支払われる次のような金銭で、教育を受けるために支払われるものとして社会通念上相当と認められるものをいいます。
①　役務提供または指導を行う者（学習塾や水泳教室など）に直接支払われるもの

ⓐ　教育（学習塾、そろばんなど）に関する役務の提供の対価や施設の使用料など

ⓑ　スポーツ（水泳、野球など）または文化芸術に関する活動（ピアノ、絵画、バレエなど）その他教養の向上のための活動（習字、茶道など）に係る指導への対価など

ⓒ　ⓐの役務の提供またはⓑの指導で使用する物品の購入に要する金銭

②　①以外（物品の販売店など）に支払われるもの

ⓐ　(1)②に充てるための金銭であって、学校等が必要と認めたもの

ⓑ　通学定期券代、留学のための渡航費などの交通費

　令和元年7月1日以後に支払われる上記①ⓐ〜ⓒの金銭で、受贈者が23歳に達した日の翌日以後に支払われるものについては、教育訓練給付金の支給対象となる教育訓練を受講するための費用に限ります。

◆教育資金の支払および教育資金口座からの払出し

　教育資金の支払および教育資金管理契約に係る口座からの払出しを行った場合には、その教育資金の支払に係る領収書やその支払の事実を証する書類を、次の提出期限までに金融機関等の営業所等に提出する必要があります（租税特別措置法70条の2の2第7項）。

①　教育資金を支払った後に、その金額を口座から払い出す方法を選択した場合　領収書等に記載された支払年月日から1年を経過する日

②　①以外の方法を選択した場合　領収書等に記載された支払年月日の属する年の翌年3月15日

　※　平成28年1月以降、領収書等に記載された支払金額が1万円以下で、かつ、その年中における合計支払金額が24万円に達するまでのものについては、その領収書等に代えて教育資金の内訳（支払先、支払金額）などを記載した明細書を提出することができます。また、平成29年6月1日以降、領収書等の提出について、書面による提出に代えて電磁的方法により提出することができます（租税特別措置法70条の2の2第7項）。

◆教育資金管理契約の終了

(1)　教育資金管理契約の終了

　教育資金管理契約は、次の①〜⑤の事由に応じそれぞれに定める日のいずれか早い日に終了します（租税特別措置法70条の2の2第12項）。

①　受贈者が30歳（その受贈者が30歳に達した日において学校等に在学している場合

を除きます。）に達した場合……30歳に達した日

② 30歳以上の受贈者がその年中のいずれかの日において学校等に在学した日があることを、取扱金融機関の営業所等に届け出なかった場合……その年の12月31日

③ 受贈者が40歳に達した場合……40歳に達した日

④ 受贈者が死亡した場合……死亡した日

⑤ 教育資金管理契約に係る口座等の残高がゼロになり、かつ、その契約を終了させる合意があった場合……合意に基づき終了する日

(2) 契約終了時の贈与の扱い

上記(1)①～⑤（④を除きます。）の事由に該当したことにより、教育資金管理契約が終了した場合に、非課税拠出額から教育資金支出額（学校等以外に支払う金銭については、500万円を限度とします。）を控除した残額があるときは、その残額が受贈者の上記(1)①～⑤（④を除きます。）の事由に該当した日の属する年の贈与税の課税価格に算入されます（租税特別措置法70条の2の2第13項）。

上記(1)④の事由に該当した場合には、贈与税の課税価格に算入されません（租税特別措置法70条の2の2第14項）。

したがって、その年の贈与税の課税価格の合計額が基礎控除額を超えるなどの場合には、贈与税の申告期限までに贈与税の申告を行う必要があります。

◆贈与者が死亡した場合の残高に対する相続税課税

信託等をした日から教育資金管理契約の終了の日までの間に贈与者が死亡した場合（その死亡の日において、受贈者が次のいずれかに該当する場合を除きます。）において、受贈者がその贈与者からその死亡前3年以内に信託等により取得した信託受益権等についてこの非課税制度の適用を受けたことがあるときは、その死亡の日における管理残額を、その受贈者がその贈与者から相続または遺贈により取得したものとみなして相続税が課税されます（租税特別措置法70条の2の2第11項）。

① 23歳未満である場合

② 学校等に在学している場合

③ 教育訓練給付金の支給対象となる教育訓練を受けている場合

※ 平成31年4月1日以後に贈与者が死亡した場合に適用されます。

◆結婚・子育て資金の一括贈与に係る贈与税の非課税制度との併用

併用は可能ですが、結婚・子育て資金の一括贈与に係る贈与税の非課税制度の適用

を受けるために提出した領収書等は、本制度では非課税の適用を受けることはできません（租税特別措置法70条の２の２第７項）。

◆その他

　扶養義務者相互間で、必要な都度支払われる教育費用については、本制度にかかわらず贈与税は非課税になります（相続税法21条の３第１項２号）。

98　子や孫の結婚・子育て資金を援助することで贈与税の負担が軽くなるのか

孫の結婚や出産に係る資金を一括して贈与したいと考えています。この場合の贈与税はどうなりますか。

子や孫（20歳以上50歳未満）の結婚式や引越し費用、出産費用に充てるため、直系尊属（父母や祖父母など）が金融機関等との契約で行う一括贈与の場合、1,000万円までの金額に相当する部分は贈与税が非課税になります。

解説

◆制度の概要

　平成27年4月1日から令和3年3月31日までの間に、20歳以上50歳未満の子や孫（以下「受贈者」といいます。）が、結婚・子育て資金に充てるため、金融機関等との結婚・子育て資金管理契約に基づき、受贈者の直系尊属（父母や祖父母など。以下「贈与者」といいます。）から①信託受益権を付与された場合、②書面による贈与により取得した金銭を銀行等に預入れをした場合または③書面による贈与により取得した金銭等で証券会社等で有価証券を購入した場合には、信託受益権または金銭等の価額のうち1,000万円までの金額に相当する部分の価額については、金融機関等の営業所等を経由して結婚・子育て資金非課税申告書を受贈者の納税地の所轄税務署長に提出することにより贈与税が非課税となります（租税特別措置法70条の2の3）。

　ただし、受贈者の信託等をする日の属する年の前年の合計所得金額が1,000万円を超える場合には非課税の適用はありません。

◆結婚・子育て資金の範囲
(1)　結婚に際して支払う次のような金銭（300万円限度）をいいます。
①　挙式費用、衣装代等の婚礼（結婚披露）費用（婚姻の日の1年前の日以後に支払われるもの）
②　家賃、敷金等の新居費用、転居費用（一定の期間内に支払われるもの）
(2)　妊娠、出産および育児に要する次のような金銭をいいます。

① 不妊治療・妊婦健診に要する費用

② 分べん費用等・産後ケアに要する費用

③ 子の医療費、幼稚園・保育所等の保育料（ベビーシッター代を含みます。）など

◆結婚・子育て資金の支払および結婚・子育て資金口座からの払出し

　結婚・子育て資金の支払および結婚・子育て資金管理契約に係る口座からの払出しを行った場合には、その結婚・子育て資金の支払に係る領収書やその支払の事実を証する書類を、次の提出期限までに金融機関等の営業所等に提出する必要があります（租税特別措置法70条の2の3第7項）。

① 　結婚・子育て資金を支払った後に、その金額を口座から払い出す方法を選択した場合　領収書等に記載された支払年月日から1年を経過する日

② 　①以外の方法を選択した場合　領収書等に記載された支払年月日の属する年の翌年3月15日

◆結婚・子育て資金管理契約の終了

(1)　結婚・子育て資金管理契約の終了

　結婚・子育て資金管理契約は、次の①〜③の事由に該当した場合に終了します（租税特別措置法70条の2の3第11項）。

① 　受贈者が50歳に達した場合

② 　受贈者が死亡した場合

③ 　結婚・子育て資金管理契約に係る口座等の残高がゼロになり、かつ、その契約を終了させる合意があったとき

(2)　契約終了時の取扱い

　上記(1)①または③の事由に該当したことにより、結婚・子育て資金管理契約が終了した場合に、非課税拠出額から結婚・子育て資金支出額（結婚に際して支払う金銭については300万円が限度になります。）を控除した残額（以下「管理残額」といいます。）があるときは、その残額が受贈者の上記(1)①または③の事由に該当した日の属する年の贈与税の課税価格に算入されます（租税特別措置法70条の2の3第12項）。

　上記(1)②の事由に該当した場合には、贈与税の課税価格に算入されません（租税特別措置法70条の2の3第13項）。

　したがって、その年の贈与税の課税価格の合計額が基礎控除額を超えるなどの場合には、贈与税の申告期限までに贈与税の申告を行う必要があります。

◆契約期間中に贈与者が死亡した場合の取扱い

契約期間中に贈与者が死亡した場合には、管理残額を受贈者が贈与者から相続または遺贈により取得したものとみなして、贈与者の死亡に係る相続税の課税価格に加算されます（租税特別措置法70条の2の3第10項2号）。

当該管理残額に対応する相続税額については、相続税額の2割加算の対象にはなりません（租税特別措置法70条の2の3第10項4号）。

また、贈与者から管理残額以外の財産を相続または遺贈により財産を取得しなかった受贈者は、管理残額以外の財産を相続開始前3年以内に贈与により取得していても、相続税の課税価格に加算する必要はありません（租税特別措置法70条の2の3第10項5号）。

したがって、その贈与者の死亡に係る相続税の課税価格の計算に当たっては、その管理残額を含めて課税価格の計算をする必要があります。その計算の結果、遺産に係る基礎控除額を超える場合には、相続税の申告期限までに相続税の申告を行う必要があります。

◆教育資金の一括贈与に係る贈与税の非課税制度との併用

併用は可能ですが、教育資金の一括贈与に係る贈与税の非課税制度の適用を受けるために提出した領収書等は、本制度では非課税の適用を受けることはできません（租税特別措置法70条の2の3第7項）。

◆その他

扶養義務者相互間で、必要な都度直接生活費に充てるためにした贈与で通常必要と認められるものに該当すれば、本制度にかかわらず贈与税は非課税になります（相続税法21条の3第1項2号）。

99 配偶者に贈与する場合には贈与税の負担が軽くなるのか

 長年連れ添った妻には感謝しているので、それなりの金額の贈与を考えていますが、贈与税が高いとそれもままなりません。何か税制上の優遇はないのでしょうか。

 婚姻期間が20年以上の夫婦間で行う居住用不動産またはその不動産を取得するための金銭の贈与でしたら、贈与税の特例として2,000万円の配偶者控除と110万円の基礎控除を受けることができます。

解説

◆贈与税の配偶者控除

婚姻期間が20年以上の夫婦間で、居住用不動産または居住用不動産を取得するための金銭の贈与が行われた場合、次の要件を満たせば基礎控除110万円を合わせて2,110万円まで無税で贈与できます（相続税法21条の6）。

① 夫婦の婚姻期間（内縁関係は含まれません。）が20年を過ぎた後に行われた贈与であること（婚姻期間の1年未満の端数は切り捨てて計算します。）
② 配偶者から贈与された財産が、自分自身が住む居住用不動産であることまたは居住用不動産を取得するための金銭であること
③ 贈与を受けた年の翌年3月15日までにその居住用不動産に住んでいること
④ 戸籍謄本等を添付して贈与税の申告を行うこと

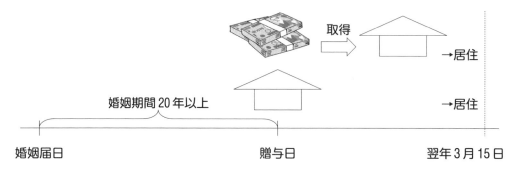

◆贈与税の配偶者控除の利用における留意点

①　贈与税の配偶者控除は、同じ配偶者からは一生に一度しか受けられません。

②　2,110万円まで贈与税がかかりませんので、例えば3,000万円の土地建物の2分の1（1,500万円分）の共有持分贈与も無税で行えます。

③　居住用不動産を夫婦で共有しておくと、将来その居住用不動産を売却した際に「居住用財産の3,000万円特別控除」が各々適用することが可能になり、6,000万円までの売却益に対して譲渡税がかかりません。

④　贈与税の配偶者控除を適用して居住用不動産の贈与が無税で行われても、不動産取得税や登録免許税は課税されます。

⑤　相続開始前3年以内の贈与は相続財産に加算されますが、贈与税の配偶者控除の対象となった部分は加算されません。贈与の年に贈与者が亡くなった場合も同様に加算されません。

⑥　居住用不動産は、国内の家屋またはその家屋の敷地（借地権も含みます。）をいいます。家屋と敷地は一括して贈与する必要はありません。また、家屋の敷地の一部の贈与でも配偶者控除を適用できます。

⑦　相続税を考えた場合には、一般的に現金を贈与するよりは不動産を贈与した方が節税の効果は高いと考えられます。また、土地と建物を比較した場合には、建物については毎年相続税評価額が下がっていくのが通常であるのに対して、土地については地価の変動により相続税評価額が値上がりする可能性もあるので、贈与を行うのであれば家屋より土地を優先すべきです。

〔計算例〕

　　婚姻期間が20年以上である夫婦が、夫から妻へ自宅（4,500万円）の2分の1を持分贈与する場合

　　課税価格　（4,500万円×1／2）－（2,000万円＋110万円）＝140万円

　　贈与税額　140万円×10％＝14万円

コラム

◆配偶者居住権（令和2年4月1日施行）

　被相続人の死亡時にその被相続人の財産であった建物に居住していた配偶者は、遺産分割または遺言によってその居住していた建物の全部について終身または一定期間無償で使用および収益をする権利である「配偶者居住権」を取得することができます。

　配偶者居住権等の評価額は次の①～④のように定められました（相続税法23条の2）。

① 配偶者居住権

建物の時価－建物の時価$\times\left(\dfrac{残存耐用年数－存続年数}{残存耐用年数}\right)\times$存続年数に応じた民法の法定利率による複利現価率

② 配偶者居住権が設定された建物（③④においては「居住建物」とします。）の所有権

建物の時価－配偶者居住権の価額

③ 配偶者居住権に基づく居住建物の敷地の利用に関する権利

土地等の時価－土地等の時価×存続年数に応じた民法の法定利率による複利現価率

④ 居住建物の敷地の所有権等

土地等の時価－敷地の利用に関する権利の価額

※1　「建物の時価」および「土地等の時価」は、それぞれ配偶者居住権が設定されていない場合の建物の時価または土地等の時価とします。

※2　「残存耐用年数」とは、居住建物の所得税法に基づいて定められている耐用年数（住宅用）に1.5を乗じて計算した年数から居住建物の築後経過年数を控除した年数をいいます。

※3　「存続年数」とは、次に掲げる場合の区分に応じそれぞれ次に定める年数をいいます。

　　ⓐ　配偶者居住権の存続期間が配偶者の終身の間である場合…配偶者の平均余命年数

　　ⓑ　ⓐ以外の場合…遺産分割協議等により定められた配偶者居住権の存続期間の年数（配偶者の平均余命年数を上限とします。）

※4　残存耐用年数または残存耐用年数から存続年数を控除した年数がゼロ以下となる場合には、上記①の「$\left(\dfrac{残存耐用年数－存続年数}{残存耐用年数}\right)$」は、ゼロとします。

第3編　相続開始前の被相続人の準備

第3　相続財産の評価額縮減

100　土地や建物を買うと相続税の負担が軽くなるのか

　現在は子どものマンションに同居していますがマンションの購入を考えています。税金のことを考えると預貯金で持っている方がよいのか、それともマンションを購入した方がよいのか悩んでいます。どちらが税金の負担を軽くすることができるのでしょうか。

　相続が発生した時には預貯金は原則その金額で評価しますが、その預貯金で不動産を購入した場合の土地家屋の評価額は購入時の価格よりは低い金額になることが通常ですので、預貯金で相続するより不動産で相続した方が一般的には税金の負担が軽くなります。

解説

◆預貯金か不動産か
(1)　不動産購入のメリット
　遺産分割の際の分割対象としては預貯金の方が不動産より分けやすいので有利です。しかし、負担する相続税額のことを考えますと預貯金で持つより評価額が低くなる不動産で持つ方が有利です。
　すなわち、相続が発生した時には預貯金は原則その金額で評価します。
　他方、その預貯金で不動産を購入した場合、家屋の評価額については固定資産税評価額となり、土地の評価額は原則として路線価に地積を乗じて計算することになりますが、いずれも購入時の価格よりは低い金額となることが通常です（なお、路線価は時価相当額とされる公示価格の8割程度、家屋の固定資産税評価額は一概にはいえませんが大体建築費用の5割～8割位になるようです。）。
　したがって、相続税の計算の基礎となる評価額は預貯金で相続するより不動産で相続した方が一般的には安くなりますので、不動産を購入することが相続税対策となり得ます。
　なお、購入した不動産を他人に貸した場合にはさらに評価額が低くなるので、評価額引下げという意味では、より効果的な相続税対策となり得ます（Q102参照）。

(2)　不動産購入の留意点

不動産価格が高騰し続けていたバブル期には、このような相続税対策が重宝され、購入資金を借り入れてまで不動産購入を図る例も頻発していました。

ただし、現在では、不動産価格の値下がりリスク・空室リスクがありますので、常に有効な相続税対策となるわけではないということに注意が必要です。

◆相続税計算の具体例

子ども1人の父親が預金6,000万円でマンションを購入したとします。相続税評価額は、購入したマンションの家屋は「固定資産税評価額」で評価し、マンションの敷地は路線価を基に共有の敷地権持分で計算します。

評価額は預金のままですと6,000万円ですが、マンションを購入しますとそのマンションの評価額は一般的に6,000万円以下となります（仮に4,800万円とします。）。「預貯金のまま所有する場合」、「預貯金で自宅マンションを購入した場合」、「預貯金で賃貸マンションを購入した場合」、また参考として、「預貯金がなく借入金で自宅マンションを購入した場合」、それぞれの相続税額は次のとおりです。

（単位：円）

	預貯金のまま所有	預貯金で自宅マンション購入	預貯金で賃貸マンション購入	預貯金がなく借入金で自宅マンション購入
預貯金	60,000,000	―	―	―
その他の財産	100,000,000	100,000,000	100,000,000	100,000,000
不動産の評価額	―	（※1）48,000,000	（※2）37,056,000	（※1）48,000,000
小規模宅地等減額 （※3）	―	△23,040,000	△11,808,000	△23,040,000
借入金	―	―	―	△60,000,000
課税価格	160,000,000	124,960,000	125,248,000	64,960,000
相続税額	32,600,000	19,688,000	19,774,400	3,844,000

※1　不動産の自用地評価額は、土地28,800千円、建物19,200千円としています。

※2　不動産の貸家建付地は28,800千円－28,800千円×（0.6×0.3）＝23,616千円、貸家は19,200千円×0.7＝13,440千円としています。

※3　マンション敷地の小規模宅地等の減額割合は自宅は80％、賃貸は50％としています。

このシミュレーションによれば、借入金で自宅マンションを購入する場合の相続税が一番低いですが、不動産の値下がりリスクに加え、相続人は借入金も相続することになりますので、慎重な検討が必要となります。

101　家を修繕すると相続税の負担が軽くなるのか

所有している古い家が、最近頻繁に発生している地震や台風の影響で、ところどころ傷んできてしまいました。将来の相続を考えた場合に、修繕を行うなら生前に行っておいた方が税金が安くなると聞いたのですが、本当でしょうか。

相続が発生した時には預貯金は原則その金額で評価しますが、その預貯金で家屋を修繕した場合の家屋の評価額の増加額は修繕費用以下となることが通常ですので、家屋の修繕を予定しているのであれば生前に行う事により相続財産を減少させることができます。

解説

◆家屋の修繕
(1) 家屋の相続税評価額

相続税は各人の課税価格の合計額を基に一定の算式により計算されます。その課税価格の計算上、現預金の相続税評価額と、その現預金と同額で購入した家屋の相続税評価額には差が生じます。家屋の相続税評価額は固定資産税評価額によりますが、その固定資産税評価額は建築価格の5割～8割前後と言われています。

したがって、相続税対策を考えるのなら現預金を相続するより一般的に評価額が低くなる家屋を相続した方が有利となります。

以上の理屈により、預貯金で相続するよりはその預貯金で現に所有している家屋の修繕を生前に行った方が相続税対策となります。

例えば、500万円の現預金を費やして家屋を修繕した場合には、一般的に家屋の固定資産評価額の増加額は500万円以下となりますので、500万円の現預金をそのまま相続するよりはその差額分だけ相続税の計算の基礎となる評価額が下がることになります。

(2) 家屋を増改築等した場合の留意点

なお、家屋を増改築等した場合において、その増改築した部分を考慮した固定資産税評価額は付されていないことが考えられます。このような場合には、増改築以外の部分の固定資産税評価額に一定の価額（償却後の増改築部分の再建築価額×70％等）

を加算した価額により評価することが国税庁質疑応答事例により明らかにされています。しかし、相続税の申告期限までに都税事務所等で固定資産税評価額の改定をお願いした方が評価額が低くなることも考えられますので、検討の余地はあります。

　実際には、都税事務所等に改定の申出をせずまたは指摘を受けていないことを理由に、従前どおりの固定資産評価額で申告する例が見受けられるところですが、もしも後日、増改築による評価増の点が問題となった場合には追徴課税されるというリスクをはらむところです。

◆増改築未了の家屋の評価
　建築中の家屋についての評価は、費用現価の額×70％とされています（財産評価基本通達91）。

◆その他住宅修繕に関する優遇税制
　相続税の話ではありませんが、自己が所有している居住用家屋について一般省エネ改修工事やバリアフリー改修工事を行った場合に、その家屋を令和3年12月31日までの間にその者の居住の用に供した時には、一定の要件の下で、その改修工事に要した費用の額とその改修工事の標準的な費用の額のいずれか少ない金額（最高200万円）の10％に相当する金額をその年分の所得税額から控除する制度があります（租税特別措置法41条の19の3）。

102　土地や建物を貸すと相続税の負担が軽くなるのか

自宅以外に空家やアパートを何軒か所有しています。空家についてはこのまま所有するよりは、人に貸して家賃収入を得たいと思っています。空家やアパートを人に貸すと相続税計算上評価額が安くなると聞いたのですが本当でしょうか。

相続税の計算上、自用地や自用家屋としての評価ですと評価減はありませんが、賃貸していると貸家建付地や貸家としての評価になり、評価額が低くなりますので、相続税が安くなることになります。さらに、その賃貸物件を贈与することで相続税対策を図ることもできます。

解　説

◆土地建物の賃貸での評価
(1)　貸家建付地の評価

　土地や家屋を自用として利用している場合の評価と他人に貸している場合の評価は異なります（Q17参照）。

　すなわち、自宅として利用している場合は、土地については路線価に地積を乗じた価額が評価額になり（財産評価基本通達2章）、家屋については固定資産税評価額に1.0を乗じた価額が評価額になります（財産評価基本通達89）。

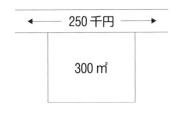

（土地の評価額）
① 　自用地　250千円×300㎡＝75,000千円
② 　貸家建付地
　　　75,000千円−250千円×300㎡×0.6×0.3
　　　＝61,500千円

借地権割合60％　借家権割合30％

　他方、アパートを建築して賃貸している場合の評価は、土地は「貸家建付地」、家屋は「貸家」として評価します（財産評価基本通達26・93）。

　貸家建付地は、自用地評価額×（1−借地権割合×借家権割合×賃貸割合）

　貸家は、固定資産税評価額×（1−借家権割合×賃貸割合）

(2) 賃貸物件の留意点

このように評価しますので、土地や家屋を他人に貸した場合、自用として利用している場合に比べると低い評価額になり相続税を安くすることができます。

さらに、賃貸収入を得ることもできますので納税資金の準備を行うことができますが、これについては空室リスクも伴いますので経営的な視点での判断が求められます。

◆小規模宅地等の評価減の特例

不動産を賃貸することで評価額が下がることは上記のとおりです。さらに貸家の宅地が不動産貸付業等として一定の要件を満たせば、土地の評価額のうち200㎡まで50%相当額の評価額を減額することができます（租税特別措置法69条の4）。

例えば300㎡の貸家建付地が3,000万円の評価額でしたら、そのうち200㎡まで50%相当額の1,000万円が小規模宅地等の評価減の価額となり、特例適用後の土地の評価額は2,000万円となります。

〔計算例〕

3,000万円－3,000万円×200㎡／300㎡×50%＝2,000万円

◆賃貸物件の贈与

以上の視点は、相続財産の評価額を下げるというものですが、別の視点として、駅前の賃貸マンション等の収益物件は、賃貸収入が現預金として所有者である被相続人の相続財産として年々蓄えられていきます。そこでこのような収益物件である賃貸マンション等を早めに相続人である子どもに贈与することによって、相続財産を減らし、さらにその賃貸収入が相続人である子どものものになり、子どもは納税資金の準備をすることができます。

なお、その場合の贈与税についても、貸家建付地ないし貸家としての低い評価になりますので、自用地のまま贈与するよりは贈与税の負担が軽くなります。

◆使用貸借

これまでの説明はあくまでも賃料を受け取って土地建物を貸すことが前提となっています。賃料を受け取らず、無償で親族に土地建物を利用させている場合には、賃貸借ではなく使用貸借となり、「貸家」ないし「貸家建付地」としての評価減は受けられません（また、Q61・103で説明する小規模宅地等の評価減の特例の対象ともなりません。）。

第3編　相続開始前の被相続人の準備　　277

103　自宅を買うか親と同居するかで将来の相続税に影響があるのか

　現在、親元から離れて賃貸マンションに住んでいますが、今後、自宅を買うか、または親の自宅で親と同居するかを迷っています。親も、今後老人ホームに入所するかどうかで迷っているようです。
　私や親がどうするかによって、親の自宅の相続にどのような影響が生じるでしょうか。

　親の自宅の相続については、小規模宅地等の特例の要件を満たす場合には、自宅の敷地のうち330㎡までの評価額が80％減額されます。

解　説

◆小規模宅地等の特例
(1)　制度の概要
　相続または遺贈により取得した財産のうちに、被相続人等（被相続人または被相続人と生計を一にしていたその被相続人の親族）の居住の用に供されていた宅地等で建物の敷地の用に供されているものがある場合には、要件を満たした場合に、相続人等が取得したこれらの宅地等（「特定居住用宅地等」）のうち330㎡までの部分について、評価額が80％減額されます（小規模宅地等の特例（租税特別措置法69条の4）、Q61参照）。
　なお、誰が当該敷地を相続するかによって要件該当性が異なりますが、要件に該当する相続人と該当しない相続人が共有取得した場合には、要件に該当する相続人が取得した持分の割合にのみ特例が適用されます。
(2)　特定居住用宅地等の要件
　ご質問では、そのまま自宅を持たずに親元から離れて暮らし続ける場合、あるいは親の自宅で親と同居する場合には小規模宅地等の特例の適用があり得ますが、親元から離れて暮らし、自宅を買う場合には、小規模宅地等の特例の適用がないことになります。
　また、親が老人ホームに入所したことにより空家となった場合でも、その自宅の敷地について次に掲げる要件を満たしているときには、特定居住用宅地等として小規模

宅地等の特例が認められます。

①　要介護認定または要支援認定を受けていた被相続人が次のⓐ～ⓒの住居または施設に入居または入所していたこと

　　ⓐ　認知症対応型老人共同生活援助事業が行われる住居、養護老人ホーム、特別養護老人ホーム、軽費老人ホームまたは有料老人ホーム

　　ⓑ　介護老人保健施設

　　ⓒ　サービス付き高齢者向け住宅

②　障害支援区分の認定を受けていた被相続人が障害者支援施設などに入所または入居していたこと

③　その建物を事業の用（貸付も含みます。）または被相続人等（被相続人と生計を一にして引き続き居住している親族を含みます。）以外の者の居住の用に供していないこと

【特定居住用宅地等の要件】

区　分	取　得　者	要　件
被相続人等の居住用宅地等	被相続人の配偶者	保有・居住継続要件なし
	被相続人と同じ建物に居住していた親族	相続開始の時から申告期限まで引き続きその家屋に居住し、かつ、その宅地等を有している者
	被相続人と同居していない親族	被相続人の配偶者または相続開始直前において被相続人と同居していた一定の親族がいない場合において、被相続人の親族で相続開始前3年以内に日本国内にある自己、自己の配偶者、自己の三親等内の親族またはその親族と特別の関係のある一定の法人が所有する家屋（相続開始直前において被相続人の居住の用に供されていた家屋を除きます。）に居住したことがなく、かつ、相続開始の時から申告期限まで、その宅地等を有している者（相続開始の時に日本国内に住所がなく、かつ、日本国籍を有していない者は除かれます。）相続開始時に、自己が居住している家屋を相続開始前のいずれの時においても所有していたことがないこと
被相続人と生計を一にする親族の居住用宅地等	被相続人の配偶者	保有・居住継続要件なし
	被相続人と生計を一にしていた親族	相続開始直前から申告期限まで引き続きその家屋に居住し、かつ、その宅地等を有している者

◆計算例

例えば、亡くなった親と同居していた長男が、400㎡ある親の自宅の敷地（評価額25万円／㎡）を相続した場合の小規模宅地等の特例適用後の評価額は次のとおりとなり、特例適用前後で評価額に6,600万円もの差がでます。

① 自宅の敷地（特例適用前）　　　　　　250,000円×400㎡＝100,000,000円

② 小規模宅地等の特例　　　100,000,000円×330㎡／400㎡×80％＝66,000,000円

③ 特例適用後の評価額　　　　　　　　　　①　－　②　＝　34,000,000円

◆留意点

(1) 遺産分割未了の場合

小規模宅地等の特例が適用されるかどうかは、相続税額に非常に大きな影響を与えますが、この特例は、相続税の申告書の提出期限までに相続人等によって分割されていない宅地等には適用されません。

ただし、相続税の申告書と一緒に「申告期限後3年以内の分割見込書」を提出していた場合に、その宅地等が申告期限後3年以内に分割された場合には、特例の適用を受け相続税の還付を受けることも可能ですので、遺産分割協議が長引く場合には、この手続をとっておくことが不可欠となります。

(2) 貸付事業用宅地等の検討

また、小規模宅地等の特例の適用対象となる宅地には、特定居住用宅地等のほか、貸付事業用宅地等も含まれます（その場合には、200㎡まで50％の評価減となります。Q61参照）。

したがって、相続人が自宅を有し、親との同居の予定もない場合には、親の自宅を賃貸に出すことにより、貸付事業用宅地等としての特例適用を検討することも考えられます（相続開始前3年以内に新たに貸付事業の用に供された宅地等は除きます（租税特別措置法69条の4第3項）。）。

104　墓地や仏壇を購入しておくと相続税の負担が軽くなるのか

　知り合いから、墓地や仏壇を生前に購入しておいた方がいいと言われました。しかし、生きている間に墓地や仏壇を購入するのは気が引けます。生前に購入するのと亡くなった後に購入するのとでは税金が違ってくるのでしょうか。

　生前に購入した墓地や仏壇は相続税の非課税財産とされ、相続税の課税対象にはなりませんので、墓地や仏壇の購入資金を手元現金で持っているよりは相続税を安くすることができます。

解　説

◆非課税財産について

(1)　生前購入のメリット

　相続税法では「次に掲げる財産の価額は、相続税の課税価格に算入しない」（相続税法12条）と相続税の非課税財産を規定しています。この条文のなかで墓地や仏壇が非課税財産とされています。

　したがって、墓地や仏壇を生前に購入した場合には、その購入金額分だけ相続税の計算の基礎となる評価額が減ることになりますので、相続税対策となります。

(2)　「墓地」「仏壇」とは

　なお、ここにいう「墓地」「仏壇」について、法文上では次のように定義されています。

　「墓所、霊びょう及び祭具並びにこれらに準ずるもの」（相続税法12条1項2号）

①　「墓所、霊びょう」とは、墓地、墓石およびおたまやのようなもののほか、これらのものの尊厳の維持に要する土地その他の物件を含むものとして取り扱うもの（相続税法基本通達12−1）

②　「これらに準ずるもの」とは、庭内神し、神たな、神体、神具、仏壇、位はい、仏像、仏具、古墳等で日常礼拝の用に供しているもの（商品、骨とう品または投資の対象として所有するものはこれに含まれません。）（相続税法基本通達12−2）

◆注意点

　ここで墓地や仏壇を非課税財産とする場合の注意点は次のとおりです。

①　生前に墓地や仏壇を購入していること

②　墓地や仏壇を購入するための借入金等は債務控除の対象にはならないこと

③　日常礼拝の用が対象で、骨董品や投資の対象となるものは非課税財産には該当しないこと

◆墓地を生前に購入する場合の相続税額シミュレーション

　相続財産が20,000万円で、相続人が妻と子ども２人の場合、被相続人である夫の生前に500万円の墓地等を購入したときの相続税額のシミュレーションは次のようになります。

項　目	生前に購入した場合	生前に購入しなかった場合
相続人	妻と子ども２人	
墓地等の購入価格	500万円	－
相続財産	20,000万円－500万円＝19,500万円	20,000万円
課税価格	19,500万円－4,800万円（3,000万円＋600万円×３人）＝14,700万円	20,000万円－4,800万円（3,000万円＋600万円×３人）＝15,200万円
相続税	10,700,000円	11,200,000円
影響税額	500,000円	

※　相続税は法定相続分で計算し、配偶者の税額軽減を考慮しています。

　このシミュレーションの結果にありますように、500万円の墓地等を生前に購入する場合と購入しない場合では税額に500,000円の差が生じており、墓地等を生前に購入する方が相続税の負担は軽くなります。

第4 養子縁組の活用

105 養子を増やすと相続税の負担が軽くなるのか

親戚の子を養子として迎えようと思いますが、これによって相続税にも何か影響が出てくるのでしょうか。孫を養子とした場合にはどうでしょうか。

養子縁組を行った場合、基礎控除額の増加、累進課税の緩和、生命保険金および死亡退職金の非課税金額の増加という影響がありますので、これらに伴う節税効果があります。孫を養子とした場合でも同様ですが、相続税の2割加算制度も適用されることになります。

解説

◆養子縁組による相続税額への影響

養子縁組を行った場合、基礎控除額の増加、累進課税の緩和、生命保険金および死亡退職金の非課税金額の増加という影響があり、これらに伴う節税効果があります。

(1) 基礎控除額の増加

法定相続人が増えることに伴い、基礎控除額が養子1人につき600万円増えることになります。

ただし、租税回避行為防止のため、基礎控除額増加の対象となる養子の数は、被相続人に実子がいる場合には1人まで、実子がいない場合には2人までに限定されます（相続税法15条2項）。

(2) 累進課税の緩和

法定相続人が増えることにより、各法定相続人の法定相続分が減少し、適用税率の区分が下がる場合があります。

例えば、課税遺産総額が9,000万円で、これを実子1人で相続する場合の適用税率は30％ですが、これを実子1人と養子1人の2人で相続する場合の適用税率は、（各相続人の取得金額4,500万円に対応する）20％であり、適用税率の区分が下がって相続税額が減少することになります。

(3) 非課税金額の増加

生命保険金や死亡退職金の非課税金額は、500万円×法定相続人の数で計算するので、養子が1人増えると非課税金額も500万円増えることになります。

ただし、基礎控除枠の場合と同様、租税回避行為防止のため、これについても非課税金額増加の対象となる養子の数は、被相続人に実子がいる場合には1人まで、実子がいない場合には2人までに限定されます（相続税法15条2項）。

(4) 遺留分の減少

なお、相続税負担の話ではありませんが、その他の養子制度の活用場面として、養子が増えることで各相続人の遺留分が減少することになりますので、特定の相続人になるべく多くの相続財産を与えたい時に、あえて養子を増やしておくという便法がとられることがあります。

◆孫を養子とした場合の特殊性

孫を養子とした場合には、上記の一般的な養子の効果に加えて、次のような特殊性があります。

(1) 相続の一代飛ばし

子の世代を飛ばして財産を相続させることができますので、相続税が課税される回数が1回減ることになります。

(2) 相続税額の2割加算

他方、養子となった孫（代襲相続人となった孫を除きます。）の相続については、原則として「相続税額の2割加算」の対象となります。これは配偶者や一親等の血族以外の者が相続した場合に、その者の相続税額を2割増しにする制度であり、このような世代飛ばしによる租税回避行為防止のための規定です（相続税法18条2項）。

(3) 留意点

このように、孫を養子とした場合の課税関係にはメリット・デメリットがありますので、最終的に節税となるかどうかは、孫を養子とした場合としない場合を双方比較して検討する必要があります。

第5 法人の利用

106 法人を設立することで相続税の負担が軽くなるのか

賃貸用不動産を所有しているのですが、相続税対策として会社設立を勧められることがあります。どういうことでしょうか。

法人を設立して、個人所有の収益不動産をその法人に移したり、個人所有の土地上に法人が新しく収益不動産を建築するなどの方法により、被相続人の財産および収益不動産からの収入を個人から法人へ移転することが、相続税対策となる場合があります。

解説

◆法人の活用

(1) 法人を設立する意味

　ア　賃貸物件を個人が所有するデメリット

　被相続人個人が賃貸物件を所有している場合、その収益はそのまま将来の相続財産となります。また、その収益については不動産所得として所得税課税されます。

　それはそれでよいのですが、収益が上がれば上がるほど相続財産が増え、将来の相続税負担が大きくなってしまいます。また、所得税についても、累進課税方式である関係上、収益が上がれば上がるほど高い税率区分が適用されてしまいます。

　被相続人が個人として賃貸物件を所有することについてはこのような悩みがあります。

　イ　賃貸物件を法人が所有するメリット

　これに対して、法人を設立して被相続人や配偶者・子を会社役員としつつ、被相続人が所有していた賃貸物件を法人に譲渡し、あるいは被相続人が所有していた土地の上に法人が賃貸物件を建築して、法人が賃貸物件の貸主となるようにし、その賃貸収益を原資として被相続人らが会社から役員報酬を受給する形にした場合を考えてみます。

　この場合、会社を通じて賃貸収益を相続人にあらかじめ分散させることができますので、賃貸収益が将来の相続財産増加に直結することはなくなります。また、所得税

課税との関係でも、所得分散により低い税率区分となる可能性がありますし、給与所得控除を活用することもできます。

さらに、死亡退職金規程を設けて被相続人が亡くなった時に死亡退職金を支払うことができるようにすれば、受取人である相続人は、死亡退職金の非課税枠を使いつつ納税資金とすることができます。

このように、被相続人が賃貸物件を所有している場合には、法人を設立することで、相続税負担を軽減することができる可能性があります（実際に相続税負担が軽減されるかどうかについては、個々の事案ごとのシミュレーションが必要です。）。

(2) 法人設立時の検討事項

ア　不動産所有法人とするか、不動産管理会社とするか

上記の例は、法人に賃貸物件の所有権を移転させた例ですが、賃貸物件の所有権は被相続人個人のままとしつつ、設立した法人を不動産管理会社として賃貸物件の管理業務を委ねる方式も考えられます。

両者の有利不利は一概にはいえませんが、後者の場合には、あまり多額の管理料が見込めるものではなく、不動産管理業務の実態を問われることもあるという点に注意が必要です。

イ　出資者および役員の選定

出資者については、配偶者や子どもを出資者とすることができれば相続税対策としては効果が高く、その資金が不足する場合は被相続人からの贈与で対応することも考えます。被相続人が出資をして法人を設立する場合でも、株価対策を行い法人の株価が下がった時に配偶者や子どもに株式の贈与を行うようにすれば、やはり効果的な相続税対策となります。

役員については、上記の例では被相続人が役員に加わっていますが、相続税対策としては相続人を役員とすれば十分です。ただし、被相続人を役員に加えた場合でも、上述の死亡退職金制度の活用による相続税対策は可能です。

ウ　土地の無償返還に関する届出

個人所有の賃貸物件である土地建物のうち建物のみを法人に譲渡した場合、あるいは個人所有の土地の上に法人が建物を建てた場合には、借地権の問題が生じます。借地人となる法人が地主である個人に権利金の支払がない場合は、その個人が法人に借地権を贈与したことになり、法人は受贈益として法人税が課税されてしまいます。

この点は地代水準とも関連して複雑ですが、「土地の無償返還に関する届出」を税務署に提出することにより借地権の受贈益の課税を免れる方法があり得るところです。

(3) 注意点

　以上はあくまでも相続税対策に特化した説明ですが、法人経営自体にもそれなりの苦労はあり、権利関係も複雑になりますので、法人設立が（相続紛争回避という視点も含めた）総合的な相続対策として有効かどうかについては、包括的な検討が必要となります。

◆財産評価への影響

(1) 法人の株式

　不動産を個人所有から法人所有にする場合、相続税の評価対象が不動産から株式になります。株式については株価対策を行う事により相続税評価額を個人所有の不動産より低くすることも可能です（Q131参照）。

(2) 個人および法人所有の不動産

① 　個人所有の土地の上に法人所有の建物がある場合、「土地の無償返還に関する届出」を税務署に提出すると、土地の評価は法人が借地権として土地の20％評価、個人は底地として土地の80％評価となります。

② 　土地・建物とも個人が所有する賃貸物件の場合には、家屋は貸家評価、土地は貸家建付地評価となり自用としての評価額より低い評価額になります。

第6 納税資金の確保

107 納税資金対策として考えるべきことは

 親が資産家なので将来の相続税が不安です。今から納税資金を準備しておきたいのですが何か対策や注意点があるのでしょうか。

 納税資金対策としては、相続税額そのものを軽減する節税対策や生命保険の活用、不良資産の売却等が考えられますが、それでも一時納付が困難な場合には、延納や物納・納税猶予制度の活用も検討することになります。

解　説

◆納税資金の確保

　相続税は金銭一時納付が原則となっています。相続した財産に金融資産が多ければ問題はないのですが、不動産が多い場合などは生前から納税資金対策を行う必要があります。

　納税資金対策としては、まずは、相続税を試算した上で、その一時納付が可能かどうかを検討することになります。その際に検討すべき手段としては、相続税額そのものを軽減するための節税対策、生命保険の活用、不動産の売却や組替え、借入れなどがあります。

　それらの手段を講じても一時納付が困難な場合には、延納や物納、納税猶予の制度の利用を検討することになります。

　延納についてはQ56、物納についてはQ57、納税猶予制度についてはQ108・134で解説していますので、以下では、一時納付を可能にするための諸対策について解説します。

◆一時納付を可能にするための諸対策
(1)　節税対策

　相続税額そのものが軽減されれば、当然ながら用意すべき納税資金も少なくなります。その具体的な節税対策はこれまでの各設問で見てきたとおりですが、その中でも

納税資金の生前贈与ないし収益不動産の生前贈与は、相続税計算の基礎となる財産額を減らしつつ納税資金準備を行うことができるので、高い効果があります。

(2)　生命保険の活用

生命保険金は相続税の納税資金に充当することができます。相続税額のシミュレーションにて相続税額を試算し、それに必要と思われる保険金額を設定することにより納税資金対策になります（Q109参照）。

(3)　不動産の売却や組替え

納税資金が不足している場合には、不動産の売却や組替えをして納税資金を確保することを考える必要があります。それは不動産を売却して得た売却代金を納税資金として確保するやり方、その売却代金で収益性の高い不動産に組み替えるやり方です。売却する不動産は収益性が悪くて固定資産税ばかりかかるような不良資産を選択します。

ただし、不動産を売却することにより納税資金は確保できますが、譲渡所得税の負担可能性に注意する必要があります。

なお、不動産の売却による現金化自体は（売却までの時間的制約の点を度外視すれば）相続開始後でも可能であり、相続により財産を取得した者が、その取得した財産を相続開始の日から申告期限の翌日以後3年以内に譲渡した場合には、その支払った相続税の一部が譲渡所得税の計算上取得費になります（租税特別措置法39条）。

(4)　借入れ

一時納付が難しい場合には「延納」や「物納」という納付方法がありますが、この場合には本税以外に利子税がかかります。

したがって、利子税と借入利息を比較して借入利息の方が有利な場合は、借入金で本税を負担することを検討する場合もあります。

第3編　相続開始前の被相続人の準備

108　農地を相続した場合に納税を待ってもらえることがあるのか

親から農地を相続しました。納税資金が不足している状態ですが、農地を相続した場合には納税を猶予してもらえることはあるのでしょうか。

農地についても相続税の納税猶予の特例があります。これは農地を通常の農地の評価額で計算した相続税と、農業投資価格で評価して計算した相続税との差額の納税を猶予する制度です。

解　説

◆農地等を相続した場合の相続税の納税猶予の特例

　農地等の相続税の納税猶予の特例は、農業経営の近代化および現行民法の均等相続による農地の細分化の防止と農業後継者の育成を税制面から助成するために設けられた制度です（租税特別措置法70条の6）。

(1)　制度の概要

　農業を営んでいた被相続人等から相続人が一定の農地等を相続し、農業を営む場合等は、農地等の価額のうち農業投資価格による価額を超える部分に対応する相続税額については、その相続した農地等について相続人が農業を営んでいる場合等に限り、その納税が猶予されます。

　この農業投資価格とは、農地等が恒久的に農業の用に供されるとした場合に通常成立すると認められる取引価格として所轄国税局長が決定する価格のことであり、通常の宅地評価額の数十～数百分の1程度の水準です。

　したがって、この制度を利用すれば、相続税額の大半は納税猶予となります。

(2)　納税猶予に係る相続税額の免除

　さらに、この農地等納税猶予税額は、次のいずれかに該当することとなった場合には、その納税が免除されます。

① 　特例の適用を受けた相続人が死亡した場合
② 　特例の適用を受けた相続人が、この特例の適用を受けている農地等の全部を贈与税の納税猶予が適用される生前一括贈与をした場合

③ 特例の適用を受けた相続人が相続税の申告期限から農業を20年間継続した場合（市街化区域内農地等に対応する農地等納税猶予税額の部分に限ります。）

(3) 留意点

このように、この制度を利用すれば、相続税額の大半は納税免除となる可能性がありますので、大いに利用価値があります。

もっとも、農業を承継した相続人が当該農地を譲渡したり、駐車場などに転用、または農業経営を廃止したような場合には、納税猶予額を納付しなければならず、しかもその際には、相続税の申告期限の翌日からの利子税が付加されます。

したがって、この制度を利用する場合には、農業を承継する相続人の人生設計をも勘案した慎重な検討が必要となります（なお、農業を承継しない相続人については、納税猶予ないし免除の恩恵がありませんので、その不公平感の調整が必要な場合もあります。）。

◆特例を受けるための手続

この特例の適用を受けるためには、相続税の申告書に、この特例の適用を受ける旨を記載するとともに必要書類を添付して、申告期限内に提出するとともに、納税猶予税額および利子税の額に見合う担保を提供することが必要です（租税特別措置法70条の6、租税特別措置法施行令40条の7、租税特別措置法施行規則23条の8）。

また、納税猶予期間中は、3年ごとに、引き続き特例の適用を受けること等を記載した継続届出書を提出することが必要となります。

◆事　例

相続人3人のうち農業相続人（配偶者および長男）が2人で、下記財産状況の場合の納税猶予額ならびに各人の納付税額は次のとおりになります。

（単位：円）

	合計	配偶者	長男	長女
農地（上段は農業投資価格）	(1,800,000)	(900,000)	(900,000)	
	32,000,000	16,000,000	16,000,000	
その他財産	100,000,000	50,000,000	10,000,000	40,000,000
課税価格（上段は特例の適用を受けた場合）	101,800,000	50,900,000	10,900,000	40,000,000
	132,000,000	66,000,000	26,000,000	40,000,000
算出相続税額	11,700,000	5,850,000	3,287,700	2,562,300

配偶者の税額軽減	5,850,000	5,850,000		
差引税額	5,850,000	0	3,287,700	2,562,300
納税猶予税額	2,565,000	0	2,565,000	
納付すべき相続税額	3,285,000	0	722,700	2,562,300

※　長男の「納税猶予税額」および「納付すべき相続税額」の計算式は次のとおりです。

(1)　相続税の総額（算出相続税額の合計）

① ｛132,000,000円 − （30,000,000円 + 3 × 6,000,000円）｝／ 2 × 20% − 2,000,000円 = 6,400,000円

② ｛132,000,000円 − （30,000,000円 + 3 × 6,000,000円）｝／ 4 × 15% − 500,000円 = 2,650,000円

③　①+②× 2 = 11,700,000円

(2)　農業投資価格による相続税

① ｛101,800,000円 − （30,000,000円 + 3 × 6,000,000円）｝／ 2 × 15% − 500,000円 = 3,535,000円

② ｛101,800,000円 − （30,000,000円 + 3 × 6,000,000円）｝／ 4 × 15% − 500,000円 = 1,517,500円

③　①+②× 2 = 6,570,000円

④　長男の納付すべき相続税額

10,900,000円 ÷ 101,800,000円 ≒ 0.11

6,570,000円 × 0.11 = 722,700円

⑤　長男の納税猶予税額

（11,700,000円 − 6,570,000円）×（16,000,000円 − 900,000円）／（32,000,000円 − 1,800,000円）= 2,565,000円

⑥　長男の算出相続税額

④+⑤ = 3,287,700円

第7　生命保険の活用

109　相続税対策としてどのような場合に生命保険を活用できるのか

　「生命保険は相続に有効」とよく聞きますが、相続税対策の場面では、どのような場合に生命保険に入っておくとよいのでしょうか。

　生命保険が有効な場面はいろいろとありますが、相続税の納税が予想される場合（節税対策）や納税資金が不足する場合（納税資金対策）に生命保険を活用することができます。

解　説

◆相続における生命保険の活用

相続において生命保険が有効な場面はいろいろとありますが、主なケースは次の3つです。
① 相続税の納税が予想される場合（節税対策）
② 納税資金が不足する場合（納税資金対策）
③ 相続財産に土地・建物のように分割しにくい財産がある場合や子どもが多い場合の相続争い回避（争族対策）

ここでは、①②の場面における生命保険の活用について説明します（③についてはQ88参照）。

◆相続税の納税が予想される場合（節税対策）
(1)　生命保険金の非課税枠

相続人の受け取る生命保険金には、一定の額まで相続税の課税価格に算入せず非課税の扱いとする規定があります（相続税法12条1項5号）。具体的には法定相続人1人につき500万円までが非課税となり、例えば、法定相続人が妻と子ども2人の場合であれば、「500万円×3人＝1,500万円」までの生命保険金は相続財産に加えられません。

平成27年1月1日より、相続税の基礎控除が従来の60％に引き下げられたため（法定相続人が上記と同様なら、8,000万円→4,800万円に）よく誤解されますが、生命保

第3編　相続開始前の被相続人の準備　　293

険金の非課税枠はこの改正では変更はありませんでした。

　この非課税枠に収まる保険金額で生命保険に加入すれば、その保険料分の現金が「課税財産」から「非課税の生命保険金」に変わるため、支払保険料の分、相続財産が減ることになります。

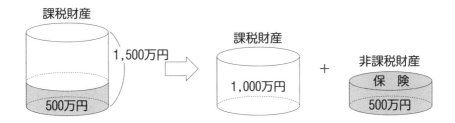

(2)　契約形態

　生命保険金の非課税枠を利用する場合には

契約者	被保険者	受取人
被相続人	被相続人	相続人

とする必要があります。

(3)　注意点

　上記以外の契約形態の場合、例えば、相続人ではない母親が受け取る場合には生命保険金の非課税枠は使えません（図参照）。また、法定相続人であっても、相続放棄をした人が受け取る保険金には非課税枠の適用はありません。

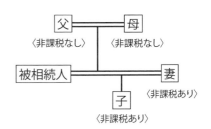

◆納税資金が不足する場合（納税資金対策）

(1)　現金の確保

　ある程度資産はあるが、その多くが自宅やその敷地などの不動産である場合には、課税財産が高額で、相続税の支払に充てられる現金が不足することが考えられます。すぐに現金化できる資産がある、または相続人自身に支払能力がある場合には問題ありませんが、そうでない場合には自宅を手放さねばならなくなることもあります。

　また、充分な預金がある場合にも、相続が発生すると一時的に預金口座が凍結されてしまいます。令和元年7月1日からは、相続法の改正により、遺産分割前でも家庭裁判所の判断で仮払が認められるようになりました（民法909条の2）が、単独では自身の法定相続分の3分の1まで（金融機関ごとに150万円が上限）という制約がある（民

法第909条の2に規定する法務省令で定める額を定める省令）ため、生活費や葬式費用などの支払に困る場合があります。

このような事態を防ぐため、相続発生時にすぐ使える現金を確保する手段として、生命保険の利用が有効です。

(2)　契約形態①

納税資金対策として生命保険を利用する場合の代表的な契約形態は次のとおりです。

契約者	被保険者	受取人
被相続人	被相続人	相続人

この場合、相続人の受け取る保険金は、上記(1)の生命保険金の非課税枠を超える部分は本来の相続財産とは別の「みなし相続財産」として課税対象となります（相続税法3条）。

したがって、相続税の増額分を考慮に入れて加入する必要があります。

(3)　契約形態②

納税資金対策として生命保険を利用する場合のもう1つの契約形態として、次のような形にした上で、保険料相当額を親が子に贈与する形態も考えられます。

契約者	被保険者	受取人
相続人	被相続人	相続人

この場合、相続人の受け取る保険金は、相続財産ではなく相続人自身の一時所得として扱われ、所得税の対象となります。一時所得の計算方法は次のとおりであり、税負担が緩和されています。

（受取保険金－払込保険料－50万円）×1／2　＝　一時所得

(4)　注意点

この場合の受取保険金は納税資金に充てるものですので、受取人に指定する相続人は実際に相続税の納税が予想される者です。このため、各相続人の納税額をある程度把握しておく必要があります。

◆具体的な保険商品

いずれのケースも、いつ相続が発生しても大丈夫なよう終身保険を利用します。ただし、終身保険は保険料が高めですので、保険料が負担なようであれば長期の定期保険（保険期間が90歳以上）を利用してもよいでしょう。

110 誰を生命保険の契約者・受取人とするかによって税金が変わってくるのか

相続対策に生命保険を利用する場合、受取人は誰にしておけばよいですか。全て妻にしておけばよいのでしょうか。

受取人を誰にするかは加入の目的によって異なりますが、契約者・被保険者・受取人の関係によって保険金の課税の取扱いも変わってきますので、注意が必要です。

解説

◆受取人によって変わる課税の取扱い

受取人を誰にするか考える上で気を付けなければならないのは、受取保険金の課税取扱いです。生命保険を利用した相続税対策では相続人を受取人とすることが一般的ですが、その場合の契約形態ごとの課税の取扱いは下記のとおりです。

	契約者	被保険者	受取人	課税
①	夫（被相続人）	夫（被相続人）	妻・子	相続税
②	子	夫（被相続人）	子	所得税（一時所得）
③	妻	夫（被相続人）	子	贈与税

(1) 相続税課税となる契約形態（上表①の場合）

生命保険の非課税枠の利用、納税資金対策、遺産分割対策など、相続対策においてもっとも多く利用される契約形態です。

非課税枠の利用の場面では、受取人が各相続人の誰であっても非課税枠を利用できます。

納税資金対策の場面では、妻には最低１億6,000万円の税額軽減があることから、妻以外の（相続税の納税のある）相続人を指定します。

遺産分割対策の場面では、自宅やその敷地を相続できない相続人、または代償交付を行う相続人を受取人に指定します。

(2) 所得税（一時所得）課税となる契約形態（上表②の場合）

納税資金確保や代償分割などで子に保険料負担能力がある場合や、相続財産が非常

296　　　第3編　相続開始前の被相続人の準備

に高額で、相続税よりも一時所得の対象としたほうが税金上有利になる場合に利用します。

(3)　贈与税課税となる契約形態（上表③の場合）

　最高税率は相続税と同じ55%ですが、贈与税の場合、最高税率が課されるのは課税価格4,500万円超から（一般贈与の場合、3,000万円超から）と、相続税よりもはるかに低い金額です（相続税の最高税率は6億円超から）。したがって、あえて贈与税課税とするメリットは少ないといえます。

　なお、平成27年1月1日施行の税制改正により、贈与税の税率構造が変わりました。

　まず、贈与者と受贈者の関係および年齢によって「特例贈与」と「一般贈与」に分かれます。また、どちらの贈与になるかで、税額を算出する速算表も異なります。具体的には下記のとおりとなります（下線が修正税率）（相続税法16条・21条の7、租税特別措置法70条の2の5）。

【相続税の速算表】

課税価格	税率	控除額
1,000万円以下	10%	―
1,000万円超3,000万円以下	15%	50万円
3,000万円超5,000万円以下	20%	200万円
5,000万円超1億円以下	30%	700万円
1億円超2億円以下	40%	1,700万円
2億円超3億円以下	45%	2,700万円
3億円超6億円以下	50%	4,200万円
6億円超	55%	7,200万円

【贈与税の速算表】

＜一般贈与＞（特例贈与以外の贈与）

基礎控除後の課税価格	税率	控除額
200万円以下	10%	―
300万円以下	15%	10万円
400万円以下	20%	25万円
600万円以下	30%	65万円
1,000万円以下	40%	125万円

1,500万円以下	45%	175万円
3,000万円以下	50%	250万円
3,000万円超	55%	400万円

＜特例贈与＞（20歳以上の子・孫への直系尊属からの贈与）

基礎控除後の課税価格	税　率	控除額
200万円以下	10%	－
400万円以下	15%	10万円
600万円以下	20%	30万円
1,000万円以下	30%	90万円
1,500万円以下	40%	190万円
3,000万円以下	45%	265万円
4,500万円以下	50%	415万円
4,500万円超	55%	640万円

◆その他、受取人を相続人以外に指定する場合の課税の取扱い

(1)　親

契約者	被保険者	受取人
夫（被相続人）	夫（被相続人）	夫の親

　妻または子がいる場合、親は法定相続人とはならないため非課税の適用はなく、遺贈により取得したとみなされ相続税の課税対象となります。相続税対策においてこの契約形態にするケースはあまり無いですが、親が子に掛けていた保険を、結婚を機に子に契約者変更した、という場合によく見られます。

(2)　兄弟姉妹

契約者	被保険者	受取人
夫（被相続人）	夫（被相続人）	夫の兄弟姉妹

　この場合も、遺贈により取得したとみなされ相続税が課税されます。非課税の適用ももちろんありません。

(3) 内縁の妻（配偶者）

契約者	被保険者	受取人
夫（被相続人）	夫（被相続人）	内縁の妻

　保険金受取人は原則、二親等内の親族と定められていますが、一定の要件を満たすことにより内縁の妻を受取人に指定することが可能な保険会社もあります。内縁の妻が受け取った保険金も、遺贈により取得したとみなされ相続税の課税対象となり、やはり非課税の適用はありません。

(4) 相続放棄した相続人

契約者	被保険者	受取人
夫（被相続人）	夫（被相続人）	子（相続放棄）

　相続放棄した場合でも、生命保険金は受取人固有の財産であるため全額受け取ることが可能です。ただし、非課税枠の利用はできません。

◆受取人に関する注意点

(1) 被相続人より先に受取人が死亡

契約者	被保険者	受取人
夫（被相続人）	夫（被相続人）	子（既に死亡）

　被相続人の死亡時に、既に受取人が死亡していてかつ新たな受取人を指定していない場合、その権利は他の相続人ではなく、受取人の相続人に移ります（保険法46条）。例えば上記契約形態で相続人は妻と子、子にも配偶者がいる場合、受取人は被相続人の妻ではなく子の配偶者となります。

　円満な関係にある親族が受け取る場合は問題ありませんが、不本意な相手が受取人となる場合も考えられますので、受取人が誰になっているかは常に確認が必要です。

(2) 未請求の入院給付金は相続財産

　通常、医療保険などの入院給付金等の受取人は被保険者本人が原則で、所得税との関係では全額非課税ですが、入院中、給付金の請求前にそのまま亡くなった場合、未請求の入院給付金については本来の相続財産として相続税の課税対象になります（相続税法基本通達3－7）。給付金額の未請求分があまり高額にならないうちに受取手続を済ませておくか、受取人を配偶者・子供などにしておけば問題ありません。

コ ラ ム

◆契約者≠保険料負担者の場合の課税関係

　夫婦共働きも珍しくない昨今ですが、妻の方が所得が高いので【契約者＝妻、被保険者＝夫、受取人＝妻】という契約形態で加入したいという希望をいただくことがあります。このような契約形態でもし万が一のことが起こった場合、受取保険金は妻の一時所得となるため生命保険金の非課税枠を使うことができません。

　では、妻の勤務先では生命保険を団体割引で加入できるため、少しでも安い保険料で加入しようと上記と同様の契約形態で加入し、実際の保険料は夫が負担している場合はどうでしょうか。

　課税関係においては契約者が誰かよりも実際の負担者が誰かの方が重要なのですが、上記のような場合、夫が保険料を負担していることを証明するのは困難だと思われます。個別の事情にもよりますが、基本的には契約者と保険料負担者は同一にしておくことが大切です。

第 4 編
相続に関する
トラブルの解決方法

302

第1章　相続争いの解決方法
第1　相続争いとその解決方法の基本

111　いつまでも遺産分割ができないとどうなるのか

父が亡くなり、母と子どもたち4人が相続したのですが、感情面で折り合わず、話合いになりません。このような遺産分割未了の状態が続くと、どうなるのでしょうか。

相続人の代替わり・枝分かれの危険が生じるほか、相続財産管理に支障が生じる危険があります。また、相続税との関係では、各種特例を利用することができません。

解説

◆相続人の代替わり・枝分かれの危険

遺産分割が未了のまま相続人が亡くなってしまった場合、相続資格が更に相続の対象となって受け継がれ（代替わり）、また、その過程で複数の子や兄弟が相続資格を持つことになって、相続人の枝分かれが生じていく可能性があります（Q90参照）。

このような代替わり・枝分かれによって、感情的対立が薄まる場合もありますが、多くの場合、普段の付き合いが希薄な者が多数関与することになるために、ますます遺産分割協議は困難となります。

◆相続財産管理の支障

遺産分割未了の間、相続財産は相続人が法定相続割合で共有している状態となりますので（民法898条）、各相続人が単独で自由に相続財産を管理処分することができなくなります。

特に問題となるのは不動産についての管理処分であり、例えば自宅修理などの保存行為については各相続人単独で行えるものの（民法252条ただし書）、自宅の改装・賃貸物件の解除などの管理行為については、相続分の割合に従い過半数の賛成がなければ行うことができません（民法252条本文）。さらに、建物の改築などの変更行為や不動産の売却などの処分行為については、相続人全員の同意がなければ行うことができません

（民法251条）。

　また、預貯金については、預貯金額の３分の１（ただし、一金融機関毎に上限150万円）については各相続人が単独で払戻請求できるのですが（民法909条の２、民法第909条の２に規定する法務省令で定める額を定める省令）、それ以上の払戻しについては相続人全員の同意が必要です。

◆相続税軽減のための各種特例の不適用

(1)　配偶者の税額軽減規定の不適用

　配偶者が相続した財産については、相続税額を大幅に軽減する特例があるのですが（相続税法19条の２）、この特例は、遺産分割協議が未了の場合には適用されません。

(2)　課税価格の計算の特例の不適用

　不動産については、課税価格を大幅に減少させて相続税額を軽減させる特例があるのですが（小規模宅地等の特例（租税特別措置法69条の４等））、これらの特例も、遺産分割協議が未了の場合には適用されません。

(3)　相続税申告期限後３年以内の分割見込書の提出

　これらの特例を後日利用するためには、相続税の申告期間内に、今後３年以内に分割する見込みである旨を申告する内容の分割見込書を、相続税の申告期間内に税務署に提出する必要があります。

　このように、伸長期間は３年が原則であり、その伸長期間内でも遺産分割協議が整わない場合には、これらの特例を使えない可能性がでてきます（再度の延長も可能ですが、遺産分割調停が係属中である等、分割ができない「やむを得ない事情」が必要とされています（相続税法基本通達19の２－15、租税特別措置法69条の４第４項)。）。

112　調停にはどれくらいの時間がかかるのか

話合いがまとまらないので、調停を申し立てようと思うのですが、おおよそどれくらいで解決することになるのでしょうか。

調停は、おおよそ月1回のペースで進行します。解決までの時間については事案ごとであり、特段の争いがなければ数回で成立しますが、数年を要する事案も稀ではありません。

解　説

◆第1回期日の決まり方
(1)　申立人と家庭裁判所の協議
　第1回期日は、申立人と家庭裁判所が協議の上、期日を決定します。
　具体的には、調停を申し立てると、家庭裁判所で必要書類が揃っているかどうかが確認され、これが整った段階で、正式に申立てが受理され、事件番号が付されます（以後、申し立てた調停は、この事件番号で特定されることになります。）。
　その後、家庭裁判所より期日調整の連絡が入り、申立人と家庭裁判所の双方都合がよい期日を調整の上、正式に第1回期日が決まることになります。
　なお、各家庭裁判所ごとに調停が行われる曜日は決まっているので、曜日についてはあまり選択の余地がありません。また、候補日については、おおよそ1か月～2か月ほど先の候補日を打診されるのが通常であり、時間帯については、10時から12時まで、あるいは13時30分過ぎから16時頃までという形で決まるのが通常です。
　第1回期日が決まるまでの流れは以上のとおりであり、順調にいけば、申立て当日に第1回期日まで決定します。
　ただ、特に東京家庭裁判所などの大規模庁では調停申立件数が非常に多いため、時期によっては、調停申立から期日指定までに1か月以上待たされるということもあります。
(2)　相手方への期日連絡
　このようにして決められた第1回期日は、家庭裁判所より相手方にも郵便等で伝えられ、当該期日への出席が求められます。
　もっとも、この第1回期日は相手方の予定を考慮して決められたものではないため、

相手方の日程が合わないこともあります。その場合、日程が合わないことを家庭裁判所に伝えれば、強いて第1回期日への出席が求められることはなく、申立人と相手方の双方が出席可能な第2回期日の調整が行われることになります。

　その場合の第1回期日の扱いは様々ですが、申立人のみが出席し、事案の概要や争点などを説明して終わるという流れになることが多い印象です。

◆第2回期日以降の期日の決まり方

(1)　第2回期日以降の次回期日設定

　第2回期日以降は、各期日の最後に、調停委員、申立人、相手方全員の出席が可能な次回期日が決定されます。

　次回期日はおおよそ1か月ほど後に設定されることが多いですが、検討課題が多い場合には、数か月先に設定されることもあります。

　なお、各期日においては当事者も出席することが原則ですが、やむを得ない場合には代理人弁護士のみの出席でも許容されることがあり、その場合には、調停委員と代理人弁護士の日程のみを調整することになります（家事事件手続法51条2項）。

　また、当事者が多数の場合には、全員の予定を調整するのは事実上困難であり、その場合には、主に争っている当事者のみの日程を優先して調整するという運用がなされることもあります。

(2)　調停成立日

　このようにして期日を繰り返し、いよいよ遺産分割案がまとまった場合には、最後に調停を成立させる日を調整します。

　最後の調停成立の際には、当事者全員の出席が極力優先され、全員が出席できる日程を確保する努力がなされています。

◆調停成立までの期間

　調停成立までにどれくらいの期間を要するかは、当然ながら事案次第となります。

　早ければ、1回目で争点がまとまり、2回目で調停案が決定され、3回目で調停成立に至るということもありますが、そのような例はあまりなく、事案によっては解決までに数年を要することもあります。

113　調停委員・家事審判官とは

調停に出席したところ、いつも話をする調停委員のほか、家事審判官という人が出てきました。それぞれ、どのような立場の人なのですか。

調停委員とは、弁護士資格者や有識者が選任される非常勤の公務員のことであり、家事審判官とは裁判官のことです。
なお、「家事審判官」という呼び方は旧家事審判法での呼び方であり、家事事件手続法では、単に「裁判官」とされています。

解　説

◆調停委員会の構成
(1)　委員会調停

遺産分割調停では、1つの調停事件に対して1人の家事審判官（現在では家庭裁判所裁判官です。以下同じ）と2人の調停委員が調停委員会を組織し、その調停委員会が調停を担当するのが原則的形態です（委員会調停（家事事件手続法247条1項・248条1項））。

なお、例外的に家事審判官単独で行う調停もありますが、極めて稀です。

(2)　調停委員とは

調停委員とは、最高裁判所から任命された非常勤の公務員であり、各調停事件ごとに裁判所から担当者として指定されます。

この調停委員は、弁護士資格者のほか、「家事の紛争の解決に有用な専門的知識経験を有する者又は社会生活の上で豊富な知識経験を有する者で、人格識見の高い年齢40年以上70年未満のもの」の中から選任されると定められています（民事調停委員及び家事調停委員規則1条）。具体的人選は様々ですが、民生委員や教員などの職務を長く勤めていた方が選任される例をよく目にします。

東京家庭裁判所では、2人の家事調停委員のうち1人は弁護士資格者ですが、この点の運用は裁判所ごとに異なります。

(3)　家事審判官とは

家事審判官とは、家事事件における裁判官の呼称だったものです。

旧家事審判法が廃止され、家事事件手続法が施行されている現在では、単に「裁判官」とされています。

◆調停手続における調停委員と裁判官（旧家事審判官）の役割分担

　通常の調停期日では、調停委員のみが調停室に入り、裁判官（旧家事審判官）が調停室に現れることはありません。裁判官（旧家事審判官）は同一日時の複数の調停事件の担当を兼ねているため、普段の調停の進行は、基本的に調停委員に委ねられています。

　他方、重要な前提事項について中間合意調書を作成する場面（Q114参照）や調停成立の場面などの重要な場面では、裁判官（旧家事審判官）が調停委員とともに調停室に入り、当事者の意向を自ら確認して決定する扱いとなっています。

114 調停手続の当日は、どのようなことが行われるのか

明日が調停期日ですが、当日は何をするのでしょうか。相手と会うことになりますか。

調停期日では、申立人と相手方が交互に調停室に入り、調停委員とともに、争点について妥協の余地がないか検討することになります。調停日に相手と会うことは原則としてありませんが、中間合意調書作成時と調停成立時には、当事者全員の同席が求められます。

解説

◆調停当日の流れ

(1) 待合室での待機

調停当日は、指定された時刻までに待合室に入り、待機していると、指定時刻に調停委員が呼びに来て、調停室に案内されることになります。

なお、通常は、待合室には申立人側と相手方側の2部屋がありますので、対立相手と待合室で顔を合わせることはありません。

(2) 調停室でのやりとり

第1回期日においては、通常は申立人側から調停室に呼ばれ、まずは調停委員と申立人間で事実関係や争点の確認が行われます。そして、次に、入れ替わりで相手方が調停室に呼ばれ、調停委員が聴取した事実関係や争点について、相手方の認識を確認することになります。

通常は、第1回期日はその程度で終了し、次回期日までの双方検討事項を整理した上で、次回期日の調整が行われます。

第2回期日以降は、前回期日までの流れに応じて、適宜申立人・相手方が交代で調停室に呼ばれ、争点に関する双方主張の相違について妥協点がないか、調停委員との間で検討が行われることになります。

なお、申立人・相手方の一方が調停室で調停委員と話をしている間、他方当事者は待合室で待機することになり、1時間以上も待合室で待ち続けるということが稀ではありません。

◆調停の争点検討の順序

争点の検討には順序があり、以下の順番で検討がなされます。

① 遺言書はあるか
② 相続人は誰か
③ 遺産分割の対象となる相続財産は何か
④ 相続財産を金銭に換算した場合の評価額はいくらか
⑤ 各相続人の（具体的な）相続割合はどうか
⑥ 相続財産をどのようにして各相続人に配分するか

相続紛争の興味・関心は⑥に集中しがちですが、①〜⑤を前提問題として整理しなければ⑥についても結論は出ないので、調停でもそのような流れで争点が整理されています。

◆中間合意調書の作成

調停進行中に、上記①〜⑤の各段階でその一部について合意が得られた場合に、そのことを明らかにするために、中間合意調書というものが作成されることがあります（家事事件手続法268条2項）。

この場合には、調停委員に加えて裁判官（旧家事審判官）も調停室に入り、当事者全員も同席の上、当該時点での合意事項について確認がなされることになります。

なお、当事者全員の同席が原則ですが、やむを得ない場合には代理人弁護士のみの同席でも許容されることがあります（家事事件手続法51条2項）。

◆調停成立日の流れ

最後の調停成立の日には、当事者全員が一同に会し、調停委員に加えて裁判官（旧家事審判官）も調停室に入り、裁判官（旧家事審判官）が調停条項を読み上げて、各当事者に異存がないことを確認した上で、調停を成立させます。この調停条項については、確定判決と同一の効力があるとされています（家事事件手続法268条1項）。

なお、当事者全員の同席が原則ですが、やむを得ない場合には代理人弁護士のみの同席でも許容されることがあるほか（家事事件手続法51条2項）、出席困難な当事者については、事前に調停条項に異存ない旨の確認書面を受領しておくことで出席に代える運用もなされています（家事事件手続法270条1項）。

第4編　相続に関するトラブルの解決方法

第2　調停を申し立てる方法

115　調停はどこに申し立てればよいのか

母が亡くなり、遺言書もありませんでしたので、母の遺産分割について兄弟と話合いをしましたが、兄と弟が、それぞれ自分が全部を相続すると言って頑として譲りませんでした。話合いでは解決できないと思いましたので、裁判所に調停を申し立てようと思いますが、そもそもどこの裁判所に申し立てればよいのか分かりません。

相手方のうちの1人の住所地の家庭裁判所または当事者が合意で定める家庭裁判所に調停を申し立てます。

解　説

◆遺産分割を担当する裁判所は「家庭裁判所」

遺産分割協議がまとまらない場合、そのままでは遺産分割ができません。そこで、裁判所を通じて遺産分割を確定するしかありません。

裁判所には、最高裁判所、高等裁判所、地方裁判所、家庭裁判所、簡易裁判所といろいろ種類がありますが、この遺産分割についての問題を担当する裁判所は、家事事件を扱う「家庭裁判所」です（裁判所法31条の3第1項1号、家事事件手続法4条・244条）。

◆どこにある家庭裁判所に申し立てるのか

家庭裁判所は、各都道府県に1か所は必ずあり、支部を設けているところもあります。

それでは、どの場所にある家庭裁判所に遺産分割調停を申し立てるのかといいますと、「相手方の住所地を管轄する家庭裁判所又は当事者が合意で定める家庭裁判所」と規定されています（家事事件手続法245条1項）。

つまり、申立てをする相続人は、他の相続人の合意がなければ、自分の住所地の家庭裁判所ではなく、相手となる相続人の家庭裁判所に遺産分割の調停を申し立てなければなりません。

そうなりますと、申立てをする相続人は、原則として、わざわざ相手となる相続人

の住む地域の家庭裁判所に出掛けて、調停の手続に参加しなければなりません。ただ、相手方が複数人いる場合、そのうちの1人の住所地にある家庭裁判所に遺産分割調停を申し立てることができます。ですから、申し立てようとする相続人の住所地に一番近い相手方の家庭裁判所に申し立てるとよいでしょう。

　相手方のうち1人の住所地を管轄する家庭裁判所がどこにあるのかは、裁判所ホームページ（http://www.courts.go.jp/）にあります「裁判手続の案内」ページ下部の、「管轄区域表」で調べることができます。

　なお、調停の申立て自体は、必要書類をその家庭裁判所に郵送して行うことも可能です。

◆家事事件手続法によるテレビ会議システムによる参加について

　調停や審判においては、原則として呼出しを受けた当事者本人が調停等の手続の期日に出席しなければなりません。しかし、当事者が遠方に住んでいて調停等を行う家庭裁判所まで出向くことが困難であるなど、家庭裁判所が相当と認める時は、当事者の意見を聴いた上で、テレビ会議システムを利用して、期日における手続を行うことができます（家事事件手続法258条1項・54条）。

　テレビ会議システムを利用するかどうかについては、実際に調停等を行う裁判所が、当事者の意向や具体的な事情を聞いた上で判断することになります。利用が認められた場合には、遠方に住んでいる当事者は、近くのテレビ会議システムが設置されている裁判所に出向くことになります。

　なお、離婚または離縁についての調停については、テレビ会議システムの方法によって調停を成立させることはできないなど、法律上、一定の制限が設けられています（家事事件手続法268条3項・277条2項）。

116 調停申立て前にはどのようなことを準備すればよいのか

調停を申し立てようと思うのですが、どのような準備をして裁判所に申し立てればよいのか分かりません。

調停申立書と、相続関係者の除籍謄本・戸籍謄本や住民票、それに不動産全部事項証明書などの遺産に関する資料を揃えて、調停申立て費用などを用意して、家庭裁判所の窓口に行きましょう。

解説

◆調停申立書の用意

(1) 調停申立書の作成

　調停申立てをする場合、まず家庭裁判所に遺産分割調停の申立てをしなければなりません。申立ては申立書を家庭裁判所に提出しなければなりません（家事事件手続法255条1項）。その申立書には、「当事者及び法定代理人」と「申立ての趣旨及び理由」を記載しなければなりません（家事事件手続法255条2項）。実際には裁判所の受付に備え付けられた「遺産分割調停申立書」の用紙に所要事項を記入することになります。この遺産分割調停の申立てでは、申立ての趣旨と申立ての実情を明らかにしなければなりませんが、申立ての趣旨では「被相続人誰々の遺産の分割を求める」と記載するだけです。

　調停申立書には、もちろん調停の当事者を記載します。当事者の欄には、申立人の欄には申立てをする人の氏名、住所、生年月日、本籍、被相続人との続柄を記載します。相手方の欄には、相手方となる人の氏名、住所、生年月日、本籍、被相続人との続柄を記載します。そのほかに、相続関係者の家系図を作成して提出するよう求められますので、家系図も作成します。

(2) 遺産目録の作成

　調停申立書の他に、一緒に相続する人（共同相続人）や、遺贈または贈与があったか無かったか、あった場合はその内容を示し、かつ、被相続人にはどのような遺産があるのかを示した遺産の目録を提出することになっています（家事事件手続規則127条・102条1項）。

調停手続中に判明した遺産があれば、その新しく発見した遺産も後で目録に追加できますから、調停申立て段階では、申立人が把握できている範囲の遺産を記載すれば足ります。

◆調停申立てにおける添付資料の提出

調停申立書の他に、その調停の際に必要となる資料も、裁判所に提出します。

(1) 当事者に関するもの

当事者に関する添付資料としては、申立人と相手方の戸籍謄本と住民票、被相続人が生まれてから死亡するまでの除籍謄本および戸籍謄本が必要です。この資料が欠けていますと、家庭裁判所から補充するよう指示されます。

(2) 遺産に関するもの

遺産に不動産が含まれるのであれば、不動産の全部事項証明書、不動産の査定書などを用意する必要があります。また、預貯金が遺産に含まれるのであれば、被相続人の死亡時点での残高証明書が必要になります。

もし被相続人に借金があるのであれば、それらの取引履歴一覧などが必要です。

また、申立人が遺産を増やすのに貢献したという特別受益や寄与分を主張する場合は、それらに関する契約書や領収書があれば、それらも整理して提出する必要があります。

ようするに、戸籍の他は、遺産分割の査定に必要な資料一式ということになります。

◆調停申立てにおける収入印紙と郵便切手

申立書には、手数料額の印紙を貼って提出します。これは、被相続人1人につき1,200円です（民事訴訟費用等に関する法律3条1項・別表第1　15の2）。

このほか、裁判所から相手方への郵送で使用するための郵便切手、あるいは相当額の金銭をあらかじめ裁判所に納めますが、その金額については、各家庭裁判所ごとに扱いが異なりますので、申立て先の家庭裁判所に問い合わせてください。

117 調停委員が言い分を聞いてくれないがどうすればよいのか

調停委員が自分の言い分を聞いてくれないのですが、どうすればよいかわかりません。

調停委員に対して、言い分を聞いてくれない理由を尋ねてみてください。それによって、調停委員の方針に従うべきか、あるいは従わない方がよいのかが異なってきます。

解説

◆言い分を聞いてくれない理由を調停委員から聞いてみる

　調停は、公平中立な第三者が、申立人と相手方の言い分を聞いて、話合いで解決をする手続です。

　話合いで解決する以上、調停委員は、申立人と相手方双方に対して、ある程度の譲歩を求めることがあります。また、申立人か相手方かが、まったく法律上認められないような主張をしている場合があり、その場合にも調停委員はその主張は通らないと述べて聞いてくれません。

　ご質問の場合では、まずは調停委員に対して、言い分を聞いてくれない理由を尋ねてしまうのが一番だと思います。

◆そもそも言い分に理由がない場合
(1)　言い分に理由がなければ、調停委員は聞いてくれない

　調停委員は、裁判官（旧家事審判官）と解決に向けてある程度の打合せをした上で、調停手続に臨んでいます。

　ですから、調停委員に対してこちらの言い分を述べても、裁判官（旧家事審判官）と協議して、その言い分が法律および判例に反する言い分であれば、不合理な言い分として、調停委員は聞いてくれません。
(2)　調停委員への対応

　この場合、調停委員に幾ら言い分を述べても、調停委員は聞いてくれません。この場合に調停委員が自分の話を聞いてくれないと強い不満を持つ方が多いようです。し

かし、調停では、法律や判例が間違っていることを争う場ではなく、どのように遺産分割を話合いでまとめるかという場ですし、そもそも裁判所が関与する調停で、法律に反する調停をすることはできません。

ですから、この場合は法律相談に行かれるなどして、自分の言い分が法律や判例に反しているのかを確認し、言い分を取り下げる方が賢明だと思います。

もちろん、言い分をそのまま貫くのも構わないと思いますし、調停が不調となっても構わないと考えるのであれば、調停打切りを求めてもよいと思います。

ただし、この場合は、次に審判という強制的な解決方法になってしまいます。この場合、理由のない言い分が認められる可能性はまずありません。トータルで考えれば、その審判での決定では、調停での調停委員からの提案よりも不利になることもあります。

◆ある程度の譲歩を求めている場合

(1) 話合いをまとめようという調停委員の方針

調停委員は、申立人と相手方の言い分を聞いて、話合いで解決する手続ですから、当事者双方にある程度の譲歩を求めて、話合いを進めていきます。

このような場合に、調停委員が言い分を聞いてくれないのは、その言い分に理由がないからではなく、相手方に譲歩を引き出すために、こちらの言い分についても譲歩してほしいという意味です。

(2) 調停委員への対応

このような、ある程度の譲歩を求めている場合、調停委員の対応に応じるか否かは、ご自身で決めるしかありません。その際には、調停が不調となって審判によって強制的に解決される場合のメリット・デメリットを考慮する必要があります。

この場合では、こちらの言い分にも理由があるのですから、審判になったとしても、その言い分が認められる可能性があります。しかし一方で、他の部分についてこちらの言い分に理由がなく、相手方の言い分に理由があれば、その部分は相手方の言い分が認められてしまう、つまりトータルではこちらにとって調停よりも不利な解決となる可能性があります。

トータルでどのような解決が望ましいのか、審判まで長引かせてもよいのかを考えて、調停委員の方針に応じるかどうかを決めるのがよいと思います。

第3　調停を申し立てられたときの対応方法

118　突然調停期日のお知らせが届いたが、どうすればよいのか

　先日、私の家に、家庭裁判所から調停期日に出頭せよという書面が送られてきました。初めてのことですので、対応を教えてください。

　まずは、同封の調停申立書の写しを確認するか、家庭裁判所にどのような内容なのかを問い合わせ、調停への対応を決めます。出席するかどうか、反論をするかどうか、弁護士を依頼するかどうかを、主に決めることになります。

解　説

◆まずは同封の調停申立書の写しを見るか、家庭裁判所に問い合わせる

　家庭裁判所から調停期日に出頭せよとの知らせが届いたということは、誰かがあなたを相手方として調停を申し立てたということです。

　たいていの場合、相続について共同相続人同士の間で話合いがまとまらなかったなど、思い当たることはあると思います。

　家事事件手続法により、調停申立書の写しが相手方に送付されることになっています（家事事件手続法256条1項本文）。したがって、まずは同封されている調停申立書の写しを読んでください。

　ただし、家事調停の手続の円滑な進行を妨げるおそれがあると認められるときは、調停申立書が同封されていません（家事事件手続法256条1項ただし書）。この場合は、調停が申し立てられたことの通知しか送られてきません。

　そこで、調停期日のお知らせを送付した家庭裁判所に問い合わせてください。担当する裁判所書記官から、大まかな内容を教えてもらえることがあります。

◆調停への対応を決める
(1)　そもそも調停に出席するかどうかを決める
　調停は、裁判所において、公平中立な第三者が、申立人と相手方の言い分を聞いて、

話合いで解決をする手続です。ですから、話合いに応じる気がなければ、欠席をするという方法もあります。欠席すると、調停は不調、つまり何も解決せずに終了します（ただし、正当な理由なく欠席した場合には5万円以下の過料に処せられることもありますので、無断欠席は避けた方が賢明です（家事事件手続法51条3項)。)。

とりあえず話合いに応じてみようという場合であれば、自分の言い分を説明するために、出席した方がよいと思います。もし遠隔地で出廷できない場合は、電話による参加が認められることもあります（家事事件手続法258条1項・54条1項)。家庭裁判所にその旨を伝えて、相談してください。

(2)　反論の書面（答弁書）を提出するかを決める

調停に出席して調停委員に自分の言い分を伝える場合、調停期日に出頭して、調停委員の前で口頭で説明し、資料もその時に提出しても構いません。

しかし、調停委員とはいえ、調停期日当日に言い分を聞いて資料を受け取っても、その内容を調停期日当日に深く検討することはできません。

もし、事前に自分の言い分を伝え、資料も提出したいのでしたら、調停期日の前に、言い分を記載した書面（答弁書といいます。）と、それを裏付ける資料を家庭裁判所に提出した方がよいと思います。その方が、調停委員も資料と言い分を検討して調停に臨みますから、調停手続がスムーズに進みます。

(3)　弁護士を依頼するかどうかを決める

調停の申立ての時点で、申立人に弁護士が付いていることがあります。調停の手続では、調停委員が申立人と相手方を公平に扱うことから、申立人に弁護士が付いていることだけで、こちらに不利になるということはありません。

ただ、調停期日に毎回家庭裁判所に出廷するとなれば、仕事を休むなど手間がかかりますし、家庭裁判所に出頭するというだけでストレスを感じる場合も多いと思います。ましてや相続についての法律知識など全くないということであれば、どう対応すればよいのか分からず、答弁書を作成すること自体にもストレスを感じることと思います。

弁護士を依頼した場合には、法律のプロが本人の言い分を答弁書にまとめて、どのような資料が必要か検討します。それに、家事調停では原則として本人出頭ですが、弁護士が本人に代わって家庭裁判所に出頭できる場合もあるので、その場合は弁護士が本人に代わって調停委員に説明します。

このようなメリットと、弁護士を頼むことによる費用を考慮して、弁護士を依頼するかどうかを決めます。なお、弁護士費用については、相談をした弁護士から忘れずに聞くことが必要です。

第4編　相続に関するトラブルの解決方法

119　裁判所が遠くて行けないが、どうすればよいのか

　家庭裁判所から、調停に出席するよう通知が届きましたが、その家庭裁判所は、私の住む沖縄県から遠く離れた北海道の帯広にあります。どうしたらよいでしょうか。

　まずは家庭裁判所に相談をして、遠隔地であることから負担等について配慮するよう求め、もし可能であれば、沖縄県の家庭裁判所に移送を申し立てます。もし調停手続に積極的に関わりたいのでしたら、弁護士を依頼することをお勧めします。

解　説

◆まずは家庭裁判所に相談をする

　調停が申し立てられる裁判所は、相手方の住所地を管轄する家庭裁判所です。ですから、通常相手方が1人であれば、あなたが居住する場所の近くの家庭裁判所になるはずです。

　しかし、相続人が複数人いる場合、あなたの住所地から遠隔の住所地を管轄する家庭裁判所に調停が申し立てられることがあります。

　調停とは、裁判所で公平中立な第三者を介在させて、当事者間で話合いによる解決を目指す手続です。したがって、当事者である以上、調停を成立させるためには遠方でも調停期日に出席する必要があります。

　何度も遠方の家庭裁判所に出向くのが現実的に無理な場合は、その旨を家庭裁判所に電話などで伝えて、出頭日数を最小限にしてほしいと要望することもできます。もちろん、その場合でも、家庭裁判所から求められた資料を揃えて送付するなど、調停手続の進行に協力する必要はあります。

　また、当事者が遠隔地に居住しているとき、その他相当と認めるときは、当事者の意見を聞いて調停手続に直接出席せずともテレビ会議システムによる参加が可能となり、家庭裁判所からかかってきた電話等に出て対応することもできるようになりました（家事事件手続法258条1項・54条1項）。

　この手続を利用したいと家庭裁判所に相談することができます。

◆調停を自分の住所地を管轄する家庭裁判所に移送できないか

家庭裁判所に相談する際、その調停を自分の住所地を管轄する家庭裁判所に移送できないかを相談することも考えられます。

この場合は、書面で移送の申立てをすることになります。その方法については、家庭裁判所に問い合わせてください。

もっとも、遠隔地の家庭裁判所が管轄する住所地に住む、他の相手方になっている者との関係から、この方法は難しいと思います。

◆弁護士を依頼して調停に出席してもらう

調停期日に毎回家庭裁判所に出廷するとなれば、仕事を休むなど手間がかかりますし、その移動時間も考えますと、大変な負担になります。

もし弁護士を依頼できれば、弁護士があなたに代わって家庭裁判所に出頭します。ですから、弁護士を依頼して、代わりに出てもらうことを検討してもよいと思います（調停は本人出席が原則ですが、遠隔地であることを理由として弁護士のみが出席することは、多くの場合許容されています。）。

ただし、遠隔地の場合、弁護士費用では、その交通費や1日当たりに発生する日当も支払う必要があります。ですから、交通費や日当も含めて、弁護士費用については、相談をした弁護士から忘れずに聞くことが必要です。

今回の場合、北海道の帯広在住の弁護士に依頼をするという方法もありますが、弁護士としても依頼者と密に連絡を取って調停手続を進める必要がありますので、その弁護士と信頼関係を築けるようにする必要があります。

120 自分は何も主張することがない場合、調停に行く必要があるのか

父の相続について、調停を申し立てられました。私は、別に父の遺産を相続する気はなく、何も言うことがないので、わざわざ平日に仕事を休んでまで家庭裁判所に行きたくないのですが、行かなければなりませんか。

原則としては調停に出席する必要があります。しかし、何も相続したくないということであれば、その旨の書面を家庭裁判所に送付して、出席しなくてもよくなる場合があります。

解説

◆調停成立には原則として当事者全員の合意が必要

(1) 原則として調停には出席する必要がある

調停手続は、裁判所で公平中立な第三者である調停委員を介在させて、当事者間の話合いによる解決を目指す手続です。

この調停の制度目的からすると、調停成立のためには、当事者間全員の合意が必要ですから、何も主張することがない者でも、何も主張しない旨を調停委員に伝えることと、最後の調停成立の確認の際に家庭裁判所に出席することが原則として必要になります。

もし面倒だからといって何もせず出席もしなければ、調停を成立させることができず、他の当事者に迷惑をかけることになります。通常の裁判の手続の場合、訴え提起をした原告の言い分に対して特に言うことがないのであれば、そのままにしておけば、原告の言い分がそのまま認められた判決が出ます。しかし、同じ裁判所の手続でも、調停の場合は当事者全員の合意が必要であるため、そのまま放っておくことはできないということに気を付けてください。

(2) 出席しないで済む方法

ただし、その例外として、やむを得ない場合には代理人弁護士のみの出席でも許容されることがあります。

また、「当事者が遠隔の地に居住していることその他の事由により出頭することが困難であると認められる場合において、その当事者があらかじめ調停委員会（裁判官

のみで家事調停の手続を行う場合にあっては、その裁判官〔中略〕）から提示された調停条項案を受諾する旨の書面を提出し、他の当事者が家事調停の手続の期日に出頭して当該調停条項案を受諾したときは、当事者間に合意が成立したものとみなす」とされています（家事事件手続法270条1項）。

そして、遺産分割方法は全て他の相続人の協議に委ねるということで構わず、最後の調停成立にも上記の方法で協力するということであれば、その旨を家庭裁判所に伝えておけば、事実上出席しないですむことが通常です。

◆遺産を相続しない場合、その旨を書面で申し出れば調停期日に出席しないことも可能

東京家庭裁判所では、遺産分割の調停について相手方に通知する際、何も主張することがなく、相続放棄をするという場合にはその旨の記載をするよう求める書式も同封しています（なお、ここにいう「相続放棄」とは、手続から脱退するという意味であり、相続人でなくなる法的な相続放棄（民法915条）とは異なります。）。

その場合には、その書式によって、自らは相続しない旨の記載をして、その書面を家庭裁判所に送付すれば、遺産分割調停に出席する必要は無くなります。

ただし、その書面には実印を押し、印鑑登録証明書も添付して送付する必要があります。書面に実印が押されていない、あるいは印鑑登録証明書が添付されていない場合には、相続放棄の意思表示が無効とされます。その場合、家庭裁判所から、調停に出席をするか、あるいは書面の不備を直すよう求められますので、注意が必要です。

121 調停委員の説得には必ず従わないといけないのか

調停に出席したところ、調停委員から、私の相続分の一部を削ってほしいと言われました。納得できないのですが、どうしたらよいのでしょうか。

説得に応じる義務はありません。しかし、調停委員が説得する意図を見極めて、審判手続に移行した場合のデメリット等も考えて、説得に応じるか否かを決めましょう。

解　説

◆調停委員に対してその説得の意図を質問する

　調停手続は、裁判所において、公平中立な第三者を介在させて、申立人と相手方の言い分を聞いて、申立人と相手方に対してお互い妥協を求めて、当事者間の合意を得て調停を成立させる手続です。

　したがって、調停手続では、調停委員が、申立人と相手方に対して、それぞれ妥協をさせようと提案をすることがあります。

　もちろん、調停委員も、調停では裁判官（旧家事審判官）と打合せを入念に行って調停に臨みますので、言い分が法律および判例に反する場合は、調停委員から、その言い分は通らない旨の説得を強くされます。

　言い分が法律および判例に反するようなものでない場合は、調停委員が、単にそれぞれ妥協をさせて合意をさせようとしているのだと思われます。

　そこで、調停委員に対して、どうしてそこまで説得をするのかを質問するのがよいと思います。そして、言い分が法律および判例に反するのか、それとも妥協を求めているのか、その説得の意図についてよく考える必要があります。

◆調停委員の説得に応じなかった場合のデメリット等も考える

　上記のとおり、調停手続は、あくまでも当事者間の合意を得て調停を成立させる手続です。

　どうしても納得できない、あるいは調停委員の説得に応じたくない、という気持ちを持つことも十分理解できます。

調停委員の説得に応じるか否かは、自由です。応じたくないのであれば、応じたくないと述べてしまっても構わないと思います。

しかし、その前に、必ず考えなければならないのは、調停委員の説得に応じなかった場合のデメリットです。

調停委員の説得に応じなかった場合、調停委員が申立人と相手方との妥協点を見いだすことができないとして、調停を不調とすることがあります。そうなると、裁判所が強制的に遺産分割方法を決定する審判手続に移ります。

この審判手続では、調停の時よりも不利な結論になることがあります。どうしてこのようなことが起きるのかというと、それぞれの言い分について、資料によって裏付けがされているかどうかを厳密に判断されてしまうため、調停の時点では問題とならなかった言い分が、実は裏付け資料が不十分であったということがあるからです。

このようになってしまってからでは、調停の時の結論に応じるといくら述べても、もう取り返しはつかず、審判結果を受け入れるしかなくなります。

しかも調停手続の後で審判手続が行われるため、その分解決に時間がかかってしまいます。

ですから、調停委員に対しては、本人の言い分のどの点について裏付けが不十分なのかなども聞いて、早期解決を図るべきか、トータルで妥協できる内容なのか等もよく吟味して、調停委員の説得に応じるか否かを決めてください。

第4編　相続に関するトラブルの解決方法

第2章　国税庁の税務調査への対応方法

122　税務調査とは何か

このたび、税務署から夫の相続税の申告について税務調査に伺いたいと言われました。税務調査といわれてもいまいちピンとこないのですが、何か怖い取調べでもされるのでしょうか。

税務調査とは、納税者が提出した申告書が法律に従って正しく行われているかどうかを確認するために行われます。調査には「任意調査」と「強制調査」の2種類がありますが、任意調査によるものが大半です。

解　説

◆税務調査の目的と種類

　税務調査とは、納税者が提出した申告書の申告内容が法律に基づいて正しく行われているかどうかを「確認」することを目的として行われるものです。

　調査には納税者の同意を得て行われる「任意調査」と半ば強制的に行われる「強制調査」の2つがあります。調査の大半は任意調査によるものです（国税通則法74条の3）。

① 　任意調査…確認のために行われるものであり、納税者の同意をもとに行われる調査です。ただし任意といっても理由のない不答弁や検査拒否等については罰則が規定されています。

② 　強制調査…通常の税務調査では確認できないくらい悪質で大口な脱税案件などの場合に、国税通則法により行われる調査です。

◆一般的な税務調査までの流れ

　税務調査は法律上は相続税の申告期限から5年以内に行われます。通常は、相続税の申告期限から3年以内に行われるケースが多いです。申告書の作成を税理士が代理していた場合、調査の事前通知はその税理士を通じて行われます（稀に事前通知なし

で税務調査が行われる場合もあります。）。調査は被相続人が住んでいた場所で行われることが多いです。これを臨宅調査といいます。

　実際には効率的な臨宅調査を行うため、税務職員は臨宅調査の前に署内で様々な書類を精査します。これを机上調査といいます。具体的には、これまでの確定申告等で税務署内に蓄積された収入状況や財産状況のほか、銀行や証券会社にも照会を行い、少なくとも相続開始前5～10年間、および相続開始後半年～1年の異動・取引状況、財産の増減、他の財産への変換状況などについても確認します。この場合、精査の対象となるのは被相続人名義のものだけとは限りません。相続人や相続人と密接な関係にある親族や使用人の名義や住所移転、財産移転についても併せて確認を行います。

　このように、税務職員は机上調査により入念な情報収集を行った上で臨宅調査に臨みます。いくら確認のための任意調査といえども、相手は「追徴の可能性がある先」を選んで調査に来ますので、こちらもそれなりの心構えで調査に臨む必要があります。

【税務調査の一般的な流れ】

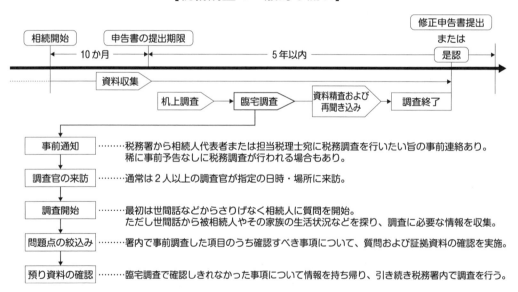

コラム

◆税務調査までの間に新たな財産が見つかった場合

　税務署から税務調査の依頼が来たので、準備のために遺品を整理していたら相続財産として申告していない預金通帳が見つかった、というケースはよくあります。このような申告漏れ財産については隠したくなるのが心情というものです。しかし、こういう場

合こそ正直に税務調査で申告漏れを伝えることをお勧めします。

調査におけるヒヤリングは綿密に行われます。この時に申告漏れを知りながらそれを隠していたことが見つかった場合、その財産について重加算税が課せられるばかりでなく、調査官に「まだ何か隠しているのでは」という印象を与えてしまい、その後の調査も厳しいものになってしまいます。逆に正直に伝えることで、調査官に好印象を与え調査がスムーズに行われたりもします。調査官も人の子なのです。

123　相続税の税務調査は財産の多い者のところにしか来ないのか

父の死亡に伴い相続税の申告を行い100万円納税しました。相続財産の額が多くなく納税額も少ないので、税務調査が来る可能性はほとんどないと考えてよろしいでしょうか。

一般的には被相続人の財産が多ければ多いほど、税務調査が入る可能性は高いと考えられます。しかし、過去に多額の贈与が行われている場合や死亡直前にお金の払戻しが行われている場合など、確認を要するような場合には財産額が多くなくても調査が行われる可能性があります。

解　説

　後掲の図表は国税庁で公表している相続申告と税務調査の実績です。この表を見ると、申告年度と調査年度との時期にズレはあるものの、おおむね8件に1件の割合で税務調査が行われていることがわかります。これまでの税務調査は約4件に1件の割合でしたが、基礎控除の引下げ等が行われた平成27年以降、相続税の申告者数が倍増したことにより、相対的な税務調査の割合は低下しました。

　一般的に、税務調査の有無は財産額によるところが大きいといわれています。相続財産が多ければ多いほど、調査の可能性は高くなると考えて差し支えありません。しかし、相続財産の額が少ないから調査は来ない、という訳ではありません。税務署は事前の机上調査により、過去に多額の贈与が行われていたり、死亡直前にお金の払戻し等が行われている場合、その内容の確認のため、調査の対象とする可能性があります。

　いずれにせよ、いつ調査が来ても慌てることのないように、事前にしっかりとした申告と準備をしておくことが大事なのはいうまでもありません。

〔机上調査で主に確認される事項〕
① 　被相続人の収入・所得の状況
② 　相続人等の収入・所得の状況
③ 　預貯金・有価証券についての異動状況

④　相続人等に対する贈与の有無

⑤　相続前の有価証券や不動産の譲渡の有無

⑥　同族会社の役員の場合、その会社との貸借関係や株式の異動状況

【相続税の申告事績】

項目＼年分		平成28年分	平成29年分	対前年比
①	被相続人数（死亡者数）	1,307,748人	1,340,397人	102.5%
②	相続税の申告書（相続税額があるもの）の提出に係る被相続人数	105,880人	111,728人	105.5%
③	課税割合（②／①）	8.1%	8.3%	0.2ポイント
④	相続税の納税者である相続人数	238,550人	249,576人	104.6%
⑤	課税価格	147,813億円	155,884億円	105.5%
⑥	税額	18,681億円	20,185億円	108.1%
⑦	被相続人1人当たり　課税価格（⑤／②）	13,960万円	13,952万円	99.9%
⑧	被相続人1人当たり　税額（⑥／②）	1,764万円	1,807万円	102.4%

（出所：国税庁ＨＰ）

【相続税の調査事績】

項目＼事務年度		平成28事務年度	平成29事務年度	対前事務年度比
①	実地調査件数	12,116件	12,576件	103.8%
②	申告漏れ等の非違件数	9,930件	10,521件	106.0%
③	非違割合（②／①）	82.0%	83.7%	1.7ポイント
④	重加算税賦課件数	1,300件	1,504件	115.7%
⑤	重加算税賦課割合（④／②）	13.1%	14.3%	1.2ポイント
⑥	申告漏れ課税価格	3,295億円	3,523億円	106.9%
⑦	⑥のうち重加算税賦課対象	540億円	576億円	106.7%
⑧	追徴税額　本税	616億円	676億円	109.7%
⑨	追徴税額　加算税	101億円	107億円	106.7%
⑩	追徴税額　合計	716億円	783億円	109.3%
⑪	実地調査1件当たり　申告漏れ課税価格（⑥／①）	2,720万円	2,801万円	103.0%
⑫	実地調査1件当たり　追徴税額（⑩／①）	591万円	623万円	105.3%

（出所：国税庁ＨＰ）

124　調査されるのは被相続人名義の財産だけなのか

　夫は3年前に死亡しています。相続税の申告は既に手続済みですが、この度税務署より税務調査の依頼がありました。その際に私や子どもの通帳も見たいと言っているのですが、調査されるのは被相続人である夫の財産だけではないのでしょうか。

　調査の対象は被相続人の財産だけではありません。税務署は必要に応じて被相続人以外の財産についても税務調査の対象とします。

解　説

　税務調査の対象は、被相続人の財産だけに限った話ではありません。税務署は必要があれば被相続人の家族の財産（主に預貯金、保険、有価証券等）も調査の対象とします。この場合、調査官は主に以下の観点からご家族の財産を調査します。

◆贈与税の申告が適正に行われているか

　税務調査では相続税の調査だけでなく、贈与税の調査も併せて行います。これは贈与税というのは相続税の補完税であり、相続税とは表裏一体であると考えられているためです。

　調査官は被相続人およびその家族の預金取引をあらかじめ金融機関などから入手し、過去に大きな資金の移動はないか、贈与税の申告は過去に適切に行われていたか、などを事前に把握した上で、実際に通帳の中身の確認や、相続人への直接のヒヤリングなどを行い、実態を調査します。

　調査の結果、贈与税の申告漏れなどが発見された場合は、贈与税の期限後申告または修正申告が必要となります。調査官が贈与税について調査を行えるのは、通常は贈与税の申告期限後6年間となります（相続税法36条）。言い換えれば調査日から遡った過去6年間については修正申告の対象になります（一方で6年前以前の資金移動についても、後述する「名義財産」の観点から、調査の対象となります。）。

◆生前贈与加算の対象となる財産はないか

　過去に贈与が適切に行われたものであっても、被相続人の相続開始前3年以内に被

相続人から相続人に対して行われた贈与については生前贈与加算の適用を受け、その贈与財産は被相続人の相続財産に加算されます（相続税法19条）。

この場合によく財産計上漏れを指摘されるのが、相続人に対し毎年110万円以内の贈与を行っていた場合です。贈与税には年間110万円の基礎控除があり、毎年110万円以下の贈与を行っていた場合には贈与税の申告、納税共に必要ありません。そのため被相続人の相続財産としての計上を忘れてしまいがちです。しかし調査官はその辺りもしっかり調査するので、財産の計上漏れなどが発見された場合は、相続税の修正申告などを行う必要があります。

◆家族名義の財産で、相続財産の対象となるものはないか

被相続人が過去に贈与などを行い家族名義になっている財産についても、実際の管理を被相続人が行っていた預金・有価証券などについては被相続人の財産とみなされる可能性があります。この財産のことをいわゆる「名義財産」といいます。

贈与とは契約であり、財産をあげた側ともらった側、それぞれの意思表示が合致して初めて贈与契約が成立します（民法549条）。つまり、財産をもらった側がその事実を認識していないと贈与とは認めてもらえません。被相続人が毎年贈与として子どもや孫の通帳にお金を移していたけれど子どもや孫にそれを知らせず、かつ通帳や印鑑なども被相続人が管理していた、などという場合は贈与された事実が確認できず、反論が難しくなります。

この名義財産の相続財産計上漏れは特に税務調査で頻繁に指摘され、指摘事項の大半を占めています。贈与を受けた人に対してのヒヤリングも必ず行われます。生前に贈与を行う場合には名義財産としての認定を受けないようにするため、①贈与を受けた人にその事実を認識させる、②贈与の証拠を残す、③贈与財産は受贈者が管理する、などの準備をしっかり行っておく必要があります。

125　税務調査で指摘されやすいポイントは

このたび税務調査の対象となりました。調査で指摘されやすい事項について教えてください。

原則は被相続人の属性に応じた調査が行われますが、過去の指摘で最も多いのは現金・預貯金等や有価証券の金融資産です。そのほか不動産では小規模宅地等の特例や広大地評価の計算に誤りがないかどうかや、最近では海外財産に対する調査も念入りに行われます。

解　説

◆最も多いのは現金・預貯金等の金融資産

　後掲のグラフは国税庁が公表している、申告漏れ相続財産の金額推移です。これを見ると現金・預貯金等および有価証券が指摘の大半を占めていることがわかります。金融資産の指摘が多い理由としては、相続人が全ての銀行・証券残高を把握することが難しいのに対し、税務署では金融機関に照会を行うことで容易に残高を把握することができ、さらにその評価額が絵画等の財産と比べて客観的で一目瞭然であることが大きいと思われます。つまり「一番指摘しやすい財産」であるといえます。

　金融資産の中でも特に指摘が多いのがQ124でも触れた家族名義の預金や証券です。税務署は被相続人および相続人の預貯金残高や入出金の履歴を調べ、被相続人で多額の出金がある場合や相続人の預貯金・証券残高が年収に比べ不自然に多い場合などはその原因を調べ、被相続人の財産であるとみなされたものについては名義財産として相続財産に加算します。

　また死亡直前に出金が行われている場合は、その代金の使途も確認します。これは出金に見合う現金や他の財産が相続財産として申告されているかどうかという観点からです。

◆不動産や海外財産も調査のポイント

　不動産では小規模宅地等の特例の適用の可否や広大地評価の適用の可否についての確認が行われます。これは、これらの適用を受けるためには様々な条件を満たすことが要件となっており、かつこれらの適用を受けるか受けないかで相続財産の額および

相続税額が大きく変動するためです。また、机上調査や臨宅調査でのヒヤリングから家族図や被相続人の出身地、住所異動歴なども確認し、先祖の代からの相続財産や遠方にある別荘・不動産の申告漏れがないかどうかも調べます。相続財産として忘れられやすい共有の不動産や借地権などについても申告されているかどうか確認します。

最近では納税者の資産運用の国際化に対応し、海外財産に対する調査も強化されています。海外財産については国税局で専門チームを作り被相続人・相続人の居住形態等から特に念入りに調べます。調査の結果、かなり高い割合で財産漏れが指摘されています。

〔その他のポイント〕
① 信託銀行などで管理される株式の申告漏れはないか
② 未上場株式を申告しているか
③ 被相続人が保険料を負担していた保険はないか
④ 贈与税、譲渡所得税の申告漏れはないか
⑤ 親族間での貸し借りはないか
⑥ 車両・ゴルフ会員権・美術品等の申告漏れはないか
⑦ 過去の不動産・有価証券の売却代金は適正に相続財産に含まれているか
⑧ 会社役員の場合、法人への貸付金、未収金等は正しく申告されているか

【申告漏れ相続財産の金額の推移】

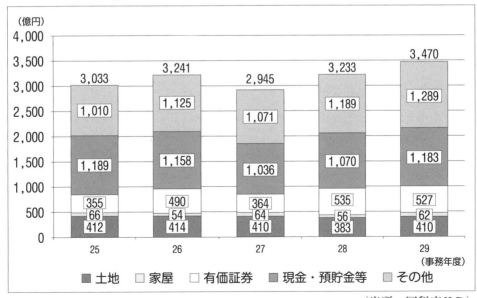

(出所：国税庁HP)

126　税務署からの指摘には必ず従わないといけないのか

夫の相続に対する税務調査について、調査官から自分名義の預金が夫の相続財産であるとみなされ、財産漏れとして修正申告してほしいといわれました。税務署の指摘には全く納得がいっていないのですが、従わないといけないのでしょうか。

① 調査官の指摘は絶対ではありません。正当な理由があり納得できないものについては、安易に修正に応じる必要はありません。
② 調査の結果について最終的に折り合いが付かない場合は異議申立てを経て国税不服審判所への審査請求や裁判に持ち込むこともできます。

解　説

◆調査官の指摘は絶対ではない

　納税者の中には「国からの指摘は絶対で、一度言われたら逆らうことができない」という考えをお持ちの方がいますが、これは誤りです。調査官の指摘は絶対ではありません。

　もともと税務調査の趣旨は申告が「法律に基づいて」正しく行われているかどうかを確認するために行われるものです。法律は明文化されていますが、その内容は抽象的なものもあり複数の解釈が考えられる場合があります。例えば相続税の財産評価は、法律上では「時価」により評価すると書かれていますが（相続税法22条）、「時価」と一口でいっても様々です。仮に土地であれば路線価に基づく評価が一般的ですが、この評価額が通常の取引価格や公示価格、不動産鑑定士の鑑定評価よりも過大である場合などは路線価以外の鑑定評価を相続税評価額とする、という考え方もあります。

　少し話が逸れましたが、特に指摘が多い「名義財産」の認定というのは事実認定の要素も加わります。真実は他界した被相続人と残された遺族の当事者間でしかわかりません。そのような中で調査を数日行っただけの調査官が常に正しい答えを持ち得るというのは不可能な話です。正当な理由があり、明らかに納得できないものについては安易に修正に応じず、毅然とした態度で対応すべきです。

　また、調査官といっても人の子です。法律の読み違いや知識不足による誤った指摘

が行われることも珍しくありません。調査官には色々なタイプの人がいますが、基本的には「追徴の可能性がある事項には言及し、減額される事項にはあまり触れない」というスタンスであるということは覚えておいてください。

◆どうしても折り合いが付かない場合には

　調査官と色々話し合ったけれどもどうしても双方納得に至らない、という場合には第三者に判断を委ねるという方法があります。具体的には税務署からの増額更正処分を受けた上で、税務署長に対し異議申立てを行い、認められなければ国税不服審判所にて審査請求を行い、それも認められなければ裁判所で訴訟提起します。ちなみに、調査官は指摘事項について更正処分ではなく修正申告を勧めてくるケースが多いですが、これは、納税者側で修正申告書を提出すれば自主的な修正とみなされてその後の異議申立てを行うことができなくなるから、というのが理由の1つです。

　異議申立て以降の流れは下図のとおりですが、これには多大な労力と時間を費やします。できれば本格的に争う前に話合いで終わらせたいものです。そのためにも調査の可能性を極力減らせる様にしっかりとした申告を行い、調査の対象となった場合には万全の体勢で臨むことが何よりも大切です。

　相続税の申告および税務調査の立会いについては税理士等の専門家の協力を得ながら行うことを強くお勧めします。

【更正処分以降の手続の流れ】

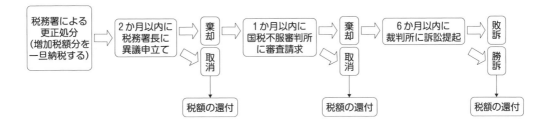

127 税務署の指摘を受け修正申告を行った場合、税金はどうなるのか

 税務調査について、調査官から有価証券の財産漏れを指摘され、修正申告してほしいといわれました。全く知り得なかった財産の発見なので修正に応じようと思いますが、この場合どのような税金が生じるのでしょうか。

 修正申告を行った場合、増加分の相続税に加え、過少申告加算税や延滞税などの附帯税が生じます。元の申告内容について仮装や隠ぺいがあったと判断された場合は重加算税という重い税金が課せられます。

解　説

◆増加する本税の納付は相続人全員が対象

　調査官の指摘に応じ修正申告を行った場合は、増加した財産に対する相続税（本税）に加え、罰金（過少申告加算税、重加算税）や利息（延滞税）などの附帯税も併せて納付する必要があります。

　本税の納付は増加した財産に対応するものなので、ある意味当然の納付なのですが、ここで注意すべき点は本税を納付するのは増加した財産を取得する人だけでなく、相続人全員であるということです。相続税の計算はまず、被相続人の財産全部に対する相続税の総額を計算した上で、これを各相続人の財産取得割合に応じて按分します（Q52参照）。したがって、被相続人の財産の増加により増えた相続税も、同様に各相続人の財産取得割合に応じて按分されるため、金額の差はありますが、原則は財産を取得した修正後の相続人全員が本税を負担し修正申告を行うこととなります（配偶者については税額軽減の特例により納税が生ずる可能性は低いです。）。

◆附帯税の取扱い

　附帯税については原則、過少申告加算税と延滞税の２つがあります（国税通則法60条・65条）。前者は罰金的な性質のもので後者は利息的な性質のものです。

　税務調査を受けての過少申告加算税の金額は、追納する本税の10％ですが、当初の

納付額と比較して追納額が多いような場合には税率は上がります。また当初申告は行っていなかったが調査の指摘により申告書を提出した、という場合には過少申告加算税に替えて無申告加算税が課されます。この場合の納付額は本税の15％です（国税通則法66条）。

延滞税は利息の性質なので、当初申告の申告期限日から追納額を納付した日までの期間に応じて追納額の本税に対して課せられます。利率は毎年変動しますが現在（令和元年）時点では2.6％です。

上記の説明は通常の場合ですが、仮装や隠ぺいによる財産申告漏れが行われていたとみなされる場合は、過少申告加算税（無申告加算税）に替えて重加算税が課せられます。この場合の納付額は、仮装または隠ぺいのあった財産に係る相続税額に対して35％（40％）です（国税通則法68条）。

重加算税が課せられると、相続税率の高い場合には相続財産のほとんどが税金で持っていかれる計算になります。これまで述べてきたように、税務調査は時間をかけて細部にわたり行われます。意図的な隠ぺいや財産隠しは絶対に行うべきではありません。

【附帯税の種類と税率】

性質	仮装・隠ぺい行為	申告書の提出	税　目	税　率
罰金	無	有	過少申告加算税	10％（当初納税額と50万円のいずれか多い金額を超える部分については、15％）
		無	無申告加算税	15％（50万円を超える部分については、20％）
	有	有	重加算税	35％
		無		40％
利息			延滞税	2.6％（令和元年時点の税率）

※　自主申告を行った場合は無申告加算税は原則5％で、過少申告加算税はかかりません。

第 5 編
中小企業経営者の相続

340

第5編　中小企業経営者の相続

128　中小企業経営者の相続は一般人の相続と何が違うのか

私は中小企業の経営者です。株式も全て私が所有しています。会社の経営は今の所順調ですが、65歳になり相続について考え始めています。子どもは3人おり、会社は長男に継がせ、株式は3人に平等に相続させようと考えていますが、相続に当たり何か注意する点などはあるのでしょうか。

会社オーナーの場合、自社株式が相続財産の対象になります。自社株式を相続した相続人は相続税の納付に苦労する場合が多く、現状を確認した上での納税資金確保、評価額引下げ、生前贈与の実行などの必要な対策を講じることが重要になります。また円滑な事業承継対策や円満な遺産分割対策など、行うべき対策は目白押しです。

解　説

◆自社株式は遺産分割および相続税課税の対象に

　中小企業経営者の相続と一般人の相続とで大きく異なることは、経営している自社株式が相続財産として遺産分割および相続税課税の対象になるということです。経営者にとって、相続税の納付を無事に行うことはもちろんですが、自分の会社を次世代に引き継ぎ更に繁栄させていくために、自社株式の対策はとても重要になります。

◆まずは現状の把握から

　自社株式対策の第一歩は、自社株式の評価額（株価）を把握し現状を認識するところから始まります。自社株式の株価算定方法は、株主の区分と会社規模に応じ、次のように区分されます（財産評価基本通達178以下）。
(1)　原則的評価方式（同族株主等に適用される評価方式）
　①　大会社…「純資産価額」と「類似業種比準価額」のいずれか低い方を選択可能
　②　中会社、小会社…「純資産価額」と「折衷方式」の評価額のいずれか低い方を選択可能

　「純資産価額」は会社の正味財産額を基準に株価を算定する方法です。「類似業種比準価額」は証券取引所に上場している同業他社と自社とを配当額、利益額、純資産額の面から比較し、その比率に同業他社の株価を掛け合わせて自社の株価を算定する方

法です。「折衷方式」とは純資産価額と類似業種比準価額を一定の割合で混合して計算する方法です。

(2)　特例的評価方式（同族株主等以外に適用される評価方式）

会社規模に関係なく、「配当還元価額」（原則的評価方式も選択可能）

「特例的評価方式」とは会社の配当額を基準に株価を算定する方法です。

◆納税資金の確保と評価引下げ対策

自社株式評価額の現状を知ると、様々な問題が浮かび上がってきます。その中でも納税に困ってしまう場合というのが数多く見受けられます。これは自社株式の評価が高くなり多額の相続税が発生する一方で、相続財産のうちに占める自社株式の割合が高く、無事に納税を済ませるための現金財産が不足している場合が大半であるためです。そのため、納税資金の確保が重要な課題となります。具体的には預貯金の十分な蓄積や、不要な不動産等の売却、保険の活用、延納の検討・準備などが考えられます。また、自社が十分な現預金を用意できるような場合には、相続発生後にその会社に自社株式を買い取ってもらい納税資金を捻出するという選択肢もあります（Q133参照）。最近の事業承継税制である相続税の納税猶予制度の活用を検討することも対策の1つです（Q134参照）。

併せて自社株式の評価引下げも重要な対策です。自社株式の評価が高くなる場合には必ず何か原因があります。その原因を発見し有効な対策を事前に打つことにより、評価の引下げが可能となり、相続税そのものを下げることもできます（Q131参照）。

◆下の世代への財産移転対策

相続が発生する前に自社株式を後継者あるいは後継者候補に早い段階で移転しておく、というのも有効な相続対策の1つです。移転を行う場合には、その方法と時期が大きなポイントとなります。

移転の方法については主に贈与と譲渡（売買）が考えられ、贈与は更に単純贈与と相続時精算課税制度を使った贈与とに分かれます。贈与については贈与税が、譲渡については譲渡所得税が発生します。贈与の場合、単純贈与と相続時精算課税贈与では課税方法が大きく異なります（Q95・130参照）。親族間で譲渡を行う場合は、譲渡先が誰になるのか、あるいはその譲渡価格によって税金の計算方法もそれぞれ違ったものになりますので、それぞれの場合について適正な価格および方法により行う必要があります。一般的には後継者などの一定の親族への譲渡については原則的評価額、持株比率の少ないその他の親族への譲渡については配当還元価額、グループ会社など法

人への譲渡については法人税法に規定する時価（法人税基本通達9－1－14）が税務上トラブルにならない移転の価格となります。

　移転の時期については、自社株式の株価は日々変動し、税金を含めいろいろな移転コストが発生します。自社株式の株価や移転時期に全く気を払わないまま移転を行ってしまうと多額の税金など思わぬコストの発生を招きます。また、新たに自社株式の所有者（＝株主）となる世代に、まだ後継者としての準備ができていない場合もあります。株価の変動や付随する費用、移転後の会社の状況等に注意し、円滑な承継が行えるような対策を十分検討することが必要となります。

◆遺産分割対策もぬかりなく

　自社株式の相続は会社の事業承継問題に直結します。株式には換金価値としての財産権だけでなく会社に物言える議決権があり、自社株式を相続や贈与等で取得した者は会社の所有者となり今後の会社経営に少なからず影響を及ぼしてくるからです。

　自社株式を兄弟3人で平等に分割した場合、会社に対する議決権も3人平等に持つことになります。仲の良い兄弟であれば3人が健在なうちは会社経営も円滑に進み、おそらく問題は発生しないでしょう。しかし兄弟にも相続が発生し、交流の少ない更に下の世代たちが株主になっていくと会社の経営や自社株式の買取りなどを巡って問題が発生するケースも少なからずあります。状況にもよりますが、自社株式は会社を継ぐ後継者1人に集中させた方がよい場合もあります。ただしその場合は、相続人間で争いが起きないよう、他の相続人に相続させる財産も担保しておく必要があります。

　円滑に事業を承継し会社を永続させていくため、自社株式を相続させる人および相続後の持株比率、更に相続人間で争いを起こさないための遺産分割方法など、総合的に考える必要があります。

【会社規模の判定：下記①・②区分のいずれか大きい方】

（従業員数が70人以上なら大会社に該当）

①取引高基準

取引金額			会社区分
卸売業	小売・サービス業	それ以外	
30億円以上	20億円以上	15億円以上	大会社
7億円以上 30億円未満	5億円以上 20億円未満	4億円以上 15億円未満	中会社の大
3.5億円以上 7億円未満	2.5億円以上 5億円未満	2億円以上 4億円未満	中会社の中
2億円以上 3.5億円未満	6,000万円以上 2.5億円未満	8,000万円以上 2億円未満	中会社の小
2億円未満	6,000万円未満	8,000万円未満	小会社

例
取引金額　3億円
総資産額　2億円
従業員数　10人
業種　　　製造業
↓
会社規模　中会社の中

②従業員数を加味した総資産基準（総資産価額と従業員数のいずれか下位の区分）

総資産価額		従業員数	35人超	20人超 35人以下	5人超 20人以下	5人以下
卸売業	小売・サービス業	それ以外				
20億円以上	15億円以上	15億円以上	大会社			
4億円以上 20億円未満	5億円以上 15億円未満	5億円以上 15億円未満	中会社の大			
2億円以上 4億円未満	2.5億円以上 5億円未満	2.5億円以上 5億円未満		中会社の中		
7,000万円以上 2億円未満	4,000万円以上 2.5億円未満	5,000万円以上 2.5億円未満			中会社の小	
7,000万円未満	4,000万円未満	5,000万円未満				小会社

【それぞれの評価方法の計算式】

類似業種比準価額方式

同業他社の上場株価に比準させる

$$\text{上場会社株価} \times \frac{\dfrac{\text{評価会社の配当}}{\text{上場会社の配当}} + \dfrac{\text{評価会社の利益}}{\text{上場会社の利益}} + \dfrac{\text{評価会社の簿価純資産}}{\text{上場会社の簿価純資産}}}{3} \times \begin{pmatrix} 0.7 \\ 0.6 \\ 0.5 \end{pmatrix} \text{斟酌率}$$

折衷方式

2つの方法の折衷

・中会社の大： 類似業種比準価額 × 0.9 ＋ 純資産価額 × 0.1

・中会社の中： 類似業種比準価額 × 0.75 ＋ 純資産価額 × 0.25

・中会社の小： 類似業種比準価額 × 0.6 ＋ 純資産価額 × 0.4

・小会社　　： 類似業種比準価額 × 0.5 ＋ 純資産価額 × 0.5

純資産価額方式

会社の資産価値に着目

資産の相続税評価額	負債
	資産の評価益に対する法人税等相当額（37%※）
	純資産価額

※　令和元年7月時点

配当還元方式

$$\boxed{\text{年配当金額※}} \div 10\% \times \frac{\boxed{1\text{株当たり資本金等の額}}}{50\text{円}}$$

※年配当金額は直前2年間の年平均配当金額を発行済株式数（資本金等の額÷50円で計算した株数）で除して計算。またこの計算による金額が2円50銭未満のものは2円50銭として計算。

129　許認可事業を継ぐ長男のためにあらかじめ準備すべきことは

　個人で建設業を営んでいますが、私に万が一のことがあったときは、事業の許可は長男が相続できるでしょうか。

　事業の許認可または登録・届出をした者に相続があった場合、相続人がそのまま事業を引き継げるものと、地位の承継について定めのない事業があります。建設業は、相続の規定がありません。相続に向けて準備をしておきましょう。

解　説

◆許認可等にかかる事業の相続

　事業の許認可・登録・届出を個人事業主が行っている場合、相続によって承継できる事業とできない事業があります。

(1)　届出により承継できる事業

　下記の事業者に相続があったときは、事業を管轄する官公署の窓口にて承継届や戸籍謄本等を提出することで、相続人が事業者の地位を承継することができます。

> 飲食店の営業許可など食品衛生法および食品衛生に関する条例に基づく許可業種、クリーニング業、理容業・美容業、米穀小売業、製造たばこ小売販売　など

(2)　諸官庁の承認を受け承継できる事業

　下記の事業の場合、所轄の官公署で相続の申請手続をし、承認されれば承継できます。事業を承継する相続人が、申請する事業の欠格条項に該当していないことが必要です。

> 旅館業、風俗営業、酒類販売免許　など

(3)　承継できない事業

　次の事業の場合は、被相続人について廃業などの手続をした上で、新たに相続人名

義での許認可または登録を受ける必要があります。

診療所、助産所、飼育動物診療施設（動物病院）、薬局、医薬品の店舗販売業、歯科技工所、施術所、動物取扱業、質屋営業、古物営業、宅地建物取引業免許、建設業　など

◆事業を手伝っていたのに、跡を継げないということにならないために

(1)　資格の準備

　上記の承継できない事業の場合、申請者の資格が許可要件になるなど一身専属性の側面が強いことが特徴といえます。後継者には、必要な資格を取得させるなどの準備が必要といえます。

(2)　事業形態の検討

　個人でも法人でも営業許可を受けることができますが、個人の許可が法人の許可と異なるのは、許可がその者自身だけに帰属するという点です。事業主が死亡すれば許可を引き継ぐことができません。事業を後世に残していきたいのであれば、法人名義で許可を得ることも検討するとよいでしょう。

(3)　経験年数も許可要件となる事業に注意（建設業）

　一定規模を超える建設業を営もうとする者は、都道府県知事または国土交通大臣の許可を受けなければなりません（建設業法3条）。①許可を受けようとする建設業に関し5年以上経営業務管理責任者としての経験を有していること（建設業法7条1号）、②各営業所に技術資格要件を満たす専任技術者が配置されていること（建設業法7条2号）、③請負契約を履行するに足りる財産的基礎または金銭的信用を有していること（建設業法7条4号）などが許可の要件です。

　特に①に関しては、当該建設業許可を有する法人の取締役経験があれば証明が容易ですが、個人事業主のもとで経営経験をしていたという公的な証明をすることは、非常に困難です。後々困らないようにするには、支配人登記をする、法人成りして後継者を取締役に据えるなどの事前の対策が必要です。

130 会社を継ぐ長男に自社株式を贈与する場合の注意点は

この度、早めの事業承継を考えて、後継者である長男に自社株式を贈与しようと考えています。この場合、何か注意点はありますでしょうか。

自社株式の評価額は贈与する時期によって変動し、贈与する株数によって贈与税額も大きく変わります。贈与を行う時期やその株数、あるいは相続時精算課税制度の活用などを考えながら総合的に判断する必要があります。また税金面だけでなく、経営面や遺産分割面という視点からも検討を行う必要があります。

解説

◆税金の観点から

　自社株式の贈与を行えば、贈与を受けた者に対し贈与税の課税が生じます。一般的に贈与税は相続税よりも高額になりますので、贈与前にしっかりとした株価対策をとる必要があります。

　贈与するに当たっての株価対策は基本的には相続税の株価対策と同様です（Q131参照）。しかし、贈与は相続と大きく異なる点が2点あります。それは財産を移転する時期を選べる点、および贈与する株数を選べる点です。相続は突然発生するものですが贈与は自分の意思で行えます。したがって日経平均株価などを注視して類似業種の株価が安くなっている時期や、多額の売却損を計上して利益が大きく下がっている時期などのタイミングを見て贈与を行えば、評価額が引き下がり贈与税を抑えることが可能です。また、被相続人の全財産を一度に取得する相続と異なり、贈与は部分的に行うことも可能です。相続税と贈与税（暦年課税）は共に累進課税税率であり財産の金額が大きくなればなるほど税率も上がります。一定額や一定株数を毎年定期的に行うことで相続税よりも安い税率で贈与を行うことも可能となります。

　贈与を行う際にはその方法も検討する必要があります。贈与には一般的な暦年課税贈与と相続時精算課税贈与の2つがあります（Q95参照）。どちらの方法で贈与を行うかは納税者の選択となりますが、特に指定しなければ暦年課税となり、相続時精算課税を選択する場合は別途届出を行う必要があります。

2つの贈与の主な違いをまとめると次のとおりになります。

	暦年課税贈与（一般的な贈与）	相続時精算課税贈与※
対象者	特に制限なし	原則、60歳以上の親から20歳以上の子または孫への贈与
選　択	特に規定なし	父母ごと、子（孫）ごとに選択（選択後は撤回不可）
控除額	毎年110万円の基礎控除	一生を通じて2,500万円の特別控除
贈与税率	10％から55％の累進税率	2,500万円を超過する部分につき、一律20％
相続時の取扱い	相続開始前3年以内の贈与財産のみ相続財産に加算	贈与財産の全額を贈与時の時価で相続財産に加算

※　納税猶予制度の特例措置（Q134）は受けない前提です。

　上記のうち、自社株式の贈与の際に相続時精算課税を選択することのメリットとしては、①2,500万円の特別控除、②相続時には贈与時点の価額で相続財産に加算、の2点が考えられます。

　①については言い換えれば「2,500万円までなら贈与時には無税で自社株式を移転できる」ことになります。自社株式の評価が思ったほど高くなく相続税がかからないかもしれない、という場合には有効な方法です。②については「会社の業績が好調で将来株価が更に上がる見込みがある」という場合に有効な方法です。例えば自社株式の評価額が贈与時には1億円、相続時には10億円だった、という場合、相続時には贈与した自社株式は被相続人の財産に加算されますが、その計上金額は1億円で済みます。先を見越して相続時精算課税贈与することにより、将来の評価の上昇額を抑えることができたということになります。

　ただそうはいっても、相続時精算課税にはリスクもつきまといます。これは名前のとおり「相続時に精算」する課税制度であり、贈与時点で課税が終了するものではありません。「贈与時点の評価で課税」というのも、会社の方向性を見誤れば足かせにな

る場合も多々あります。また、一度相続時精算課税を選択すると二度と撤回すること
はできないので、「110万円の基礎控除を受けたいので暦年課税に戻りたい」というこ
ともできません。どちらの方法で贈与を行うかについては十分に検討を重ねた上で実
行されることをお勧めします（相続税法21条以下、租税特別措置法70条の2の4以下）。

◆経営の観点から
　株式とは配当金の受領や残余財産の分配という財産価値のほかにも、発行会社に対
する議決権の行使や経営への関与という経営的な価値も併せ持ちます。それは当然自
社株式にもあてはまる話であり、贈与の目的が単なる相続税対策だけであったとして
も、当該贈与により会社の議決権は長男に移ります。
　「自社株式は贈与したいが後継者が未熟なので、自分の影響力も残しておきたい」
という場合には株式の全部を贈与するのではなく、一部はオーナーの手元に残してお
いた方がよい場合も想定されます。株式会社の決議には普通決議のほか、合併や定款
変更など特に重要な意思決定を行う場合の特別決議があります。普通決議は過半数、
特別決議は3分の2以上の賛成で可決します。言い換えればこれを超える株数をオー
ナーが保有していれば可決はされません。
　また、会社法の施行に伴い、株式会社は配当金の額や財産の分配などについて「異
なる定めをした内容の異なる二以上の種類の株式」（通称：種類株式）を発行すること
ができるようになりました。この種類株式の導入により会社は、権利の内容が異なる
2種類以上の株式を発行することが可能になります（会社法108条）。
　この制度を活用することで議決権の一部を制限する株式（議決権制限株式）やその
全部を制限する株式（無議決権株式）、あるいは株主総会決議事項そのものについて拒
否権を持つ株式（黄金株）を発行することが可能となります。まだ幼い後継者に自社
株式を移転するような場合には検討してみる価値はあるでしょう。

◆遺産分割の観点から
　自社株式を相続する長男以外にも相続人がいる場合、他の相続人に配慮した遺産分
割は必要不可欠です。相続人はそれぞれ法定相続分に応じた相続権を持っており、自
社株式を長男に贈与しただけであれば、後に他の相続人たちと争いが生じる可能性が
あるからです。ただでさえ自社株式は相続財産全体に占める評価額が高くなる傾向が
あります。自社株式を長男1人に承継させたいという意向があるのであれば、遺言書
なども併せて作成し、他の相続人に自社株式以外の財産が割り当てられるようにして
おく必要があります。

もっとも、遺言書を作成したとしても争いが生じてしまう場合もあります。長男への財産額が他の相続人の遺留分を侵害してしまう場合です。今回の自社株式のような生前に相続人が被相続人から贈与を受けた財産も、遺留分の計算に含まれてしまいます。しかも対象となる金額は相続発生時の財産評価額です。つまり、自社株式贈与時の評価額が1億円で、その後、後継者の経営努力によって評価を10億円に上げた場合でも、10億円が遺留分の計算対象となってしまうということです。

　この遺留分を取り除くには生前に他の相続人が家庭裁判所で「遺留分の放棄」を行う必要があります（民法1049条）。また事業承継の円滑化を目的として、自社株式について遺留分の計算に含めない合意（除外合意）や遺留分対象金額を固定する合意（固定合意）を交わすこともできます（中小企業における経営の承継の円滑化に関する法律3条以下）。

　ただし、いずれの方法も他の相続人の同意があって初めて行えるもので、単独では行えません。後々の相続人間の争いの火種とならないよう、常日頃から相続人全員の理解を得ておくことが何より重要であると思います。

131 自社株式の評価額を低くして相続税額を低くすることはできるのか

 自社株式の相続税評価額が高くてこのままでは納税することができません。評価額を低くする方法はないでしょうか。

 自社株式の評価方法を把握し、計算の基となる数値を変動させることで評価額の引下げは可能です。ただし節税目的のみの数値変動や組織変更は税務上否認される可能性があり、注意する必要があります。

解説

　自社株式の評価額は原則、会社規模などに応じて純資産価額または類似業種比準価額、あるいはその両方によって決まります。まず現状分析により自社株式の評価方法を把握して株価が高くなっている原因をつきとめ、その対策を打つことで評価額を低くすることが可能となります（Q128参照）。

◆純資産価額の評価引下げ方法
　純資産価額は自社の資産および負債を相続税評価額に換算し、その純資産価額（資産と負債の差額）を発行済株式数で割って1株当たりの株価を求める計算方式です。いわば純資産価額方式は資産面からみた自社株式の評価方法といえます。
　また純資産価額方式の特徴として、純資産の含み益に対してはその37％相当額を資産の価額から控除して株価を計算することができます。これは、自社の清算等を行った場合に、資産の売却益に対して課税される法人税等が計算上考慮されているためです。純資産価額の引下げ対策はいかにして「資産の評価額を下げるか」「37％控除を活用するか」という点がポイントになります。
　「資産の評価引下げ」対策は個人の相続税の評価引下げ対策と似ています。つまり「時価と相続税評価額との差額を利用する」という考え方に基づきます。例えば現金や借入等により土地や建物を購入すれば、その評価は路線価や固定資産税評価額で評価されるため、現金を保有している場合よりも評価は下がります。同様に機械や器具備品等の事業用資産を購入しても、減価償却により評価は下がります。また、生前退

職金等により役員に退職金を支給すればその分純資産額は下がります（支給を受ける役員は退職所得が発生するので注意は必要です。）。ただし注意点として、法人が土地や建物を購入した場合、購入から３年間はその土地建物については通常の取引価額（時価）で自社株式の評価を行わなければならず、路線価や固定資産税評価額は使用することができません。これは不動産を利用した意図的な自社株式対策に一定の制限を加えようというものです。対策の実行に当たってはその行う時期も重要なポイントになります。

　「37％控除の活用」としては、やや応用になりますが、持株会社の活用などが考えられます。これは業績が好調で将来の自社の株価が大きく上昇する可能性が高い場合に、その会社を子会社化してしまう方法です。この場合、事業および資産・負債は子会社に移転され、親会社は子会社の株式を保有することになります。子会社化した直後は株価に影響はありませんが、業績が好調で子会社の株価が上昇してきた際には、親会社（自社株式）の評価上、子会社株価の上昇分（含み益）に対しその37％を控除することができます。

◆類似業種比準価額の評価引下げ方法

　類似業種比準価額は上場している同業他社の株価を基準に、その同業他社の配当、利益、純資産と自社の配当、利益、純資産とを比較して株価を算出する方法です。類似業種比準価額方式は直近の決算書をベースにした自社株式の評価方法で、同業他社の株価と直近の決算に大きく左右される計算方式といえます。

　株価形成の要因および株価の引下げを検討する場合には、この方式での計算要素は「同業他社の業種」、「上場株価」、「配当」、「利益」、「純資産」に分解することができます。

　まず「同業他社の業種」および「上場株価」については、自社がどの業種に属し、どのくらいの株価を基礎としているのかということを考えます。この業種は日本標準産業分類に基づいて区分されていますが、もしかすると株価がすごく高い業種に自社が区分されているかもしれません。この場合、単一の業種しか行っていない会社であればこの業種を変更することは難しいですが、例えば不動産業と製造業など、２以上の業種を行っている会社であれば、それぞれの業種の割合を変更して主たる業種を変更することで自社株式評価上の業種を変更できる場合があります。

　「株価」については当該同業他社の「当月、前月、前々月の平均株価または前年の平均株価、または過去２年間の平均株価」の５つのうち最も低いものを基準とします。この株価は経済情勢など外的要因によって変動しますし、また相続は時期を選べない

不可避発生的なものなので、相続税にあわせて一番安い株価を選択することは不可能です。ただ、株価の動きを日々チェックし、株価が安くなっている時期に合わせて生前贈与などの財産移転対策を行うことができれば、非常に有効な相続税対策となります。

「配当」は自社が経常的に株主に分配している配当額の直近2年間の平均値で計算します。特別配当、記念配当等の非経常的なものはこれに含まれません。配当は自社の判断で行えるものなので、同業他社に比べ非常に高い配当を行っている場合はこれを減少させることで株価の引下げに繋がります。

「利益」は原則は前年の課税所得上の利益を用いますが、非経常的な利益は計算から除かれます。利益の引下げ対策として本業の利益率を下げる訳にはいかないので、例えば次のような方法が考えられます。

① 生命保険の活用
② 生前退職金の支給
③ 含み損のある不動産の売却
④ 固定資産の除却や有資除却
⑤ 不良債権の償却や不良在庫の廃棄・処分
⑥ 高収益部門の分社化による間接保有

注意点として、上記の対策には継続して利益を減らすものもあれば、対策した年度のみ利益を減らすものもあります。後者の場合、相続の発生時期によっては効果がほとんど得られませんので、生前贈与等の財産移転対策と併せて行う必要があります。

「純資産」はここでは帳簿価額上の純資産を指し、先程述べた「純資産価額」評価上のものとは異なります。自社が利益を計上すると内部留保が蓄積され帳簿価額の純資産も増加するので、利益の引下げ対策と表裏一体といえます。

◆共通する評価引下げ対策

純資産価額および類似業種比準価額に共通する対策として、会社規模が挙げられます。評価方法は会社規模によって異なり、大会社であれば「純資産価額」または「類似業種比準価額」のうちいずれか小さい方となり、中会社や小会社であれば「純資産価額」または「純資産価額と類似業種比準価額の折衷方式」のうちいずれか小さい方となります（中会社のほうが類似業種比準価額の折衷割合は高くなります。）。

経験則上、大抵の場合、純資産価額よりも類似業種比準価額の方が有利となります。つまり、会社規模が大きい方が、有利である類似業種比準価額を使える割合が大きくなるということになります（純資産価額はどの場合でも使用することができます。）。

会社規模は「従業員数」「取引高」「総資産価額」の３つから総合的に決定されます。自社の状況を今一度確認して、会社規模の変更が可能であり、かつそれにより株価が大きく変動するような場合には規模の変更を検討する価値はあると思います。

また株価評価に際しては、「土地保有特定会社」、「株式保有特定会社」、「比準要素数１の会社」、「比準要素数ゼロの会社」などに定義づけされる会社があります。これは総資産に占める土地や株式の割合が高い場合や、類似業種比準価額を算定する３要素（配当、利益、純資産）のうち２または全部がゼロである場合に該当してしまいます。これらの会社に該当してしまうと、類似業種比準価額を使える割合がゼロまたは限られてしまい、評価の全部または大部分を純資産価額で行わなければならなくなります。これらの評価会社に該当しないようにするための対策も重要になります。

◆引下げ対策における注意点

これまで述べてきた方法はいずれも評価額の引下げには有効な対策です。しかしこれらを実行する上での注意点があります。これらの対策を行うには合理的な理由が必要である、という点です。

「節税目的のためだけにこれらの数値を動かしました」、という理由では税務上否認される可能性が大いにあります（相続税法64条）。特に持株会社の設立や分社化など、組織再編を伴う行為に対しては課税庁側の視点も厳しくなってきているのが現状です。単なる節税目的ではなく、会社経営などの実情に即した対策を行うことが何より重要になります。

132 死亡退職金の規程を設けて相続税額を低くすることはできるのか

 この度、会社オーナーであった父に相続が発生し、私が会社を引き継ぎました。生前の父の功績を称えて会社から死亡退職金を支給しようと考えています。この支給は会社（自社株式）の相続税額の評価に影響を与えるでしょうか。

 会社が被相続人に死亡退職金を支給することが確定した場合、自社株式評価の純資産価額の評価上、その支払確定額が負債に計上され、自社株式の評価額は下がります。一方で受け取った死亡退職金は父の相続財産とみなされますが、その金額が法定相続人の数×500万円の範囲内であれば非課税となり相続税は課税されません。

解説

◆自社株式の評価額に与える影響

　自社株式の評価は、原則として相続発生時点の財産内容や同業他社の株価などを基準に計算されます。これに対し死亡退職金の支給というのは相続発生後に残された経営陣らの意思によって決定されるものであり、原則に従えばこの支給は相続税評価額には影響せず評価は下がらない、ということになります。

　しかし一方では、会社が遺族に支払った死亡退職金はみなし相続財産として被相続人の相続財産に加算されます。この「受け取った側では加算し、支払った側では控除できない」という矛盾を解消するため、財産評価基本通達では自社株式評価のうち純資産価額の計算において、支給が確定した死亡退職金の額を「負債」としてよいと明記しています（相続税及び贈与税における取引相場のない株式等の評価明細書の様式及び記載方法等について、財産評価基本通達186）。つまり支払が確定した死亡退職金の分だけ、純資産が減少して純資産価額の株価は下がります。

　この死亡退職金について財産評価基本通達では「被相続人の死亡により、相続人その他の者に支給することが確定した退職手当金、功労金その他これらに準ずる給与の金額」と定義しています。この制度はあくまで死亡退職金がみなし相続財産として被相続人の相続財産になってしまうことに対しバランスを取るために設けられた規定で

す。したがって、元々相続財産の対象外である弔慰金などを支給しても、この制度の適用はなく自社株式評価には影響しません（ただし、弔慰金の額が一定額を超え、死亡退職金とみなされた場合にはこの適用があります。）。

また、この計算方法は純資産価額を計算する上で設けられた規定です。類似業種比準価額の計算には一切影響を与えません。

【死亡退職金を支給した場合の純資産価額】

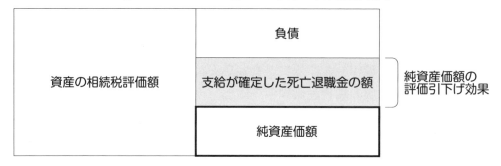

◆死亡退職金を受け取った側の財産評価

死亡退職金の支給を受ける被相続人の財産計算にも触れておきます。上記のとおり、支給が確定した死亡退職金はみなし相続財産として被相続人の相続財産に加算されます。しかし、その死亡退職金を相続人が受け取った場合には相続税の非課税制度の適用があります。具体的には受け取った死亡退職金のうち、「500万円×法定相続人の数に相当する金額（非課税限度額）」までは相続税がかかりません（Q21参照）。

結果的に非課税限度額の範囲内で死亡退職金を支給すれば、その分の自社株式評価額が引き下がるのみ、ということになります。

133 納税資金確保のために会社を利用することはできるのか

自社株式を相続したのですが、相続税が予想以上に高く、手元の現預金だけでは相続税を納税できません。納税資金確保のために会社（自社）を利用できる場合があると聞いたのですが、どのような方法があるのでしょうか。

会社に相続財産を売却し納税資金を確保するという方法があります。この場合、相続税の取得費加算の特例や金庫株取得の特例など、様々な税制上のメリットがあります。また、会社が金融機関からの借入れにより相続財産を買い取った場合は、支払う借入利息は法人税の計算上、損金に算入することができます。

解説

　自社株式を相続した者にとって、納税資金の確保は常につきまとう問題です。なぜなら会社の後継ぎとなり自社株式を相続した場合、自社株式の評価額が高いため相続税も高額になる一方で、相続財産に占める自社株式の評価額の割合が非常に大きくなり、相続税に見合うだけの現預金が確保できない場合が非常に多いからです。

　このような状況において、その会社を利用して相続税の納税資金を確保できる場合があります。具体的には不動産や株式など、相続により取得した財産の一部を会社に売却して現金化するという方法になりますが、この場合、次に掲げるような税務上のメリットが考えられます。

◆相続税の取得費加算の特例の活用

　個人が所有している財産を売却した場合、通常は売却価額とその財産の取得価額（取得費）との差額（利益）が譲渡所得となり、その譲渡所得に対して所得税が課せられます。税額は売却の内容によって様々ですが、先祖代々の土地を売却した場合などはその取得費が低いため利益が大きくなり、税金も多額となってしまう場合が大半です。

　ただし、個人が相続により取得した財産を相続開始から3年10か月以内に売却した場合には、その支払った相続税の一部を取得費に加算することができます（租税特別措

置法39条、租税特別措置法施行令25条の16）。つまり加算された相続税の分だけ取得費が大きくなり、所得税計算上の利益の額を小さくすることができる、というものです。具体的には以下の金額が取得費に加算されます（この特例を適用しないで計算した譲渡所得の金額を限度とします。）。

＜算式＞

$$\text{その者の相続税} \times \frac{\text{その者の相続税の課税価格の計算の基礎とされた譲渡資産の価額}}{\text{その者の相続税の課税価格} + \text{その者の債務控除額}} = \text{取得費に加算する相続税の額}$$

　この算式では支払った相続税のうち、売却した財産に対応する部分の金額を、所得税の計算上の取得費に加算することができる、ということを表しています。これにより、売却時の所得税を低く抑えた上で会社に財産を買い取ってもらうことが可能になります。これを相続税の取得費加算の特例といいます。

◆自社株式譲渡によるみなし配当課税の特例の活用

　次は、相続により取得した自社株式をその法人に売却する場合の話です。

　法人が自社株式を相続人から買い取る場合、自社株式を売却した個人に対して通常の譲渡所得だけでなく「みなし配当」というものが生じる場合があります。このみなし配当は配当所得となり総合課税の対象となります。配当所得を大まかに説明すると「所得が高い人にとってはたくさんの税金がかかってしまう所得」と考えてください。つまり、自社株式をその法人に売却した場合は他の株式を売却した時よりも高い税金が課せられてしまう可能性がある、ということです。

　ただし、相続により取得した自己株式を相続開始から３年10か月以内に売却した場合には、みなし配当課税は生じないで通常の譲渡所得のみとなります（一定の条件を満たした場合に限ります。）（租税特別措置法９条の７）。これは、売却代金を相続税の納税に充てやすくするために設けられた特例です。この特例は先程説明した相続税の取得費加算の特例と併せて利用することができ、これらをうまく併用することでより納税資金が確保しやすくなります。

◆支払利息を法人の経費に

　会社に相続財産を買い取るだけの現預金がない場合でも、その会社が銀行等の金融機関から買取資金を借入れできる場合があります。会社に借入金を返済できるだけの

十分なキャッシュフロー計画や担保物件があれば、借入れできる可能性は高くなります。この借入資金を元手に財産を買い取り、上記で述べた制度を利用することができます。また、この場合にはその会社が支払う借入金に対する利息は、法人税の計算上、法人の損金に算入することができます。

　相続人が手元に現金がない場合の納税方法として、延納による納税を選択するという方法もあります（Q56参照）。ただし、延納して相続税を支払う場合には、その延納の利息である利子税は個人・法人どちらの経費にもなりません。あえて会社の借入れとして会社に財産を売却することにより、法人税の節税につなげることも可能となります。

　ただし、借入れする場合の金利等の条件は会社によって様々なので、延納と比べた場合の金利差や、その他いろいろな条件を吟味して判断する必要があります。

134 自社株式を持ち続ける場合に納税を待ってもらえることがあるのか

父の死亡後は事業を承継して自社株式を相続します。承継に当たり、手元資金はできるだけ残しておきたいのですが、納税を待ってもらう方法はないのでしょうか。

相続税・贈与税の納税猶予制度（事業承継税制）を活用すれば自社株式に対応する相続税や贈与税の納税が猶予・免除されます。近年の税制改正により特例措置が設けられ、かなり使いやすい制度となりました。制度の利用には書類の提出など様々な要件を満たす必要があります。贈与税の納税猶予を利用した場合、贈与者の死亡時に贈与税の全額が免除されると共に、贈与を受けた自社株式が相続税の課税対象となります。

解　説

◆相続税・贈与税の納税猶予制度（租税特別措置法70条の７～70条の７の８、租税特別措置法施行令40条８～40条の８の８、租税特別措置法施行規則23条の９～23条の12の５）

　これまで述べてきたように、自社株を相続する後継者は相続税額が多額となり納税資金の捻出に苦慮するケースが多いです。後継者の納税負担を和らげて中小企業の事業承継を総合的に支援するため、平成21年度の税制改正において「相続税・贈与税の納税猶予制度（事業承継税制）」が創設され、以後、各年の税制改正で当制度を使いやすくするための要件緩和・手続の簡素化などが行われてきました。

　この度、平成30年度の税制改正において、従来の措置（一般措置）に加え、納税猶予の対象となる株式数の制限撤廃や納税猶予割合の引上げ（80％→100％）などを盛り込んださらなる措置（特例措置）が10年間の限定で設けられています。

　納税猶予制度とは、後継者である相続人等が自社株を先代経営者などから相続・贈与により取得して会社を経営していく場合に、一定の要件の下で、その後継者が納付すべき税額のうち自社株式に対応する部分についての納税を猶予するというものです。かなり複雑な制度になりますので、ここでは特例措置と一般措置との比較および特例措置の概要について、ごく簡単に触れておきます。

　納税猶予に関して、新たな特例措置と従来の一般措置の内容および一連の流れは主

に下表・図のとおりです。特例措置は10年間の限定措置ですが、これまでの対象株数の制限や雇用確保要件などが実質的に撤廃され、最大3人の後継者に承継させることができます。制度の適用を受けるためには認定経営革新等支援機関（税理士、商工会、商工会議所等）の所見を記載した「特例承継計画」を事前に作成し、提出する必要があります。ただし、令和5年3月31日までの相続・贈与については、相続・贈与後（事後）に承継計画を提出することも可能です。

【特例措置と一般措置の比較】

	特例措置	一般措置
事前の計画策定等	5年以内の特例承継計画の提出 （平成30年4月1日から 令和5年3月31日まで）	不要
適用期限	10年以内の贈与・相続等 （平成30年1月1日から 令和9年12月31日まで）	なし
対象株数	全株式	総株式数の最大3分の2まで
納税猶予割合	100%	贈与：100% 相続：80%
承継パターン	複数の株主から最大3人の後継者	複数の株主から1人の後継者
雇用確保要件	弾力化	承継後5年間 平均8割の雇用維持が必要
事業の継続が困難な事由が生じた場合の免除	あり	なし
相続時精算課税の適用	60歳以上の者から20歳以上の者への贈与	60歳以上の者から20歳以上の推定相続人（直系卑属）・孫への贈与

【納税猶予制度の特例措置】（相続税の場合）

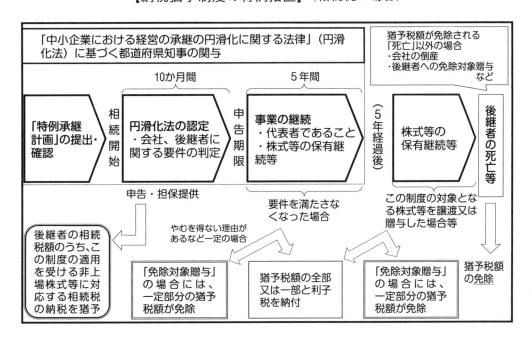

※　相続開始の日の翌日から8か月以内（贈与の場合は贈与年の10月15日〜翌年1月15日まで）に都道府県知事へ認定申請を行う必要があります。

（出所：国税庁ＨＰ）

◆納税猶予制度の適用要件（特例措置の場合、以下同じ）

相続税の納税猶予制度の適用を受けるためには、先代経営者である被相続人、後継者である相続人等、自社株式の対象会社の三者について、それぞれ要件を満たす必要があります。

(1)　被相続人（先代経営者）の要件

①　会社の代表権を有していたこと

②　相続開始直前において、被相続人および被相続人と特別の関係がある者で50%超の株式を保有していたこと

③　②の者の中で筆頭株主であったこと（後継者が筆頭株主である場合を除きます。）

(2)　相続人等（後継者）の要件

①　相続開始の時において後継者および後継者と特別の関係がある者で50%超の議決権数を保有していること

②　【後継者が1人の場合】①の者の中で筆頭株主であること

③　【後継者が2人または3人の場合】総議決権数の10%以上の議決権数を保有し、かつ他の後継者を除く①の者の中で、筆頭株主であること

④　相続開始の日から5か月を経過する日において、会社の代表権を有していること

⑤　相続開始の直前において、会社の役員であること（被相続人が60歳未満で死亡した場合を除きます。）　他

(3)　対象会社の要件

①　中小企業者に該当すること（特例有限会社、持分会社も対象になります。）

②　上場会社や風俗営業会社に該当しないこと

③　資産保有型会社（総資産に占める現金預貯金等の一定資産の割合が70%以上の会社）または資産運用型会社（総収入に占める特定資産の運用収入の割合が75%以上の会社）に該当しないこと　他

◆必要な手続

この制度の適用を受けるためには、相続開始前後において所定の手続を行う必要があります。

(1) 相続開始前

認定経営革新等支援機関（税理士、商工会、商工会議所等）の所見を記載した「特例承継計画」を作成し、令和5年3月31日までに都道府県知事に提出して確認を受ける必要があります（令和5年3月31日までの相続については、相続後に承継計画を提出することも可能です。）。

(2) 相続発生時

都道府県知事への認定申請および相続税の期限内申告など所定の手続が必要です。これらの手続を経ることで、後継者が相続で取得した自社株式に対応する相続税については、その全額が猶予されます。

(3) 相続税の申告期限後5年間（特例経営承継期間内）

税務署および都道府県庁に対して毎年1回一定事項を記載した書類を提出する必要があります。また承継期間の末日において、承継期間内における雇用平均が相続時の雇用の8割を下回った場合には、下回った理由等を記載した報告書（認定経営革新等支援機関の所見つき）を都道府県知事に提出し、確認を受ける必要があります。

(4) 申告期限から5年経過後（特例経営承継期間経過後）

税務署に対して3年ごとに一定事項を記載した書類を提出する必要があります。

◆猶予期限の確定事由

納税猶予制度は主に次の事由に該当した場合、その期限が確定します（つまり、猶予が取り止めとなります。）。この場合、猶予を受けていた相続税額は期間に対応する利息分と併せて納付しなければなりません。ただし、特例経営承継期間の経過後に猶予期限が確定した場合には、特例経営承継期間中の利子税は免除されます。また、支払う相続税については延納または物納を選択することが可能です。

(1) 特例経営承継期間内

① 後継者および対象会社が上記「適用要件」を満たさなくなった場合（対象会社が中小企業者に該当しなくなった場合を除きます。）

② 対象となる自社株式を継続保有しない場合

③ 期限内に税務署・都道府県庁に報告をしなかった場合　他

(2) 特例経営承継期間経過後

① 対象株式を継続保有しない場合（継続保有の株式については引き続き納税が猶予されます。）

② 対象会社が資産保有型会社または資産運用型会社に該当することになった場合

③ 期限内に税務署に報告をしなかった場合　他

◆猶予税額の免除事由

次の事由に該当した場合には、猶予を受けていた相続税額は免除されます。

(1) 特例経営承継期間内

後継者が死亡した場合　他

(2) 特例経営承継期間経過後

① 後継者が次期後継者に当該株式の免除対象贈与を行った場合

② 会社が破産または特別清算した場合

③ 事業継続が困難な一定の事由が生じた場合において、会社の譲渡・解散を行った場合（一定の金額に限ります。）　他

◆贈与税の納税猶予と制度の活用方法

自社株式の納税猶予制度は贈与税についても適用があります。贈与であれば生前に後継者に自社株式を承継させることができ、先代の存命中に特例経営承継期間を終えることも可能です。贈与税の特例措置の要件は相続税の納税猶予と大体同じですが、主に次の点で異なります。

① 後継者が当該贈与において取得すべき株数について、一定の要件があります。

② 贈与の場合、先代経営者は会社の代表権を有していないことが要件になります（代表権のない役員にとどまっていることはできます。）。また、後継者は20歳以上であり、かつ役員就任から3年以上経過していなければなりません。

また、贈与固有の制度として、自社株式の贈与後に対象となる贈与を行った者が死亡した場合、猶予されていた贈与税額は全額が免除となる一方で、この自社株式は贈与者の死亡時に「みなし相続財産」として相続税の課税対象になります。この場合の自社株式の課税価格は相続時ではなく贈与時の価額となります。

相続財産とみなされた自社株式については相続税の納税猶予の適用を受けることができます。つまり、贈与税と相続税の納税猶予制度を併用することで、先代経営者から2代目経営者へ（贈与＋相続）、2代目経営者から3代目経営者へ（贈与）、というように生前贈与により株式の承継を行っていくことができます。

納税猶予が取り止めになった時点での利子税の負担などについては留意する必要がありますが、事業継続を前提とする会社であれば、かなり使い道のある制度になったのではないかと思います。

コラム

◆自社への多額の貸付金に悩まれている経営者の方へ

　経営者の中には、資金繰りのために自身のお金を会社の経営に回している、いわば会社に貸しているというケースが数多くあります。こういった資金は長い年月により数千万円から数億円規模に膨らんでしまったりしますが、会社から個人への返金は財務上不可能な場合が大半です。しかし、この資金の額は会社に対する貸付金として、経営者の相続財産に該当してしまうため、「回収見込みのない貸付金のために相続財産が過大になり相続税が払えない」という問題が発生してしまいます。

　この問題の解消策として、会社への貸付金を現物出資により会社の資本金に換えてしまう、という方法があります。簡単にいうと貸付金と自社株式とを交換するのです。これをデット・エクイティ・スワップ（債務の株式化）といいます。

　この方法を使えば、経営者の相続財産が額面評価の貸付金から特有の計算を行う自社株式へと変わり、相続税評価額を大きく引き下げることができます。手続実行時の法人への課税など実務上注意すべき点は多々ありますが、膨らんだ自社への貸付金に悩んでいる経営者の方にとって、検討してみる価値はある方法です。

第 6 編
大天災が相続手続に与える影響

135 大天災が起こった場合の災害時の遺産分割手続にはどのような問題が生じるのか

東日本大震災のような大天災が起こった場合、遺産分割手続にはどのような問題が生じるのでしょうか。

被相続人の生死自体が不明である、相続関係者が同時に大天災に巻き込まれたため死亡時期の先後が不明である、大天災の影響の大きさゆえに、相続放棄すべきかどうかの判断がつかない、などの問題が生じることが考えられます。東日本大震災では、これらの問題について既存法令で対応できない場面では、運用や特別法による対応が図られました。

解説

◆大天災によって通常の遺産分割手続ができなくなる可能性

民法などの法律上の規定は、通常の平穏な生活が送れる社会情勢下で適用されます。しかし、大地震などの大天災によって、通常の平穏な生活が送れなくなった場合の特例のような条文は、各法律上には規定がありません。

そうしますと、大天災などの危急時であっても、現在の法律では、通常の場合と同様に遺産分割手続をすることになります。

しかし、例えば相続放棄は相続発生を知ってから3か月間と短い期間が定められており（民法915条）、大天災などで遺産関係の調査がままならないときにも法律どおり短期間で相続放棄をするかどうか決めることなどできなくなる可能性は十分考えられます。

その場合には、特別法によって通常の遺産分割手続とは異なる対応や、運用について特例を認める対応を国側が示すことになると思われます。

実際、平成23年3月11日に発生した東日本大震災では、次に述べるような運用や特別法による対応がされました。

◆被相続人の生死自体が不明である場合

東日本大震災では、親が行方不明となって生死の確認自体もできないという事態が生じました。

親の無事を祈りつつ待ち続けるというのが本来の対応であることはいうまでもありませんが、他方で、預金その他の財産管理、あるいは遺族年金受給等の必要性から、相続手続を進めざるを得ない場合もあります。

このような場合、家庭裁判所への申立てにより失踪宣告を受けることが通常の対応となりますが（特別失踪（民法30条2項））、失踪宣告を受けるためには最低1年間が経過する必要がありますので、このような緊急の必要性には対応できません。

そこで、認定死亡制度（戸籍法89条）の活用が東日本大震災発生当初より検討されていましたが、生存者捜索中に官公庁が死亡認定をすることへの躊躇から、迅速な活用はなされませんでした。

結局、この点については、遺体が発見されていない行方不明者についても死亡届を提出できるように法務省が対応を整えたほか（法務省平成23年6月7日発表）、平成23年5月に成立した「東日本大震災に対処するための特別の財政援助及び助成に関する法律」において、3か月間行方不明者の生死が分からない場合に、遺族年金等受給の場面における死亡推定の規定が設けられたことで、対応が図られました。

◆相続関係者の死亡時期の先後が不明である場合

東日本大震災では、家族が同時に津波に巻き込まれ、死亡の先後が不明となる事態が生じました。

両親が健在で子はいない夫婦を例にすると、この夫婦が同時に津波に巻き込まれた場合、夫が先に亡くなり、次に妻が亡くなった場合には、夫の財産は妻と夫方の父母が相続し、次にその妻を妻方の父母が相続することになるので、最終的に夫の財産は夫方の父母と妻方の父母が相続することになります。

他方で、妻が先に亡くなり、次に夫が亡くなった場合には、夫の財産は夫方の父母のみが相続人となり、妻方の父母は相続人とはなりません。

このように、死亡の先後によって相続関係が異なり得るために、死亡の先後が不明である場合には混乱が生じかねませんが、このような場合には同時に死亡したと推定することで解決が図られています（民法32条の2）。

同時に死亡した場合には、死亡者相互間での相続は生じません。したがって、上記の例でいえば、夫の財産は夫方の父母のみが、妻の財産は妻方の父母のみが相続人となります。

◆相続放棄すべきかどうかの判断がつかない場合

東日本大震災では、突然の相続発生により親の財産状況が把握できず、また、今後

震災の影響によりどのような権利関係が生じるかも分からないという事態が発生しました。

　本来、相続財産関係が分からず相続放棄すべきかどうかの判断がつかない場合には、3か月以内に、相続放棄するかどうかを検討する期間（熟慮期間）の伸長を家庭裁判所に申し立てる必要があります（Q43参照）。しかしながら、避難生活中の方々も多くいる中で、全ての対象者がそのような手続をとることは到底期待できません。

　そこで、平成23年6月21日に成立した「東日本大震災に伴う相続の承認又は放棄をすべき期間に係る民法の特例に関する法律」では、この熟慮期間が平成23年11月30日まで延長されました。

136　大天災が起こった場合の相続税や贈与税の申告・納付にはどのような問題が生じるのか

東日本大震災のような大天災が起こった場合、相続税や贈与税の申告・納付手続にはどのような問題が生じるのでしょうか。

被災により本来の法定申告・納付期限を遵守することが困難になるという問題が生じることが考えられます。これについて、東日本大震災では、既存法令や特別法の適用により、申告・納付期限延長、納税猶予等の対応が図られました。

解　説

◆相続税および贈与税の申告・納付等の期限延長

(1)　一律の申告・納付期限の延長

　東日本大震災が発生したのは平成23年3月11日ですが、これは、所得税・贈与税の申告・納付時期（3月15日）の直前でした。そのような背景事情もあって、被災地域（青森・岩手・宮城・福島・茨城）が納税地の納税者については、相続税・贈与税を含む全ての国税について、当面、申告・納付期限を延長することが速やかに決定されました（国税通則法11条、国税通則法施行令3条1項・2項）。

　なお、その延長後の期限は地域ごとに異なり、これらは、逐次国税庁告示により決定されていました（令和元年6月現在、全て終了しています。）。

(2)　個別の期限延長申請による申告・納付期限の延長

　また、上記被災地域以外が納税地の納税者についても、個別に納税地の税務署長に対して「災害による申告、納付等の期限延長申請書」を提出することにより、その理由のやんだ日から2か月以内の範囲でその期限が延長されます（国税通則法11条、国税通則法施行令3条3項）。

(3)　震災特例法による申告・納付期限の延長

　その後、平成23年4月27日に「東日本大震災の被災者等に係る国税関係法律の臨時特例に関する法律」（以下「震災特例法」といいます。）が施行され、相続税・贈与税についても、被災地域として財務大臣が指定する地域（「指定地域」）内にある土地もしくは土地の上に存する権利（「特定土地等」）、あるいは同指定地域内に保有する資産の割合が高い法人の株式等（「特定株式等」）について、課税価格の計算の特例が設け

られました（Q137参照）。

　共同相続人中にこの特例の適用を受ける者がいる場合には、その相続人等全員の申告書の提出期限が、平成24年1月11日まで延長されました（震災特例法36条）。

　なお、この指定地域は、青森県・岩手県・宮城県・福島県・茨城県のほか、栃木県・千葉県の全域および埼玉県・新潟県および長野県の一部地域を含みました。

◆納税の猶予等

　天災により財産に相当の被害を受けた場合や納付困難となった場合には、税務署に「納税の猶予申請書」を提出することにより納税の猶予を受けることができます（国税通則法46条）。

	(1)　災害により財産に相当な損失を受けた場合の納税の猶予（財産に損失を受けた日に納期限が到来していない国税）	(2)　災害等により納付困難となった場合の納税の猶予（既に納期限の到来している国税）
内　容	災害のやんだ日以前に納税義務が成立しており、災害により財産に損失を受けた日以降1年以内に納期限が到来する国税が対象	災害により期限経過の国税が納付困難であったり、左記の納税猶予を受けてもなお納付が困難である場合が対象
適用要件	①　災害により全資産額のおおむね20％以上の被害額である損失を受けたこと ②　災害のやんだ日から2か月以内に申請があること	災害その他やむを得ない理由に基づき、国税を一時に納付することが困難なこと
納税猶予期間	損失の程度により、納期限から1年以内	原則1年以内。延長により最大2年以内の納税の猶予
申請方法	被災明細書の添付がある「納税の猶予申請書」を税務署へ提出	「納税の猶予申請書」を税務署へ提出
担　保	不　要	必要（猶予額100万円以下、猶予期間3か月以内または特別な事情がある場合は不要）

※　猶予期間に対応する延滞税は、(1)の場合は全額、(2)の場合は全額または一部が免除されました。

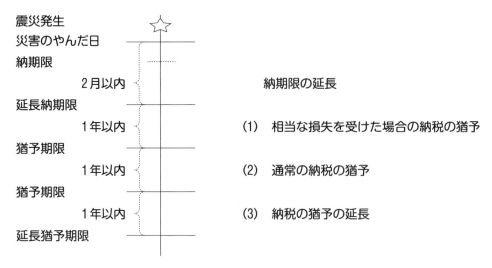

※　なお、平成24年度税制改正により、国税通則法11条の規定により申告期限等が延長された場合には、延納手続や物納手続についても、申請者の準備期間または税務署長の審査期間を延長する等の措置が講じられることになりました。

137 大天災が起こった場合の相続税額や贈与税額の計算にはどのような問題が生じるのか

東日本大震災のような大天災が起こった場合、相続税や贈与税の税額計算や財産評価にはどのような問題が生じるのでしょうか。

被災により既に取得した財産や今後取得予定の財産の財産価値が大幅に下落し、従前の評価基準による評価額と乖離してしまう、あるいは被災により居住が困難となり、居住を要件とする税制優遇措置を受けられなくなるという問題が生じることが考えられます。これについて、東日本大震災では、既存法令や特別法の適用により、税金の減免・財産評価方法の修正、居住要件の緩和等の対応が図られました。

解 説

◆相続税または贈与税の災害減免措置

天災により被害を受けた者については、一定の要件の下で国税（相続税・贈与税を含みます。）の減免・徴収猶予等が認められます（「災害被害者に対する租税の減免、徴収猶予等に関する法律」（以下「災害減免法」といいます。））。東日本大震災でも、同法による救済措置が執られました。

(1) 要 件

天災により、相続もしくは遺贈または贈与により取得した財産に被害を受けた者で、次の①または②のいずれかに該当する場合には、相続税または贈与税が減免されます。

① 相続税等の課税価格の計算の基礎となった財産の価額（相続税については債務控除後の価額）のうちに被害を受けた部分の価額の占める割合が10分の1以上であること

② 相続税等の課税価格の計算の基礎となった動産等（金銭および有価証券を除く動産、土地および土地の上に存する権利を除く不動産、立木）の価額のうちに動産等について被害を受けた部分の価額の占める割合が10分の1以上であること

(2) 内 容

① 申告期限前に被害を受けた場合（災害減免法6条、災害減免法政令12条）

次の算式により課税財産価額を減額することができます。

| 相続税または贈与税の課税価格に算入する価額 | = | 相続財産または受贈財産の価額 | - | 被害を受けた部分の価額 |

※　「災害減免法第6条の規定による相続税・贈与税の財産の価額の計算明細書」を申告書に添付して提出する必要があります。

② 　申告期限後に被害を受けた場合（災害減免法4条、災害減免法政令11条）

次の計算式により税額免除を受けることができます。

| 免除される相続税額または贈与税額 | = | 被害のあった日以後に納付すべき相続税額または贈与税額 | × | 被害を受けた部分の価額／課税価格の計算の基礎となった財産の価額（相続税の場合は、債務控除後の価額） |

※　「災害減免法第4条の規定による相続税・贈与税の免除承認申請書」を災害のやんだ日から2か月以内に税務署に提出する必要があります。

◆東日本大震災により被害を受けた場合の課税価格の計算の特例

　天災による財産価値の下落に対応するため、平成23年4月27日に施行された「東日本大震災の被災者等に係る国税関係法律の臨時特例に関する法律」（以下「震災特例法」といいます。）において、震災前に取得した財産の評価方法について救済措置がとられました。また、震災後に財産を取得する場合について、従前の財産評価方法の修正が行われました。

(1)　特定土地等・特定株式等の特例

　平成22年5月11日から平成23年3月10日までの間に相続または遺贈により取得（平成22年1月1日から平成23年3月10日までの間の贈与による取得を含みます。）した特定土地等・特定株式等で、平成23年3月11日において所有していたものの価額は、その取得の時の時価によらず、「震災の発生直後の価額（震災後を基準とした価額）」によることができました（震災特例法34条・35条）。

特定土地等	特定株式等
東日本大震災により相当な被害を受けた地域として財務大臣が指定する地域（「指定地域」青森県、岩手県、宮城県、福島県、茨城県、栃木県、埼玉県加須市（旧北川辺町および旧大利根町の区域に限ります。）、埼玉	指定地域内にあった動産（金銭および有価証券を除きます。）、不動産、不動産の上に存する権利および立木の価額が保有資産

県久喜市、千葉県、新潟県十日町市、新潟県中魚沼郡津南町および長野県下水内郡栄村）にある土地もしくは土地の上に存する権利をいいます。	の合計額の10分の３以上である法人の株式等（上場株式等を除きます。）をいいます。

(2)　震災後を基準とした特定土地等の価額

　特定土地等の「震災後を基準とした価額」は、平成23年分の路線価および評価倍率に、震災による地価下落を反映し指定地域内ごとに定めた「調整率」を乗じて計算します。

(3)　震災後を基準とした特定株式等の価額

　特定株式等の「震災後を基準とした価額」は、原則として類似業種比準方式、純資産方式、配当還元方式により評価します。

◆租税特別措置法による相続税または贈与税の課税価格の計算の特例

　特定非常災害に係る特定非常災害発生日前に相続または遺贈により財産を取得した者で、その相続税申告書の提出期限がその特定非常災害発生日以後である場合において、その相続または遺贈により取得した財産（特定非常災害発生日において所有していたもの）のうち特定土地等または特定株式等については、相続税または贈与税の課税価格に算入される財産の価額は、その特定非常災害の発生直後の価額とすることができます（租税特別措置法69条の６第１項）。

(1)　特定非常災害

　特定非常災害とは、特定非常災害の被害者の権利利益の保全等を図るための特別措置に関する法律２条１項の規定により特定非常災害として指定された非常災害をいいます。

　この法律が適用された災害は「阪神・淡路大震災」、「平成16年新潟中越地震」、「東日本大震災」、「平成28年熊本地震」、「平成30年７月豪雨災害」があります。

(2)　特定土地等

　特定土地等とは、特定地域内（財務大臣が指定する地域）にある土地または土地の上に存する権利をいいます（租税特別措置法69条の６第１項）。

(3)　特定株式等

　特定地域内に保有する資産の割合が高い一定の法人または出資をいいます（租税特別措置法69条の６第１項）。

◆「住宅取得等資金の贈与税の特例」「住宅取得等資金の贈与を受けた場合の相続時精算課税の特例」に係る居住要件等についての特例

　住宅取得等資金については、税制優遇を受けるための要件として居住要件が課せられているものがありますが、震災により居住が困難となった場合に税制優遇が受けられないのは酷であることから、これを救済する特例が設けられました（租税特別措置法70条の2・70条の3、震災特例法37条・38条）。

索　　引

380

事 項 索 引 (五十音順)

【あ】

	ページ
青色申告承認申請	84

【い】

遺言	183
——と異なる遺産分割	122
——による寄附	220
——の方法	189
「相続させる」——	129
法定遺言事項以外の——	210
遺言撤回	201
——行為の撤回	202
——の擬制	201
遺言執行者	187
——の指定・選任	188
遺言書	120、121
——をなくしてしまった場合	203
海外で——を作成していた場合	112
推定相続人が先に亡くなった場合の——の効力	212
遺言信託	214
遺言代用信託	217
遺産分割	
——協議	6、102
——に関する見直し	223
——の流れ	5
——前の払戻し制度	91
——を担当する裁判所	311

遺言と異なる——	122
災害時の——手続	369
遺産未分割の場合の相続税の申告期限	152
遺贈	128
特定——	208
負担付——	210
包括——	208
遺族年金	→年金
医療費の支払	99

【え】

延納	
——期間	156
——制度	156
——利子税	156

【お】

おひとりさま	97
親との同居	133

【か】

海外	
——で遺言書を作成していた場合	112

——にある資産	67	検認の手続	120

——にある資産　67

国内財産と——資産の所在の判
断基準　68

相続人が——にいるが所在不明
の場合　115

相続人が——にいる場合　114

外国籍

被相続人が——の場合　111

家屋の修繕　273

家庭裁判所　311

株式

——の名義変更　143

取引相場のない——　65

預貯金・——などの調査　76

【き】

期限後申告の場合の納付期限　154

寄附

相続財産を——する場合　178

教育資金　261

教育資金管理契約　262

——の終了　262

寄与分　124

——が認められる場合　124

【け】

結婚・子育て資金　265

結婚・子育て資金管理契約　266

——の終了　266

限定承認　118

検認の手続　120

【こ】

後見

——開始の審判　38

——信託　218

任意——契約と信託契約　218

公正証書遺言

——が無効となる場合　197

——の要件　195

——の長所・短所　200

香典　72、100

国債の名義変更　144

国税庁　14

婚姻費用と特別受益　130

【さ】

災害時

——の遺産分割手続　369

——の相続税額や贈与税額の計
算　375

——の相続税や贈与税の申告・
納付　372

災害減免措置

相続税または贈与税の——　375

債権・債務関係の調査　77

裁判所　14

【し】

自社株式	65、347
──の贈与	347
──の評価額	351、355
自宅の贈与	132
失踪宣告	3、37
──の申立て	3
自筆証書遺言	191
──の原則要件	191
──の要件	193
──の長所・短所	199
死亡	
──届の提出	81
──に関連する届出	82
相続人・推定相続人の──	239
認定──	4
死亡退職金	61
──と特別受益	134
借地権	53
借家権	55
借金	74
修正申告	336
──の場合の納付期限	154
住宅取得等資金	
──に係る相続時精算課税	257
──の贈与税の非課税の特例	256
受益者連続型信託	216
熟慮期間伸長の申立て	119
準確定申告の手続	83
障害者の税額控除	166
小規模宅地	
──等の特例	168、277
──等の評価減の特例	276

使用借権	56
使用貸借	276
信託	
──と成年後見制度の違い	218
──の利用	216
後見──	218
受益者連続型──	216
任意後見契約と──契約	218

【す】

推定相続人	
──が先に亡くなった場合の遺言書の効力	212
──の廃除	42
相続人・──の死亡	239
水道光熱費	
最後の──	98

【せ】

税制改正リスク	245
生前贈与	228、232、252
成年後見人の選任	38
税務署からの指摘	334
税務調査	325、330、332
相続税の──	328
生命保険	237、295
──契約・退職金の調査	77
争族回避のための──	235
相続における──の活用	235、292
生命保険金	59
──と特別受益	133

節税対策 243

【そ】

葬祭費 93、100
相続
　——開始後に発生した銀行の利
　　子や不動産賃料 71
　——対策 242
　——欠格 41
　——における生命保険の活用
　　　　　　　　　　235、292
　——の開始原因 3
　許認可等にかかる事業の—— 345
　具体的——分の確定 103
　代襲—— 25
　嫡出子と嫡出でない子との——
　　分 26
　中小企業経営者の—— 341
　農地等を——した場合の相続税
　　の納税猶予 289
　法定——分 22
相続財産 46
　——が建物だけで分けられない
　　場合 136
　——の評価 103
　——の分け方の表現方法 205
　——を寄附する場合 178
　具体的な——の分配方法 104
相続時精算課税 231、253
　暦年課税と——の選択 254
相続税
　——・贈与税の納税猶予制度 360

　——額の計算 145
　——の期限後申告、修正申告、
　　更正の請求 153
　——の期限内申告 151
　——の取得費加算 357
　——の申告 149
　——の申告期限と納付期限 9
　——の税務調査 328
　——の納付期限 154
　——または贈与税の災害減免措
　　置 375
　遺産未分割の場合の——の申告
　　期限 152
　贈与税と——の比較 247
　農地等を相続した場合の——の
　　納税猶予 289
相続税法
　——特有の課税財産 47
　——特有の非課税財産 47
相続登記の申請期限 140
相続人
　——・受遺者の予備的指定 212
　——・推定相続人の死亡 239
　——以外の者の貢献を考慮する
　　ための方策 31
　——が海外にいるが所在不明の
　　場合 115
　——が海外にいる場合 114
　——の確定申告 84
　——の代替わり・枝分かれ 303
　——の調査手順 44
　判断能力を欠く—— 38
　法定—— 20
相続放棄の申出 116

贈与		特定遺贈	208
自社株の――	347	特別受益	128
自宅の――と特別受益	132	親との同居と――	133
生前――	228、232、252	婚姻費用と――	130
賃貸物件の――	276	自宅の贈与と――	132
贈与税	230	死亡退職金と――	134
――と相続税の比較	247	生命保険金と――	133
――の配偶者控除	268	留学費用と――	131
		特別代理人	29
		土地建物	49

【た】

		――を借りる権利の種類	53
		――の賃貸での評価	275
代襲相続	25	土地の評価額	176
		取引相場のない株式	65

【ち】

【な】

嫡出子と嫡出でない子との相続分	26		
中小企業経営者の相続	341	内縁の配偶者	34
弔慰金	72		
調停　305、311、313、317、320、321			
――期日のお知らせ	317		

【に】

――成立までの期間	306		
――当日の流れ	309	日本ＦＰ協会	15
――申立書	313	日本行政書士会連合会	15
調停委員	315、323	日本公証人連合会	15
――・家事審判官	307	日本司法支援センター	13
――会の構成	307	日本司法書士会連合会	14
賃貸物件の贈与	276	日本税理士会連合会	14
		日本弁護士連合会	13
		任意後見契約と信託契約	218

【と】

		認定死亡	4
動産の評価額の調査	77		

【ね】

年金

遺族基礎——	87
遺族共済——	89
遺族厚生——	88
遺族——	86
遺族——の請求窓口	89
最後の老齢——	95

【の】

納税資金	243、287、357

納税猶予

——制度の適用要件	362
農地等を相続した場合の相続税の——	289

農地 57

——等を相続した場合の相続税の納税猶予	289
——の所有権移転制限	57
——の評価	57

【は】

配偶者

——の税額軽減	162
——保護	222
内縁の——	34
配偶者居住権	108、223、227
配偶者短期居住権	105、222、226
判断能力を欠く相続人	38

【ひ】

非課税財産	280
被相続人が外国籍の場合	111

病院代

最後の——	98

【ふ】

ファイナンシャル・プランニング	60
不在者財産管理人の選任	36
附帯税	336
負担付遺贈	210

物納

——制度	159
——の許可	160

不動産

——購入のメリット	271
——の調査	76

【ほ】

包括遺贈	208
法人の活用	284
法定遺言事項以外の遺言	210
法定相続人	20
法定相続分	22
法テラス	13
法務局	14
保佐	40

補助　　　　　　　　　　　40

保証債務　　　　　　　　　74

【ま】

埋葬費　　　　　　　　　　93

【み】

未支給年金　　　　　　　　95
　　──の受給権者　　　　96
　　──の請求方法　　　　96
未成年者
　　──の税額控除　　　164
　　──の法律行為　　　　29

【め】

名義預金　　　　　　　　　69

【も】

持戻免除の意思表示　　129、224、227

【ゆ】

有価証券　　　　　　　　　63

【よ】

養子　　　　　　　　　　　24
　　──縁組による相続税額への影
　　　響　　　　　　　　282
　　──の法定相続分　　　24
預貯金
　　──・株式などの調査　　76
　　──の払戻しの方法　　142

【ら】

ライフプラン　　　　　　　97

【り】

留学費用　　　　　　　　131

【れ】

暦年課税　　　　　　　230、250
　　──と相続時精算課税の選択　254
連帯納付義務　　　　　　155

相談対応　相続Ｑ＆Ａ
―法律・税金・保険・ライフプランニング―

令和元年12月10日　初版発行

編　著　伊　藤　　　崇
　　　　渡　邊　竜　行
発行者　新日本法規出版株式会社
代表者　星　　謙一郎

発 行 所　**新日本法規出版株式会社**

本　　社　(460-8455)　名古屋市中区栄 1 － 23 － 20
総轄本部　　　　　　　　電話　代表　052(211)1525
東京本社　(162-8407)　東京都新宿区市谷砂土原町 2 － 6
　　　　　　　　　　　　電話　代表　03(3269)2220
支　　社　札幌・仙台・東京・関東・名古屋・大阪・広島
　　　　　高松・福岡
ホームページ　https://www.sn-hoki.co.jp/

※本書の無断転載・複製は、著作権法上の例外を除き禁じられています。
※落丁・乱丁本はお取替えします。　　　　ISBN978-4-7882-8641-2
5100095　相談相続Ｑ Ａ　　　ⓒ伊藤崇・渡邊竜行 2019 Printed in Japan